Jornada da Governança Ágil

Antonio Muniz
Diego Pirolla
Felipe Oliveira
João Emmanuel Anacleto Pessoa
Júnior Rodrigues
Mayla de Oliveira Lemos

Jornada da Governança Ágil

Unindo conceitos e práticas para estruturar empresas adaptáveis, inovadoras e perenes

BRASPORT

Rio de Janeiro
2024

Editor: Sergio Martins de Oliveira e Antonio Muniz
Gerente de Produção Editorial: Marina dos Anjos Martins de Oliveira
Editoração Eletrônica: Abreu's System
Capa: Trama Criações

Dados Internacionais de Catalogação na Publicação (CIP)
(Câmara Brasileira do Livro, SP, Brasil)

Jornada da governança ágil : unindo conceitos e práticas para estruturar empresas adaptáveis, inovadoras e perenes / Antonio Muniz...[et al.]. – Rio de Janeiro : Brasport Livros e Multimídia, 2024.

Outros autores: Diego Pirolla, Felipe Oliveira, João Emmanuel Anacleto Pessoa, Júnior Rodrigues, Mayla de Oliveira Lemos.
Bibliografia.
ISBN 978-65-6096-007-7

1. Administração de empresas 2. Governança 3. Governança – Custos – Gestão 4. Governança corporativa – Brasil 5. Inovação tecnológica I. Muniz, Antonio. II. Pirolla, Diego. III. Oliveira, Felipe. IV. Pessoa, João Emmanuel Anacleto. V. Rodrigues, Júnior. VI. Lemos, Mayla de Oliveira.

24-194200 CDD-658.4

Índices para catálogo sistemático:

1. Governança corporativa : Administração de empresas 658.4

Aline Graziele Benitez – Bibliotecária – CRB-1/3129

BRASPORT Livros e Multimídia Ltda.
Rua Washington Luís, 9, sobreloja – Centro
20230-900 Rio de Janeiro-RJ
Tel./Fax: (21)2568.1415
e-mails: marketing@brasport.com.br
vendas@brasport.com.br
editorial@brasport.com.br
www.brasport.com.br

Conheça os patrocinadores do livro

Advisor 10X
Somos referência em práticas ágeis, *DevOps*, SRE e qualidade de software com serviços de consultoria, mentoria, palestras, cursos *on-line* e alocação de profissionais especializados Advisor Prime.
<www.advisor10x.com.br>

Businessmap
Businessmap é a plataforma de software mais flexível para agilidade em escala com foco em resultados.

Nossa solução consolida várias ferramentas em uma, possibilitando uma implementação orgânica em grande escala, visibilidade de todos os projetos/portfólios e alinhamento a objetivos, para entregar trabalho de qualidade mais rapidamente.

Aliado às nossas trilhas de capacitação e consultoria, entregamos uma solução personalizada com ROI excepcional.
<https://businessmap.io>

Dynatrace
A Dynatrace combina observabilidade *full-stack* e segurança de *apps* em tempo de execução contínua com *AIOps* avançada, para entregar respostas e automação inteligente a partir de dados.
<https://www.dynatrace.com/>

JBQ.Global

Somos referência em serviços especializados em tecnologia, com foco em *outsourcing*, *Squads as a Service*, integrações e desenvolvimento de aplicativos e portais corporativos. Com presença no Brasil e no México, atende toda a América Latina, mantendo parcerias globais com Oracle, SAP e Microsoft. Responsável pelas marcas: Jotta, especializada em CX para *e-commerce* e *marketplace*; Anggle, fábrica de testes manuais e automatizados; e Adaga, fábrica de design (UX/UI). Nossa expertise é comprovada por grandes casos de sucesso junto a líderes de mercado.
<https://jbq.global/pt/home-br/>

Gespro Consulting

Impulsionamos a transformação organizacional por meio de liderança ágil e estratégica, gestão híbrida de projetos, portfólio, AMO/VMOs, produtos e inovação. Há treze anos apoia profissionais e empresas para alavancar os seus resultados, oferecendo excelência em soluções para o desenvolvimento humano e organizacional, com treinamentos, consultorias, palestras e publicações. Mais de dois mil alunos treinados.
<https://www.gespro.com.br/>

A Jornada Colaborativa

Juntos somos mais inteligentes e transformamos mais vidas!

Era uma vez um professor universitário que sonhava lançar um livro quando finalizou o mestrado em 2006.

Depois de algumas ideias para publicação em temas como certificação Microsoft, gestão de projetos e gestão de serviços, o sonho começou a ser concretizado em 2017 com o livro "Jornada DevOps", mas alguns obstáculos travaram sua evolução após a definição da estrutura final para a certificação oficial EXIN e a escrita de três capítulos.

Em setembro de 2018, durante sua palestra na PUC Minas, surgiu um *click*: "será que outras pessoas apaixonadas por *DevOps* ajudariam com a escrita colaborativa?". Dezenas de pessoas aceitaram o convite e o livro foi lançado para 350 pessoas no dia 06 de junho de 2019 no Centro de Convenções SulAmérica no Rio de Janeiro, após um intenso trabalho coordenado com pessoas de várias cidades que nunca haviam trabalhado juntas antes.

Após essa experiência bem-sucedida com muitos aprendizados, a escalada dos times gerou grandes amizades, novas iniciativas e conseguimos doar R$ 502 mil para instituições carentes com o lançamento dos primeiros 32 livros em mais de 30 eventos com empresas amigas, como Globo, Banco PAN, Lojas Renner, Banco Carrefour, IIMA, Abeinfo e passamos de 20 mil participantes.

Sonhamos transformar mais vidas somando a inteligência coletiva e o apoio de empresas amigas... Boas-vindas a nossa Jornada...
<www.jornadacolaborativa.com.br>
<https://www.linkedin.com/company/jornadacolaborativa>

Prefácio

Recentemente enviei um alerta aos colegas do LinkedIn sobre a morte da governança. A repercussão – milhares de visualizações e reações.

Essa provocação foi justamente para sentir como os profissionais encaram a governança de uma forma geral.

O porquê disso? Pelas minhas andanças no mercado percebi que a palavra "governança" se transformou em algo pesado, com foco em controle, regulamentos, padrões e muito papel que, em termos práticos, só serve para a área de *compliance* da empresa.

É óbvio que na era da agilidade e da inovação qualquer coisa que se baseie em documentação extensiva e pesada com foco em controle é rechaçada, principalmente quando não gera valor para o cliente.

Em muitas organizações ainda persistem situações em que o *C-Level* quer estar em conformidade com os controles impostos – muitas das vezes até são válidos, mas não mostram o real tamanho do "iceberg", das necessidades e dos riscos efetivos.

Vivemos claramente um paradoxo. A governança é, de fato, necessária?

ABSOLUTAMENTE SIM! Ela é necessária, visto que tem como foco balancear risco com o valor que pode gerar para o negócio, seja ele orientado ao cliente (como *mindset* e práticas) ou não. E isso se aplica tanto a uma empresa baseada em plataforma digital como para empresas da velha economia.

O que é balancear risco e valor? Imagine o desenvolvimento de uma aplicação que interage com partes críticas do processo da empresa e que pode gerar imediata perda de caixa e de imagem junto ao mercado. Posso ter desenvolvimento ágil, mas o espaço para falha neste caso é muito pequeno. Por isso a modulação de controle x valor no ambiente é necessária.

Porém, com o cenário da hiper competição a que assistimos atualmente, está claro que as abordagens de controle usadas pela governança necessitam de revisão e devem ser mais dinâmicas.

A dinâmica do mercado faz com que o status de risco e valor mudem da noite para o dia, portanto, necessitamos ter abordagens de governança que acompanhem essa mudança e que sejam mais ágeis e efetivas na prática.

Entretanto, precisamos entender que a agilidade tem conotações diferentes conforme o negócio, pois os ciclos empresariais são distintos conforme a natureza da empresa. O que seria ágil para uma empresa de manufatura para implantar uma nova linha ou uma célula robotizada é diferente para uma empresa baseada em plataforma digital.

No contexto da agilidade também devemos observar que alguns setores são mais regulados do que outros, e isso leva à necessidade de se adaptar às abordagens e práticas ágeis sempre considerando a geração de valor e os riscos que o negócio está disposto a correr.

Portanto, qual não foi a minha surpresa quando deparei com o convite para escrever o prefácio deste livro.

Era a pedra filosofal que precisava ser encontrada sobre a governança em um mundo que muda todos os dias. Pois então, a pedra está aí para todos e o melhor: está lapidada.

Os leitores irão adentrar um mundo de possibilidades e de propostas para que o paradoxo controle x valor seja resolvido na prática do dia a dia, fazendo com que, ao mesmo tempo, a essência da governança seja mantida, porém propiciando a geração de valor para o negócio e para os seus clientes.

Ademais, o livro traz um *framework* pronto para ser customizado pelo pessoal envolvido com a governança, alertando aos leitores que mudanças em organizações acontecem quando há suporte efetivo da liderança e mudança de cultura – temas também suportados pela obra.

Este livro é apropriado para várias audiências, desde profissionais e gestores até alunos de graduação e pós-graduação em cursos e disciplinas relacionadas à governança e à gestão.

Da minha parte, gostaria de parabenizar os vários autores envolvidos nesta jornada pela contribuição muito valiosa para a área e que com certeza será um marco na literatura sobre o tema.

Aguinaldo Aragon Fernandes, PhD

Apresentação da Jornada da Governança Ágil

Em minha atuação como *Advisor* de agilidade e tecnologia, tenho uma grande interação com executivos, empresários e conselheiros cada vez mais preocupados em balancear controle e inovação, visando gerar valor para clientes cada vez mais exigentes por novidades e reduzir riscos dos acionistas.

Se as *startups* são reconhecidas pela cultura de inovação, experimentação e forte apetite a riscos, as empresas já estabelecidas precisam cumprir variadas regulamentações que costumam exigir controles mais rigorosos porque pequenas falhas podem impactar milhares ou milhões de clientes. **A resposta aqui é equilibrar controle com inovação – e a governança ágil colabora diretamente para flexibilizar essas ações, eliminando burocracia desnecessária e mantendo uma avaliação contínua do que é importante monitorar.**

Ainda que as médias e grandes empresas dediquem departamentos fortemente estruturados à governança, não faltam exemplos de prejuízos quando as coisas não funcionam adequadamente:

1. Enron (2001): uma das maiores empresas de energia dos Estados Unidos entrou em colapso após a revelação de um esquema contábil fraudulento que ocultou bilhões de dólares em dívidas. O prejuízo total foi estimado em mais de 60 bilhões de dólares e impactou também a consultoria Arthur Andersen.
2. Tyco International (2002): enfrentou um escândalo corporativo relacionado a práticas contábeis fraudulentas e má conduta financeira por parte de seus executivos.
3. WorldCom (2002): uma das maiores empresas de telecomunicações dos Estados Unidos declarou falência após um escândalo contábil que envolveu a manipulação de bilhões de dólares em despesas. O prejuízo total foi estimado em torno de 11 bilhões de dólares.
4. HealthSouth Corporation (2003): uma das maiores empresas de serviços de saúde dos Estados Unidos foi envolvida em um escândalo contábil que revelou

manipulações financeiras significativas e fraudes contábeis. O prejuízo total foi estimado em mais de 2 bilhões de dólares.

5. Parmalat (2003): a Parmalat, gigante italiana do setor de laticínios, entrou em colapso após a descoberta de um esquema contábil fraudulento que escondia dívidas bilionárias. O prejuízo total foi estimado em mais de 14 bilhões de euros.
6. Volkswagen (2015): em escândalo relacionado às emissões de poluentes, a empresa instalou dispositivos ilegais em seus veículos a diesel para enganar os testes de emissões. O prejuízo financeiro e de imagem da empresa foi significativo, resultando em multas e indenizações que somaram bilhões de dólares.
7. Americanas (2023): os lucros foram manipulados com resultados artificiais e pagamentos generosos para executivos e acionistas. Quando a bomba explodiu, descobriu-se que o tamanho da fraude passou de 25 bilhões de reais.

A essência da governança ágil tem ligação direta com decisões que privilegiam o longo prazo, mesmo que sejam impopulares no curto prazo. Para exemplificar, usarei uma situação que estou vivendo no exato momento em que escrevo a apresentação deste livro (fevereiro de 2024).

Estou me recuperando da cirurgia ortognática para corrigir um sério problema na mandíbula que me persegue desde jovem, mas que estava piorando a cada dia e aumentando o risco de infarto com uma forte apneia noturna, dentre vários outros problemas, como mastigação inadequada, dor de cabeça, respiração deficiente, dificuldade de pronunciar algumas palavras etc.

Após 17 dias da operação, ainda tenho muitas dores, rosto inchado, não posso mastigar e tenho dificuldade para falar. Por que aceitei enfrentar esses transtornos? Você já deve ter sacado que os benefícios de longo prazo superam os problemas do curto prazo, né?

Da mesma forma que devemos investir em nossa saúde priorizando iniciativas que não sejam "gostosinhas" no curto prazo, as empresas precisam de pessoas protagonistas para encarar decisões difíceis, visando garantir um futuro melhor.

Aproveite o conteúdo deste livro e seja essa pessoa que faz a diferença!

Parabéns ao time de autores e curadores pela concretização deste livro, que contribuirá para a construção de melhores empresas e clientes satisfeitos e para a redução de riscos aos acionistas.

Antonio Muniz
Fundador da Jornada Colaborativa e CEO Advisor10X

Sumário

PARTE I.
A RELEVÂNCIA DA GOVERNANÇA NOS TEMPOS ATUAIS

PARTE VI. *CASES* DE GOVERNANÇA ÁGIL

PARTE I. A RELEVÂNCIA DA GOVERNANÇA NOS TEMPOS ATUAIS

1. A governança e suas principais vertentes

Maria Heloiza Rodrigues Magrin

Neste capítulo introdutório vamos caracterizar o que é governança, como ela evoluiu, como está sendo aplicada e quais são as suas principais vertentes – aqui serão apresentados alguns tópicos e conceitos que serão detalhados nos demais capítulos.

1.1. A evolução dos conceitos de governança

A popularização do conceito de governança se deu na década de 1980, com um movimento dos grandes investidores que ocorreu nos Estados Unidos contra corporações que estariam sendo administradas de formas que não iam ao encontro dos interesses dos acionistas.

O termo governança, abrangendo as atividades de uma enorme gama de instituições públicas e privadas, passou a ser usado na década de 1990 por economistas e cientistas políticos e disseminado por instituições como ONU, FMI e Banco Mundial.

No Brasil, uma década após com a abertura do mercado e a adoção de boas práticas internacionais para a gestão de corporações, as empresas nacionais iniciaram a criação de seus manuais de governança, incentivadas e apoiadas pelo IBGC (Instituto Brasileiro de Governança Corporativa), que mantém o Código das Melhores Práticas, onde governança corporativa é definida como:

> *Sistema pelo qual as empresas e demais organizações são dirigidas, monitoradas e incentivadas, envolvendo os relacionamentos entre sócios, conselho de administração, diretoria, órgãos de fiscalização e controle e demais partes interessadas. (IBGC, 2015)*

A governança vem acompanhando e se adequando ao modo como as empresas e suas funções avançam, sendo que hoje é usada em várias áreas e nos mais diversos setores. Para que essa evolução ocorra, é importante que as companhias repensem e redefinam suas operações e modelo de negócios, através da resiliência e inovação (ACI INSTITUTE BRASIL; KPMG, 2022).

Na prática, a governança nas corporações envolve a criação de estratégias, análises, fiscalização, adequação, planejamento e diversos outros fatores que promovam o equilíbrio entre a geração de valor da corporação e as pretensões das diversas partes interessadas, garantindo que as boas práticas sejam seguidas.

As constantes e rápidas mudanças do mercado geradas pela concorrência e pelo surgimento de novos *players* (que de formas disruptivas reinventam a maneira de gerar valor e de fazer negócios), bem como a pressão exercida por ocorrências como pandemias, fazem com que até as corporações mais tradicionais busquem novas formas de operar e de se posicionar.

1.2. Boas práticas e configurações das estruturas da governança

As boas práticas de governança são baseadas em quatro princípios básicos, segundo a IBGC (2015): **transparência, equidade, prestação de contas e responsabilidade corporativa**. Conforme visão desta autora, eles podem ser complementados por:

- ✓ **Transparência:** informações comunicadas de forma clara que não causem dupla interpretação.
- ✓ **Equidade:** julgamento justo.
- ✓ **Prestação de contas:** demonstração do que foi feito com os recursos.
- ✓ **Responsabilidade corporativa:** obrigação de responder pelas ações próprias ou dos outros.
- ✓ **Orientação por consenso:** acordo quanto às normas que devem reger as práticas de governança.
- ✓ **Igualdade e inclusão:** a garantia de que não haverá dois pesos e duas medidas, incluindo sem discriminações.
- ✓ **Eficiência e eficácia:** eficiência é "fazer certo as coisas", e eficácia consiste em "fazer as coisas certas".
- ✓ **Estado de direito:** respeito ao cumprimento das leis ou regras sobre o uso do poder.

Figura 1.1. Boas práticas de governança.
Fonte: a autora.

Embora a governança possa ser entendida como uma estrutura de regras, relacionamentos, sistemas e processos pela qual a autoridade é exercida e controlada nas corporações, ela abrange os mecanismos pelos quais as empresas, e aqueles que estão no controle, são responsabilizadas.

É responsabilidade de quem atua diretamente ou indiretamente na organização conhecer e agir de acordo com os valores estabelecidos. Mas isso não acontece de forma espontânea, é necessário que os valores sejam comunicados e acompanhados, por isso as organizações estabelecem grupos ou áreas responsáveis pela disseminação dos valores que garantam que estes sejam seguidos.

1.3. A atuação da governança e da gestão

No dia a dia das corporações duas estruturas convivem, a **governança** e a **gestão**, cada uma tendo seu papel específico.

Com base no conceito de governança descrito pela IBE-UNESCO (2022), a governança é responsável por definir as normas e monitorar para que essas regras sejam seguidas por toda a organização, o que pode envolver relações de poder, processos formais e informais de formulação de políticas e alocação de recursos, processos de tomada de decisão e mecanismos para responsabilizar diversos atores. Já a gestão exerce funções de planejamento, implementação e monitoramento para alcançar resultados predefinidos. A gestão engloba processos, estruturas e arranjos que são projetados para mobilizar e transformar os recursos físicos, humanos e financeiros disponíveis para alcançar resultados concretos.

Gestão refere-se a indivíduos ou grupos de pessoas que recebem autoridade para alcançar os resultados desejados. Os sistemas de governança estabelecem os parâmetros sob os quais os sistemas gerenciais e administrativos irão operar.

Governança é sobre como o poder é distribuído e compartilhado, como as políticas são formuladas, como as prioridades são definidas e as partes interessadas são responsabilizadas; gestão é sobre a execução de tarefas para realização das entregas que levem ao alcance dos objetivos estratégicos.

Tabela 1.1. As diferenças entre governança e gestão.
Fonte: adaptado de International Bureau of Education (s.d.).

GOVERNANÇA	GESTÃO
Definir normas, visão estratégica e direção. Formular metas e políticas de alto nível. Supervisionar a gestão e o desempenho para garantir que a organização esteja trabalhando em prol das partes interessadas. Direcionar e supervisionar a gestão para garantir que a organização esteja alcançando os resultados desejados. Garantir que a organização esteja agindo de forma prudente, ética e legal.	Administrar a organização de acordo com os objetivos amplos definidos pelo corpo diretivo. Implementar as decisões dentro do contexto da missão e visão estratégica. Tomar decisões operacionais. Manter os órgãos de governança informados e instruídos. Ser responsivo aos pedidos de informações adicionais.

1.4. As principais vertentes de governança

A governança pode estar inserida nas organizações de diferentes maneiras, dependendo do contexto e da abrangência.

Em alguns setores que exigem maior regulamentação, as corporações precisam seguir normas e leis ditadas por órgãos governamentais ou reguladores.

A formação e a atuação desses órgãos, assim como o estabelecimento dessas normas ou leis, não serão detalhadas neste livro. Nosso foco é na governança das organizações.

A governança tem os seus valores estabelecidos de acordo com a vertente utilizada, sendo as principais: a corporativa, a de portfólio de projetos e a de tecnologia.

Para melhor compreender a governança, é necessário examinarmos essas vertentes e como as corporações precisam se organizar para que os envolvidos no seu fluxo de valor possam contribuir de forma integrada e alinhada.

1.4.1. Governança corporativa

O principal papel de uma corporação é gerar valor e benefícios para todos os envolvidos, entre eles acionistas, parceiros de negócios, funcionários, consumidores e a sociedade em geral. Benefícios podem ser a geração de lucros, os desenvolvimentos tecnológicos e de processos, e de forma geral toda melhoria que possa trazer para a coletividade.

A governança corporativa é o conjunto de processos, regulamentos, decisões, costumes e ideias que mostram a maneira pela qual uma empresa é dirigida ou administrada na busca desses benefícios.

1.4.1.1. A relação de governança com riscos e *compliance*

Quando uma empresa inicia a sua operação sem conhecer os valores que devem ser seguidos, podem incorrer prejuízos morais e até financeiros por atitudes tomadas pelas pessoas que a compõem e que coloquem a sua reputação em jogo ou mesmo em descrédito no mercado. Nem sempre isso acontece por má-fé – pode acontecer por total desconhecimento dos valores.

- ✓ Exemplo: uma *startup* que deseja ser reconhecida por ser ambientalmente sustentável aluga um imóvel sem saber que este tem um saneamento clandestino que joga esgoto diretamente em um rio próximo.
- ✓ Outro exemplo mais comum: empresas que são contra discriminação racial ou de gênero contratam pessoas que praticam atos de discriminação que podem gerar prejuízos e processos contra a empresa – pois toda pessoa contratada por ela a representa, e por não haver um processo estabelecido, não são tomadas ações preventivas e a informação pode demorar a chegar a quem precisa tomar a ação corretiva.

Como pôde ser percebido nos exemplos, em alguns casos, entre governança e *compliance*, existe uma relação estreita de interação e complementaridade que, se não respeitada, pode fazer a corporação enfrentar riscos não previstos, principalmente no que se refere à ética, uma vez que a governança tem como objetivo agir preventivamente para evitar conflitos de interesse, enquanto o *compliance* estabelece formas para controlar o cumprimento de leis e normas.

Se esses mecanismos não se mostrarem eficientes para garantir uma atuação ética da corporação como um todo, esta terá que arcar com os riscos do não cumprimento de regras que possam afetar as pessoas ou a sociedade.

1.4.2. Governança de portfólio de projetos e riscos

Segundo o *PMBOK Guide®* 7ª edição (PMI, 2021), a governança de portfólio de projetos aprova e apoia as recomendações feitas pela equipe do projeto e monitora o andamento de projetos e programas para alcançar os resultados desejados, mantendo o vínculo entre o projeto e os objetivos estratégicos ou do negócio, que podem se modificar no curso das iniciativas.

Os sistemas de governança fornecem uma estrutura integrada para avaliar mudanças, questões e riscos associados a qualquer componente do sistema de entrega de valor. A governança do portfólio de projetos e riscos tem que estar alinhada à governança organizacional (este ponto será detalhado nos capítulos 10 e 11).

1.4.3. Governança de TI

Segundo o COBIT® (ISACA, 2019), a governança de TI é um conjunto de práticas e padrões assumido por executivos, gestores, técnicos e usuários de tecnologia de uma organização com o objetivo de garantir controles efetivos e ampliar os processos de segurança e desempenho.

No Capítulo 25 este tópico é detalhado sob um ponto de vista mais estratégico, flexível, adaptativo e menos operacional, alinhando a governança aos princípios ágeis, à transformação digital e à indústria 4.0 – importante atualização conforme descrito no livro "Governança Digital 4.0" de Fernandes, Diniz e Abreu (2019).

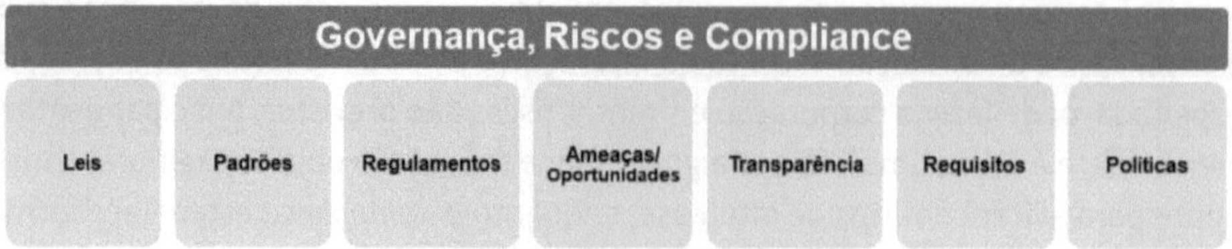

Figura 1.2. Governança, riscos e *compliance*:
Fonte: a autora.

1.5. A influência do ESG

Uma das grandes transformações que cada vez mais influenciam na governança das empresas é a adoção de princípios socialmente responsáveis, ambientalmente sustentáveis e administrados de forma correta – esse engajamento pode inclusive ajudar na avaliação financeira e no reconhecimento da corporação pelo mercado.

Essas ações designadas pela sigla ESG (*Environmental, Social and Governance*), em português ASG (Ambiental, Social e Governança), têm sido cada vez mais valorizadas desde que surgiram no relatório do Pacto Global (IFC, 2005), da Organização das Nações Unidas em parceria com o Banco Mundial, no relatório "Who Cares Wins" (em tradução livre, "Ganha quem se importa"), e reforçado no relatório "Freshfield" publicado pela UNEP-FI (2009), que trata dos aspectos legais e práticos da integração de questões ambientais, sociais e de governança em investimentos institucionais.

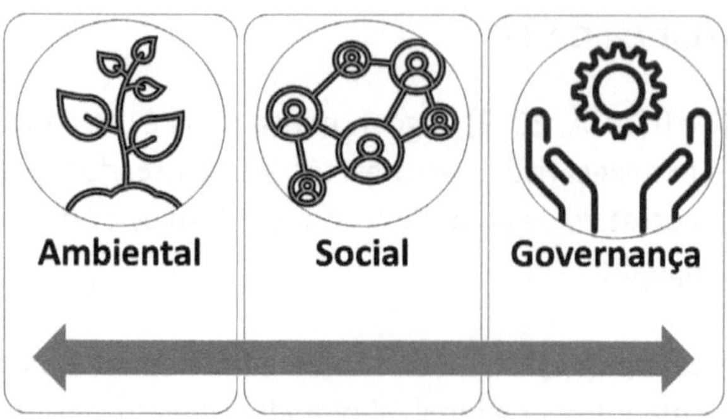

Figura 1.3. ESG.
Fonte: a autora.

1.6. Os avanços da governança nas empresas

A governança vem se adaptando e se adequando aos novos temas. A transformação ágil e digital é um dos assuntos mais relevantes no momento nas corporações e influencia diretamente na forma como a governança atua, não só no uso dos *frameworks* ágeis, mas na forma de agir e pensar a cultura das corporações como um todo.

A governança com a visão ágil não deve deixar de cumprir os requisitos legais e necessários nem abandonar os princípios básicos citados, mas, sim, passar a ter uma forma de agir que incorpore os princípios e valores ágeis, superando paradigmas e silos. Adicionalmente, deve trazer as pessoas para o centro das ações e não os processos, gerando valor o mais rápido possível através da redução de desperdícios e de processos desnecessários.

Com base na experiência da autora, uma governança dinâmica e adaptável deve ter como pontos de destaque:

- ✓ Cuidar do desenvolvimento das pessoas e da autonomia dos times.
- ✓ Entregar o que as partes interessadas percebem como valor.
- ✓ Reduzir desperdícios e melhorar continuamente o desempenho e a competitividade organizacional.
- ✓ Estabelecer elementos estáveis e dinâmicos na tomada de decisões.
- ✓ Incentivar a sinergia, a colaboração e o empoderamento das equipes.
- ✓ Instituir métricas e atribuir indicadores a cada time responsável para gerar entregas de valor.

1.7. Considerações finais

A governança para o ambiente externo tem como principal objetivo transmitir confiança ao mercado sobre as operações e a saúde financeira de uma organização. Internamente, ela direciona e apoia a forma como a entidade conduz suas atividades de forma a agregar valor ao negócio, às pessoas que se relacionam com ela e à sociedade em geral.

Existem estruturas especializadas em governança dentro das organizações para diferentes vertentes, sendo as mais relevantes a governança corporativa; a perspectiva relacionada a portfólio de projetos, que direciona novos projetos e a operação; e cada vez mais ganha importância a linha da governança de TI, por tratar da segurança dos dados, do aumento da automação e da digitalização de informações e relações com as mais avançadas tecnologias.

Com o avanço da mentalidade ágil e de suas práticas pelas organizações, além da inclusão de temas como responsabilidade ambiental e social, a governança tem se transformado em uma estrutura mais horizontalizada e ágil, destacando-se pela maior transparência e disseminação da responsabilidade para os envolvidos em todo o processo de fluxo de valor.

São muitas as oportunidades de crescimento sustentável que a governança ágil pode trazer para as organizações, e conhecer estes temas é essencial para todos que participam ou se relacionam com empresas que estão adotando ou que possam adotar essa forma moderna de governança.

2. A importância da governança para as empresas – seus objetivos, impactos e oportunidades

Hanna Urio Ohi
Priscila Cordts
Tatiana Alvisi

Antes de aprofundarmos a jornada da governança, é importante jogarmos luz no conceito de maneira mais subjetiva: um embasamento mais sutil pode potencializar o olhar sobre a governança nas organizações.

Governança é, antes de tudo, uma direção. E sempre será sobre novos arranjos sendo desenhados em prol do estabelecimento de um equilíbrio. Perceba que a escolha da expressão verbal "sendo desenhados" não é à toa, pois remete a algo contínuo, a processos e a construções. Há legitimidade tácita. Governança versa sobre harmonia, mesmo que demande muito movimento até que se chegue nesse estado.

Neste capítulo, nossa proposta é agitarmos um pouco o próprio conceito, para darmos entrada a novas ideias e a novos olhares.

A ONU, em seu relatório da Comissão sobre Governança Global, de 1996, definiu governança como "a totalidade das diversas maneiras pelas quais os indivíduos e as instituições, públicas e privadas, administram seus problemas comuns". O conceito é cirúrgico e traz à tona a clareza de que instabilidades são terrenos férteis para estabelecer a governança. Ora, é simples entender que essa é uma premissa.

Assim, jogando luz nos ambientes empresariais, a governança atua como um propósito do negócio, pois suas engrenagens irão possibilitar a criação de valores compartilhados.

E começamos também a entender como a governança está fortemente ligada à cultura de uma empresa e ao estabelecimento de um fluxo retroalimentador entre ambas, como um intercâmbio. Cultura se nutre de governança e vice-versa. Obviamente, empresas são feitas de pessoas, e um engajamento consistente é necessário para que a cultura de governança seja estabelecida de maneira sustentável.

Sustentabilidade, nos últimos dois anos, tem sido um pilar estratégico no propósito de muitas empresas, pelos conceitos imbuídos em ESG (*Environmental, Social, Governance*). Após a 27ª Conferência do Clima da Organização das Nações Unidas, a COP 27, é preeminente a constatação de que há muito o que avançar no que tange ao alcance de resultados mais efetivos.

Com a escalada da pauta ESG, governança está nos holofotes como nunca, principalmente em termos de responsabilidade organizacional.

Isso nos remete à legitimidade necessária envolvida no processo de gestão, que sempre estará relacionada à reputação e à imagem da organização, seja por um olhar interno ou externo de seus *stakeholders* (SOARES; OKUMURA, 2023).

Assim, a própria governança não cuida somente da viabilidade econômico-financeira de uma empresa; ela também contribui para reduzir suas externalidades negativas (BRESSAN, 2022).

A governança é vista como meio para preservar a imagem do negócio e a longevidade das corporações. Dentre seus principais objetivos estão o respeito às questões éticas e o tratamento igualitário para as partes interessadas. Nas organizações que a praticam, é exigida uma estrutura para sua condução, tendo como principal organizador e tomador de decisões o Conselho de Administração.

Tais medidas trazem benefícios para as empresas que a aplicam, como, por exemplo, maior atratividade no mercado, pois a transparência nos relatórios transmite confiança para quem tem intenção de investir nela (ECKERT *et al.*, 2022).

Dada a evolução natural do ambiente de negócios nos últimos anos, não somente sócios e administradores, mas também outras partes interessadas e agentes de transformação ampliaram seu foco e a demanda por respostas organizacionais de todas as esferas de relacionamento, com impactos relevantes na reputação e no valor econômico de longo prazo.

Nesse contexto, a governança e seus agentes condutores nas organizações apresentam-se como resposta para essas externalidades e para o entendimento de como o conjunto de partes interessadas é afetado ou afeta as aspirações e atividades dos negócios.

Conforme definições do IBGC (2015), apresentadas no Capítulo 1, os princípios básicos da boa governança corporativa aplicam-se a qualquer tipo de organização, independentemente do porte, da natureza jurídica ou da forma de controle. A seguir, cada princípio será detalhado e sua importância apresentada para a almejada adequação ao negócio.

Tabela 2.1. Princípios da governança corporativa.
Fonte: IBGC (2015).

Princípio	**Descrição**
Transparência	A importância da transparência para as organizações está em disponibilizar para as partes interessadas as informações que sejam de seu interesse e não apenas aquelas impostas por disposições de leis ou regulamentos ou que se restrinjam ao desempenho econômico-financeiro. Promover a transparência como princípio contempla também outros fatores (inclusive intangíveis) que norteiam a ação gerencial e que conduzem à preservação e à otimização do valor dos negócios.
Equidade	A equidade é caracterizada pelo tratamento justo, imparcial e isonômico de todos os agentes da organização e demais partes interessadas, levando em consideração seus direitos, deveres, necessidades, interesses e expectativas.
Prestação de contas	Todas as organizações que prezam pelas melhores práticas de governança corporativa devem prestar contas de sua atuação de modo claro, conciso, compreensível e tempestivo, assumindo integralmente as consequências de seus atos e omissões e atuando com diligência e responsabilidade no âmbito dos seus papéis.
Responsabilidade corporativa	Zelar pela viabilidade econômico-financeira dos negócios é uma das principais missões das organizações, reduzindo externalidades negativas e aumentando as positivas, levando em consideração, no seu modelo de negócios, os diversos capitais (financeiro, manufaturado, intelectual, humano, social, ambiental, reputacional, entre outros) tanto no curto, no médio ou no longo prazo.

2.1. Benefícios da governança para as empresas

Entre os benefícios de se ter uma disciplina de governança destaca-se a orientação para a estratégia de negócio, onde as equipes se desenvolvem sob uma cultura que influencia o comportamento coletivo, dando origem a uma consciência organizacional coesa. Como resultado obtém-se o alinhamento entre os objetivos do negócio e a operacionalização destes.

Ainda podemos atribuir à governança benefícios como:

- ✓ Estabelecer alianças, cadeia de ajuda e senso de pertencimento através da criação de mecanismos eficazes de incentivo e apoio ao relacionamento, à comunicação e à colaboração entre as pessoas.

- ✓ Fomentar a cultura e engajar de maneira consciente toda a organização de maneira sustentável.
- ✓ Reduzir custo com implementação de novas regras e padrões internos por emergirem em um ambiente de melhoria contínua.
- ✓ Aumentar a taxa de sucesso de projetos porque riscos e problemas técnicos são identificados mais cedo.
- ✓ Elevar a confiança e a credibilidade de times regidos sob uma governança cujo suporte proporciona capacidade ampliada de solucionar problemas de forma responsiva às mudanças a que o negócio é submetido.
- ✓ Evitar a assimetria informacional, considerando o estabelecimento de procedimentos internos, como formalizar a comunicação interna.
- ✓ Promover o propósito e a direção pelo aumento de alinhamento e autonomia, obtendo como consequência mais satisfação e engajamento das pessoas.

Instituir uma governança requer encargos, tanto no que se refere a compromissos de pessoas com essa incumbência quanto aos custos financeiros necessários à sua manutenção.

Mas, sobretudo, a governança é considerada valor agregado, uma vez que o propósito do negócio deve ser a razão de cada decisão e ação. Ela deve ser amparada por ganhos rápidos que fomentam engajamento e servem de impulso para resultados maiores (LUNA *et al.*, 2014).

Ressalta-se ainda a contribuição da governança para sustentação no longo prazo quando atua na gestão de portfólio oferecendo uma visão sistêmica das iniciativas, organizadas em cadeias de valor.

Mas estruturar uma governança não é uma tarefa simples, pois, analogamente ao desenvolvimento de um produto, requer uma visão, definições claras do que é ou não é, do que faz ou não faz, das personas a que atende – gerando expectativas de funcionalidades que atendam às necessidades das pessoas em uma organização.

Assim, uma boa estratégia é conhecer os limites de atuação da governança e seus respectivos impactos, para então serem vislumbradas as oportunidades de sua adoção pelas instituições e pessoas envolvidas.

2.2. Limites de atuação e impactos

Entendendo que a governança é estratégica para dirimir ou impedir o conflito de interesses entre *stakeholders*, ela terá papel fundamental no estabelecimento de fóruns, como conselhos independentes, e na gestão de riscos da organização no que tange à sua responsabilidade (previamente definida e amplamente validada e divulgada). Instrumentos como códigos de conduta, políticas e guias de boas práticas são aliados e seu cumprimento é papel do *compliance*.

Pondera-se que o desafio em busca do equilíbrio entre controle e autonomia possa estar mais sobre o modo de execução, processos e ferramentas e não sobre a decisão em si. Essa abordagem pode ser determinante num processo em que a equipe não necessariamente tenha consenso, mas, dada uma boa compreensão dos papéis, relacionamentos e processos, se comprometa com os objetivos da organização.

Além de ser um princípio básico de governança, a transparência é também uma das maiores exigências do mercado e da sociedade como um todo na atualidade. Sem a presença da ética, no entanto, o conjunto das boas práticas de governança pode não ser suficiente para evitar os desvios comportamentais e suas consequências danosas à empresa, a seus sócios e à sociedade em geral. A ética se consolida na aplicação diária de valores e princípios claros, coerentemente exercitados por todos os envolvidos no negócio (IBGC, 2015).

Nas empresas, o *compliance*, ou conformidade, vai ganhando cada vez mais espaço pela relação direta com ética, já que preza pelo cumprimento de normas que seriam algo como "cláusulas pétreas" da organização. Infringir tais regulamentos pode ferir e lesar os interesses da empresa, o que caminha contrariamente aos seus propósitos. Então, de forma complementar, mas limítrofe às práticas de *compliance*, a governança deve ter uma atuação suficiente para prevenir instabilidade, ambiguidade e tensão, segundo a LEC (REDAÇÃO LEC, 2019), buscando alinhar a mentalidade dos gestores e seus processos de gestão.

Pode ainda caber à governança estabelecer formas de gestão e instâncias para celebração de novos instrumentos contratuais, aquisição de licenças, gestão de recursos tecnológicos ou contratação de serviços. Naturalmente, essa atuação vai variar conforme o tipo de empresa e as características do negócio (seja mais digital, fornecedor de produtos customizados ou *commodities*).

Em tempo, as regras de uma empresa devem ser consonantes com normas, regulamentos e legislações, passando por processos de auditorias e fiscalizações e sendo por vezes representadas por conselhos fiscais e comitê de auditoria (interna ou independente).

Essa estrutura de suporte proporciona mais robustez, integridade e conformidade aos processos da organização – entretanto, já não basta cumprir e estar de acordo com esse arcabouço de regulamentações. Em um mundo cada vez mais volátil, incerto, veloz, colaborativo, no qual cada vez mais nos relacionamos em redes, as empresas não são ilhas. E, assim sendo, nesse novo ambiente de excesso de informações e interações instantâneas, o mero cumprimento de exigências regulatórias não basta para inspirar confiança.

Empresas de todos os portes precisam estabelecer um compromisso proativo com valores e princípios alinhados com interesses coletivos, sendo de extrema importância essa abertura e esse olhar das organizações para as oportunidades que tal ambiente gera. Esse compromisso é parte da transparência requerida para adaptações que lhes oferecerão exposição positiva no mercado.

Como elucidamos no início deste capítulo, há uma significativa contribuição da governança em cenários de crise, cujo evento adverso aumenta as incertezas e pode levar ao caos. A atuação da governança passa a influenciar não só no âmbito interno como também externo à organização, envolvendo diversas áreas como comunicação, relações institucionais, relacionamento com comunidades e outros *stakeholders*, gestão de pessoas, gestão de processos e projetos, saúde, segurança e meio ambiente.

As organizações podem se beneficiar com uma governança mais adaptável e que defina um grupo multidisciplinar com clareza de seus papéis e responsabilidades, munida com orientações de boas práticas e ferramentas para diagnosticar o evento, seus impactos, mitigar riscos adicionais e contribuir para decisões mais céleres e objetivas, alinhadas aos valores e às estratégias da organização que representa.

Desse modo, discorreremos como essa governança pode contribuir com oportunidades e gerar benefícios para as corporações.

2.3. Oportunidades

Considerando que a governança deve ser orientativa e não prescritiva, buscando direcionar os líderes a tomar decisões e desdobrar estratégias que conduzam à sustentabilidade de longo prazo, podemos identificar grandes oportunidades para que a organização possa permanecer viável ao longo do tempo sem comprometer as gerações atuais e futuras.

Como ilustrado na Figura 2.1, a governança traz a oportunidade de direcionar, por intermédio das estratégias, a gestão, que por sua vez alinha, executa e mensura projetos e entregas, devolvendo os resultados para a governança. De posse desses dados e informações, a governança vai monitorar e avaliar se os resultados estão alinhados à estratégia e definir como potencializá-los.

Figura 2.1. Oportunidade da governança.
Fonte: adaptado de TCU (2020).

A responsabilidade (ou *accountability*) distribuída a todos os níveis é outra oportunidade no centro da boa governança atual, assim como novos arranjos de liderança hierárquica ou situacional que podem definir o tom para uma cultura organizacional ética, com clareza do propósito e dos valores, garantindo que a estratégia esteja alinhada com essa intenção e que o valor seja gerado para todas as partes interessadas.

Sendo assim, esse modelo (ou outro que fizer sentido para seu negócio) é a representação de como funciona ou deveria funcionar a governança na organização. Entretanto, o alcance de uma boa governança depende fundamentalmente da definição e da implantação de um modelo adequado ao tamanho, à complexidade, ao negócio e ao perfil de risco da organização.

É fundamental avaliar o modelo de governança adotado e ajustá-lo ao contexto e aos objetivos organizacionais, comunicando-o adequadamente às partes interessadas (TCU, 2021).

A partir dessa definição, a prática de "estabelecer o modelo de governança" consiste na definição de um conjunto de diretrizes (direcionadores), valores, processos e estruturas necessários para que as atividades de governança – avaliar, dirigir e monitorar a gestão – sejam desempenhadas de forma eficaz, de modo a possibilitar que a organização alinhe seus objetivos aos interesses das partes, gerencie seus riscos e entregue o valor esperado de forma íntegra, transparente e responsável.

E quais os benefícios estratégicos que estão (ou estarão) mais atrelados a esse modelo? Além de alinhar interesses, aumentar o valor da sociedade, facilitar o acesso ao capital e contribuir para a perenidade do negócio, a principal oportunidade que a governança pode trazer para a inovação é criar ambientes favoráveis para o despertar da criatividade, fazendo com que o novo não seja temido e sim perseguido.

Sendo dependente do contexto, uma visão enxuta para a governança pode vir a ser útil para a realidade de diversos tipos de empresas, especialmente aquelas focadas em inovação, como *startups* e *venture builders*. O formato de uma governança mais simples e adaptativa – ágil até – traz o mínimo de governança necessária para que a empresa possa crescer de forma estruturada, sem perder processos ou autonomia.

2.4. Conclusões

As profundas mudanças pelas quais as organizações e seus negócios têm passado nesta última década – seja por motivações econômicas, sociais, políticas e sanitárias – mais uma vez reforçam a necessidade da adoção de princípios e melhores práticas de governança.

Todavia, a governança nos dias de hoje deve ser muito mais sobre alinhamento com autonomia do que sobre rigidez, pontos de controle e microgerenciamento de processos e de indicadores. Governança não mais deve ser sobre comando e controle.

E o compromisso para evitar esse cenário é de todos os envolvidos como "guardiões" de valores saudáveis e sustentáveis. Quem ganha? Todo mundo. Ser eficiente na geração de valor para o negócio passa, impreterivelmente, por uma boa governança.

Não é uma jornada fácil, pois envolve muitas mudanças e desenvolvimento de repertório interno e externo para lidar com problemas comuns, dissensos e consensos. A criatividade é sempre bem-vinda como aliada para buscar soluções diferentes de outrora e potencializar os resultados para as partes interessadas.

Dentro de uma abordagem evolutiva, são muitas as oportunidades de implementação da governança, inúmeros os benefícios e a certeza de gerar valor e zelar pela perenidade do negócio.

Um bom ponto de partida é definir um conjunto de poucas regras simples que orientem as decisões e conduzam para a sustentabilidade do negócio. Isso garante o equilíbrio e estabelece uma consistente "vigília" para que não sucumbamos em controles que já não fazem mais parte do que queremos como organização e como sociedade.

E o que num primeiro momento parece ser dissonante pode ser uma excelente oportunidade de integração para uma organização que demanda estabilidade ao mesmo tempo em que implementa a agilidade, aspecto que será explorado a seguir.

3. As transformações ágeis e digitais e os novos desafios da governança

Déborah Zavistanavicius

Neste capítulo, visamos abordar o entendimento de como a transformação digital se tornou uma necessidade para as empresas que desejam se manter competitivas e inovadoras no mercado.

No entanto, é sabido que a implementação de mudanças digitais pode ser complexa e desafiadora em qualquer tipo de organização, em especial em empresas com modelos de gestão mais "tradicionais", cujas estruturas hierárquicas rígidas e cujos processos burocráticos tendem a minar a autonomia. É aqui que a governança tradicional precisa ser revista.

Vamos explorar conceitos fundamentais de governança e como eles podem ser aplicados em transformações digitais, bem como suas formas de atuação nesse momento de trabalho híbrido que vivenciamos, sendo requerido implementar mudanças digitais de forma rápida e eficaz, combinando princípios ágeis com os mecanismos de governança nas empresas.

No século XVIII foi desencadeado um grande processo de evolução, trazendo de forma rápida uma grande gama de tecnologias que aceleraram o desenvolvimento do mundo capitalista, sendo chamado de Revolução Industrial.

> *A 1ª Revolução Industrial foi marcada pela mecanização, enquanto a seguinte é conhecida pela eletrificação da fábrica. Já a terceira teve como objetivo automatizar tarefas mecânicas e repetitivas. Agora, na Indústria 4.0, a meta é aproximar o mundo físico, digital e biológico. (SESI/RS, 2019)*

Figura 3.1. Revolução industrial 1.0 a 4.0.
Fonte: Sesi/RS (2019).

A Lei de Martec descreve a relação entre a evolução da tecnologia e a evolução do marketing. Criada por Benoit B. Mandelbrot, matemático e economista francês, foi popularizada por Martha Rogers e Don Peppers.

- ✓ Afirma que a tecnologia e o marketing evoluem em ciclos de aproximadamente 50 anos. Cada ciclo é marcado por uma nova tecnologia que revoluciona o mercado e que demanda uma adaptação das estratégias de marketing.
- ✓ Assim, a Lei de Martec destaca a importância de as empresas se manterem atualizadas em relação às novas tecnologias e de adaptarem suas estratégias de marketing para atender às novas demandas dos consumidores.

A Figura 3.2 representa uma proposta de modelo de inovação, uma vez que para acompanhar o crescimento da tecnologia atual necessitamos incentivá-la:

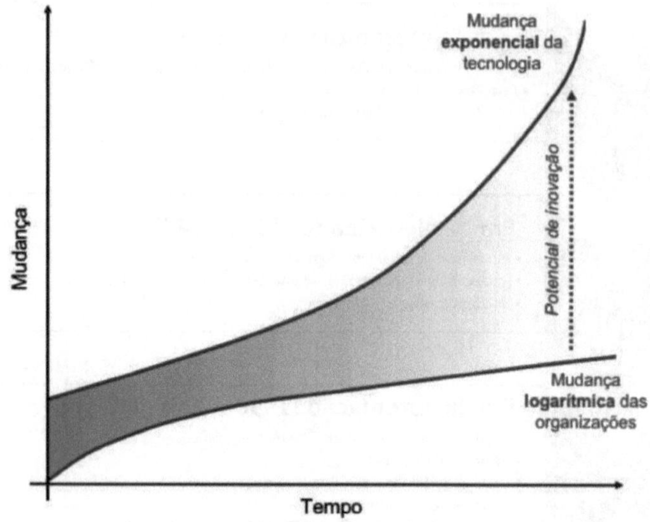

Figura 3.2. Lei de Martec.
Fonte: adaptado de Brinker (2016).

3.1. Governança no mercado atual e suas percepções

Cada vez mais o mercado percebe positivamente a combinação da agilidade e do digital às demais áreas. Ao encontrar o equilíbrio entre esses fatores, as empresas podem alcançar uma posição mais forte para competir e prosperar seus negócios.

Algumas percepções mais comuns no mercado são de que:

1. **Governança é essencial para a transformação digital:** empresas que buscam se tornar mais ágeis e digitais devem ter uma estrutura clara de governança em vigor, com políticas, processos e controles que possam ajudar a gerenciar os riscos e garantir a conformidade com as regulamentações aplicáveis.
2. **Governança e agilidade/digital podem trabalhar juntas:** a governança não deve ser vista como um impedimento para a agilidade e a transformação digital, e sim como uma facilitadora. As empresas precisam encontrar um equilíbrio entre a necessidade de gerenciar os riscos e a necessidade de inovar rapidamente. Isso pode ser alcançado por meio de uma cultura de colaboração e comunicação entre os líderes de governança e as equipes de transformação digital.
3. **A automação pode ajudar a melhorar a governança:** a automação de processos pode ajudar a simplificar e acelerar a governança, tornando-a mais eficiente

e eficaz. Além disso, a automação também pode ajudar a aumentar a capacidade de resposta das empresas, permitindo que elas reajam rapidamente às mudanças no mercado e às novas oportunidades.

4. **A governança deve ser adaptável:** a governança não é uma abordagem única que se aplica a todas as empresas. As empresas devem adaptá-la às suas necessidades e circunstâncias específicas. Isso pode ser feito por meio de uma abordagem modular e flexível que permita ajustar a governança à medida que as necessidades mudem ao longo do tempo.

A pandemia de COVID-19 mudou significativamente o mundo, acelerando tendências corporativas que já vinham acontecendo, como o trabalho remoto e a digitalização de processos.

Todo esse trabalho em torno do conhecimento, que envolve habilidades cognitivas e intelectuais, tais como como análise de dados, resolução de problemas e tomada de decisões, foi particularmente impactado. Com o aumento do trabalho remoto, as organizações tiveram que adotar novas ferramentas e tecnologias para garantir a colaboração e a comunicação entre as equipes.

A economia global vem sendo baseada em serviços e empreendimentos que dependem de inovação e conhecimento para prosperar e se manter relevantes no mercado.

Além disso, o trabalho híbrido, que combina trabalho remoto e presencial, se tornou uma realidade para muitas organizações durante a pandemia e pode ficar ainda mais comum no futuro. Isso exige que as empresas adotem novas políticas e práticas de gerenciamento para garantir que os trabalhadores sejam capazes de colaborar e produzir com eficiência, independentemente do local em que estejam trabalhando.

No futuro, é provável que a tecnologia continue a desempenhar um papel fundamental no trabalho do conhecimento e na forma como as organizações operam. Tecnologias como inteligência artificial e robótica levam à automação de tarefas repetitivas e rotineiras, permitindo que os trabalhadores se concentrem em atividades que exigem habilidades exclusivamente humanas, como a criatividade e o pensamento crítico.

3.2. Práticas atuais na governança

Os processos de governança atuais se concentram em promover a colaboração, a transparência e a entrega de valor contínuo em um ambiente empresarial cada vez mais orientado à agilidade, devendo ter uma abordagem mais flexível e adaptável. Conforme a experiência da autora, algumas práticas comuns nesse cenário incluem:

1. **Estabelecer objetivos claros e mensuráveis.** Estes devem ser específicos, passíveis de medição, atingíveis, relevantes e baseados em um prazo definido. A equipe de governança deve trabalhar em estreita colaboração com as demais equipes envolvidas na transformação para alinhar os objetivos da organização com as necessidades das equipes.
2. **Acompanhar métricas de desempenho que reflitam a entrega de valor.** Elas podem incluir a satisfação do cliente, a velocidade de entrega, a qualidade do produto e a eficiência da equipe.
3. **Fornecer *feedback* contínuo às demais equipes para melhorar a entrega de valor.** Isso inclui *feedback* sobre a qualidade do produto, a eficiência da equipe e a conformidade com os padrões da organização.
4. **Facilitar a colaboração entre as equipes e outras partes interessadas**, como gerentes de projetos, executivos da organização e também os clientes e demais *stakeholders*.
5. **Adaptar-se às mudanças rapidamente.** Isso inclui a capacidade de atualizar os objetivos da governança, as métricas de desempenho e o *feedback* contínuo conforme necessário.
6. **Promover a transparência em todos os níveis da organização.** Isso inclui transparência em relação aos objetivos da governança, às métricas de desempenho e aos processos de avaliação e desempenho.
7. **Tomar decisões colaborativas entre as partes interessadas.** Isso inclui a capacidade de tomar decisões de forma rápida e eficaz para garantir a entrega contínua de valor.

A autora cita ainda algumas das principais dificuldades percebidas nas empresas e dá sugestões práticas para aprimoramento da governança. Lembrando que cada empresa é única e deve buscar as melhores práticas e soluções para atender às suas necessidades internas e de seus clientes.

3.3. Dificuldades na realização da transformação ágil/digital

- ✓ **Cultura organizacional resistente à mudança**, podendo dificultar a implementação de práticas ágeis e digitais. Muitas vezes as empresas têm processos e hierarquias estabelecidos há muito tempo, que podem ser difíceis de mudar.
- ✓ **Falta de liderança na condução das transformações.** Sem liderança forte e comprometida é difícil motivar as equipes a adotar novas práticas e abordagens.
- ✓ **Falta de conhecimento e habilidades.** Muitas vezes as empresas não fornecem o treinamento adequado ou não têm as pessoas certas com as habilidades certas para implementar com sucesso as mudanças.
- ✓ **Falta de foco na experiência do cliente**, já que algumas empresas podem estar muito focadas em seus próprios processos internos e não no cliente. A transformação aqui discutida deve se concentrar em melhorar essa experiência, mas se as empresas não estiverem centradas no cliente, isso pode dificultar o sucesso e até mesmo a sua implementação.
- ✓ **Problemas de integração de sistemas.** Muitas empresas têm sistemas legados que podem ser difíceis de integrar com novas tecnologias.
- ✓ **Falta de flexibilidade para se adaptar a mudanças rapidamente.** Algumas empresas não estão dispostas a mudar suas abordagens ou processos quando necessário.
- ✓ **Falta de compromisso com a mudança**, o que requer compromisso e dedicação de toda a organização. Se as equipes não estiverem comprometidas em fazer as mudanças necessárias, a transformação provavelmente falhará.

3.4. Sugestões de práticas

1. **Clareza sobre papéis e responsabilidades:** é importante que todos os membros da empresa compreendam claramente suas funções e responsabilidades.
2. **Fortalecer as áreas de conselho:** conselhos como o de administração e os consultivos são responsáveis por supervisionar a gestão da empresa. Garantir que esses instrumentos sejam compostos por indivíduos experientes, independentes e com habilidades complementares pode aumentar a eficácia geral da governança.
3. **Implementar um código de conduta:** um código de conduta pode estabelecer expectativas claras sobre a ética nos negócios e comportamentos esperados dos funcionários e da liderança.
4. **Desenvolver um processo de tomada de decisão:** um processo estruturado de tomada de decisão pode ajudar a garantir que as decisões sejam tomadas

de forma objetiva e baseadas em dados, e que os riscos sejam adequadamente avaliados e gerenciados.

5. **Estabelecer canais de comunicação eficazes:** os membros da organização devem se comunicar de maneira transparente e aberta.
6. **Realizar auditorias regulares:** as auditorias podem fornecer uma avaliação independente dos processos de governança da corporação e ajudar a identificar áreas que precisam ser melhoradas.
7. **Priorizar a transparência:** a transparência pode aumentar a confiança dos *stakeholders* na organização e evitar problemas potenciais. Isso inclui a divulgação regular de informações financeiras e não financeiras relevantes.

3.5. Conclusão

A governança tem se tornado cada vez mais relevante no contexto das transformações ágeis e digitais, ao mesmo tempo em que a adoção de práticas mais dinâmicas e flexíveis nos projetos transformacionais tem gerado percepção de maior eficiência e eficácia no desenvolvimento de soluções inovadoras e na redução da distância entre a concepção e a entrega do produto.

No entanto, a adoção de práticas ágeis em grande escala pode apresentar desafios em termos de governança, uma vez que a agilidade pode ser percebida como uma falta de controle e uma ameaça à estabilidade do ambiente de produção. Assim, a governança atualmente deve se apresentar como uma abordagem que vise alinhar a agilidade com as necessidades de controle e governança do negócio.

Para ter sucesso com essa nova governança, é necessário que as empresas adotem:

1. uma abordagem holística, considerando tanto a perspectiva do negócio quanto a perspectiva da tecnologia (importante que os líderes dessas áreas trabalhem em conjunto para definir uma visão clara e compartilhada dos objetivos da transformação digital e para identificar as oportunidades e os riscos envolvidos no processo);
2. práticas de gestão de riscos que permitam a identificação e o gerenciamento proativo de possíveis problemas e garantam que os recursos sejam utilizados de forma eficiente e efetiva;
3. práticas de gestão de mudanças que assegurem que a transformação seja implementada de forma suave e que os *stakeholders* sejam envolvidos e preparados para as mudanças.

4. Governança, sustentabilidade e impacto social: a importância do ESG

Claudia Marquesani

4.1. O que é ESG e sua relevância

Antes de abrirmos a discussão sobre sustentabilidade, seu impacto social e relacionamento com a governança, precisamos ir além da definição e compreender também como surgiu o ESG.

A sigla é oriunda dos termos em inglês *environmental, social and governance* ou, em português, ASG, que se refere à ambiental, social e governança. A sigla ganhou visibilidade ultimamente através de uma conscientização coletiva a respeito dos fatores sociais e ambientais.

Dois termos direcionam o tema e nos trazem o conceito de ESG de maneira didática para entendimento. Um deles é o "accountability", em português "responsabilidade", ou seja, o interesse em conhecer o impacto que as empresas exercem sobre indivíduos (clientes e colaboradores), comunidades e meio ambiente.

O outro é o "business valuation", em português "avaliação do negócio", que define que as métricas existentes atualmente são insuficientes para capturar possíveis valores intangíveis que uma organização possa oferecer dentro de um determinado contexto.

Ou seja, vai-se além das tradicionais métricas econômico-financeiras e passa-se a avaliar as organizações de maneira mais holística e completa, considerando, além dos já conhecidos ativos tangíveis, agora também os ativos intangíveis.

Resumidamente, os focos dos investimentos e ações do ESG são:

- ✓ **Fatores ambientais:** emissão de efluentes e gestão de resíduos, poluição, emissão de gases que impactam no efeito estufa, utilização de recursos naturais, uso de energia de maneira sustentável etc.

- ✓ **Fatores sociais:** inclusão e diversidade, relacionamento trabalhista, engajamento de funcionários, colaboradores e parceiros, privacidade de dados e segurança, relações com as comunidades, dentre outros.
- ✓ **Fatores de governança:** ética e transparência, diversidade no conselho de administração, independência e neutralidade, comitês de auditores e fiscais.

Os fatores abordados pelo ESG estimulam ações que são primordiais para a continuidade do planeta, afetando também os resultados das organizações, valorizando-as como ativos não tangíveis. É fato que, nos últimos anos, cada vez mais investidores e empresas têm colocado como meta o investimento e a geração de resultados mais responsáveis.

Em paralelo, o comportamento de consumidores também tem mudado, exigindo empresas com responsabilidades e resultados além dos financeiros. No contexto do cenário atual, entender de governança exige uma correta compreensão do que é ESG e da forma como ele é abordado nas organizações.

4.2. ESG e a história

O ESG é composto por diversos *blueprints* (planos) e indicadores criados ao longo dos anos para avaliar os impactos sociais e ambientais de uma organização e a ética na governança para que uma organização não apenas seja economicamente viável, mas socialmente, ambientalmente e eticamente responsável pelo planeta e pela sociedade em que vivemos.

Dentre esses planos, destacamos o *Sustainable Development Goals* (SDG). Seu surgimento deu-se quando a ONU (Organização das Nações Unidas), uma das principais porta-vozes do ESG, utilizou as melhores metodologias do mundo e trouxe os 17 SDG (em português, Objetivos de Desenvolvimento Sustentável ou ODS).

Os ODSs representam uma chamada mundial à ação para erradicar a pobreza, proteger o planeta e melhorar a vida de todos. Os 17 objetivos foram adotados por todos os estados participantes da ONU em 2015, como parte da Agenda 2030 para o Desenvolvimento Sustentável, que estabeleceu um plano de 15 anos para atingir os objetivos propostos (BRAVO RESEARCH, 2021).

Ao todo, eles possuem mais de 230 indicadores para orientar, de modo geral, governos e empresas a buscar a governança ambiental, social e corporativa.

4.3. ESG e métricas

Não há como medir ESG utilizando métricas ou padrões universais. A maneira como uma empresa define e acompanha seu desempenho no contexto socioambiental e de governança pode variar muito dependendo dos medidores utilizados e da forma como as informações são divulgadas. Algumas vezes a publicação dessas informações não é nem obrigatória.

Existem várias consultorias ao redor do mundo que coletam dados em relação a aspectos ESG das empresas, criando diferentes metodologias para a definição de uma "nota" (ou *rating* em inglês), conforme explicado por Ungaretti (2020), que também acrescenta:

- ✓ Algumas delas são, por exemplo, MSCI, Sustainalytics, Sitawi, Refinitiv, RepRisk e S&P Global. Entretanto, a posse de uma sistematização específica por cada uma dessas consultorias tem como consequência classificações com grandes variações, dependendo do provedor.
- ✓ Para padronizar e, por consequência, simplificar, a matriz do SASB (*Sustainable Accounting Standards Board* ou, em português, Conselho de Padrões Contábeis de Sustentabilidade) traz os tópicos de sustentabilidade organizados em cinco dimensões: (1) meio ambiente, (2) capital social, (3) capital humano, (4) liderança & governança e (5) modelo de negócio & inovação. Além disso, o órgão define 26 fatores que determinam o desempenho de uma empresa nessas cinco categorias, conforme ilustrado na Figura 4.1.

Figura 4.1. Universo das questões de sustentabilidade.
Fonte: adaptado de Ungaretti (2020).

O conceito de materialidade significa o nível de relevância de cada fator para determinada empresa ou segmento. Obviamente, nem todos os 26 fatores definidos pelo SASB são relevantes para todas as empresas. E é por isso que a identificação da materialidade deles para cada setor e/ou empresa é importante.

Dentre os diversos padrões utilizados por consultorias, a MSCI ESG Ratings calcula a exposição de cada empresa aos principais riscos ESG. Vale dizer que não se trata de ser ou não uma empresa ESG. O caminho trilhado nesse sentido é quase sempre uma jornada de melhoria contínua.

Primeiro, é preciso entender o estado atual da empresa através de métricas e métodos confiáveis. Em seguida, é preciso traçar planos com acompanhamento e incrementos periódicos, garantindo que o estado atual avance para patamares superiores. Essa consciência de medição, controle, ética, papéis e responsabilidades é oriunda de um pilar muito importante do ESG: o G de governança.

4.4. ESG e governança

> *Uma empresa é mais do que uma unidade econômica geradora de riqueza. Ela atende às aspirações humanas e sociais como parte de um sistema social mais amplo. O desempenho deve ser medido não apenas pelo retorno aos acionistas, mas também pela forma como uma organização atinge seus objetivos ambientais, sociais e de boa governança. (SCHWAB; NICHOLAS, 2019)*

Foi assim que o Manifesto Davos 2020 definiu, no Fórum Econômico Mundial, o posicionamento esperado das empresas na nova economia para gerar valor. A busca pela governança, seguida pela conscientização e pelo foco em ações a respeito dos impactos socioambientais, vem do entendimento de que, para serem colocados em prática e cumpridos por todos, os preceitos ESG precisam ter premissas básicas implementadas e controladas internamente.

A prestação de contas passa a ir além das finanças, buscando geração de valor a longo prazo e desempenho sustentável. O G da governança é o alicerce para todos os pilares.

4.5. ESG e governança ágil

Segundo o Gartner, a governança é um dos fatores-chave para a transformação ágil, junto com arquitetura, pessoas, cultura, técnicas e práticas. E o conceito de governança adaptativa possui os seguintes princípios revisitados (GULZAR; KOPCHO, 2019):

- ✓ **Controle:** investimentos socialmente responsáveis ou ambientalmente amigáveis serão priorizados em todos os portfólios.
- ✓ **Resultados:** somente serão considerados se puderem ser medidos nos termos de responsabilidade e retorno socioambientais.
- ✓ **Agilidade:** controle de *backlog* (pendências) foca em ações relacionadas a meio ambiente e sociedade. Ações desse tipo sempre serão priorizadas.
- ✓ **Autonomia:** criação de valor e papéis (analíticos, ferramentas, algoritmos, programas ou produtos proprietários) serão definidos diretamente com base no impacto ambiental e social que eles exercem.

Basicamente, para os quatro princípios da governança ágil e adaptável, a preocupação com o ESG é alta. O valor da sociedade e do meio ambiente e o foco em ações sustentáveis guiam todos eles, o que demonstra que é impossível considerar a governança ágil sem que os valores do ESG também sejam levados em consideração.

4.6. Conclusão: o papel da governança para o futuro das organizações

Uma boa governança, durante muito tempo, teve como foco sua capacidade geradora de lucro em um ambiente ético, controlado e com clareza informacional. Empresas consideradas bem-sucedidas demonstravam seu sucesso através de bons resultados financeiros.

Entretanto, no atual contexto em que nosso planeta se encontra, com a preocupação que envolve escassez de recursos e possível comprometimento da continuidade dos negócios, o foco em ESG tem se refletido inclusive em indicadores do mercado financeiro.

Empresas mais sustentáveis quase sempre detêm melhor imagem perante seus clientes e resultados econômicos mais eficientes. O valor do ativo intangível pode valer como nunca para as organizações.

Logo, a governança continua sendo essencial. Porém, ela agora é ainda mais importante para a construção de negócios sustentáveis a longo prazo. Nos próximos anos, empresas não sustentáveis muito provavelmente não fornecerão um retorno econômico apropriado para os acionistas.

Sob essa perspectiva, a má governança custa caro tanto para os acionistas quanto para outras partes interessadas.

O novo capitalismo requer empresas ágeis e capazes de manter sua perenidade com retornos duradouros para acionistas e *stakeholders*. Ao mesmo tempo, ajudar a resolver problemas do ambiente e da sociedade, ponto-chave do ESG, torna-se mandatório em um cenário ágil, em um mundo que está em constante transformação e cada vez mais digital.

Nesse contexto, a governança sempre teve e continuará tendo papel fundamental (agora renovado) de ser uma base direcionadora para a avaliação, direção e monitoração de todas as ações, incluindo as relacionadas à sustentabilidade, ao impacto social e à responsabilidade corporativa.

5. Governança x agilidade: rivais eternos ou aliados para a mudança?

Renê Chiari
Vanêssa Santana

5.1. Introdução

Os conceitos de agilidade e governança podem induzir distintas reações em diferentes partes interessadas. E muitas vezes essas reações se devem a uma má compreensão sobre o real significado desses conceitos e como eles se relacionam.

Neste capítulo, pretendemos desmistificar a relação entre agilidade e governança e apresentar formas de adotá-las em conjunto para um melhor benefício do negócio.

5.2. Agilidade requer estabilidade

Alguns abraçam o conceito de agilidade e divulgam seus benefícios com entusiasmo. Outros, no entanto, acham que é uma perspectiva intimidadora.

Uma das percepções mais comuns associadas à agilidade é que ela propõe um caminho impulsivo de tomada de decisão no calor do momento, sem muita preocupação ou estrutura para controlar os resultados.

Para algumas organizações, isso ainda é um impedimento para a adoção da agilidade. Embora esse entendimento seja bastante impreciso, é fato que a agilidade requer um mínimo de estabilidade para obter o benefício pretendido.

Para que isso fique mais claro, podemos considerar o exemplo de um automóvel.

Cada recurso de um automóvel permite ao motorista maior velocidade e dinamismo ao dirigir em uma estrada, uma avenida com tráfego constante ou uma rua sinuosa. Também há um recurso de estabilidade para garantir que os riscos sejam mitigados.

Os sistemas de direção hidráulica e direção elétrica progressiva são exemplos desses recursos.

Quando o carro está em alta velocidade, a direção se torna mais "pesada", dando mais segurança ao motorista e evitando potenciais riscos de acidente. Portanto, a agilidade não sacrifica a estabilidade – na verdade ela requer estabilidade.

Diante disso, fica a pergunta: como uma organização mantém a estabilidade ao mesmo tempo em que implementa a agilidade? Isso é feito por meio da governança.

5.3. Governança adaptativa

Conforme descrito anteriormente neste livro, governança é o sistema pelo qual as empresas e demais organizações são dirigidas, monitoradas e incentivadas, envolvendo os relacionamentos entre sócios, conselho de administração, diretoria, órgãos de fiscalização/controle e demais partes interessadas.

Porém, é muito comum associar governança com burocracia e inflexibilidade – fatores antagônicos à inovação necessária atualmente – devido às áreas legais e governamentais e aos riscos que fazem parte desse sistema, além dos indivíduos acreditarem que os avanços (nas organizações, processos ou produtos) esperados nesse mundo dinâmico sejam influenciados diretamente e negativamente pela governança.

Sabemos que um sistema que não seja mais passível de atualizações e customizações não terá capacidade de suportar os mais diversos modelos de organizações de que dispomos, desde as que precisam de um alto nível de controle até aquelas com uma maior liberdade para criar e lançar os seus produtos.

Portanto, mesmo entendendo que a governança atua diretamente na definição de políticas, responsabilidades, estratégias, *compliance* e riscos, é necessário que ela esteja preparada para se adaptar a um mundo empresarial diverso e assim seja possível solucionar o desafio da "autonomia e controle" a ela imposto.

O COBIT® 2019, um dos principais *frameworks* aplicáveis, já apresenta uma visão mais adaptativa da governança ao caracterizá-la como um "sistema dinâmico, adaptado às necessidades da empresa e com uma abordagem holística que forneça valor às partes interessadas" (NETO; MACEDO, 2021).

Dessa forma, já é possível olhar a governança como algo que não só auxilia, como também faz parte de todas as áreas de uma instituição. Esses princípios, especialmente quando falamos a respeito de adaptação e valor, conversam diretamente com a essência da agilidade.

5.4. Resolvendo um ponto de conflito clássico entre agilidade e governança

Quando o conceito de agilidade foi difundido, através do Manifesto Ágil (BECK *et al.*, 2001), os valores e princípios apresentados estavam muito limitados ao desenvolvimento de software. Com o tempo e a disseminação dessa "cultura ágil", percebeu-se que era possível ampliar esses valores (algumas vezes adaptados ao contexto de negócio) para as demais áreas nas organizações.

Um ponto de atenção que parece conflitante entre governança e agilidade é a questão da documentação. Enquanto a primeira precisa dela para garantir a gestão do conhecimento e a existência de informações que alimentem a camada estratégica da empresa, a segunda prega que a importância está mais na entrega de valor para o cliente.

Porém, a agilidade não elimina a documentação, e sim estimula a darmos maior relevância ao que de fato tem mais valor. Entre uma documentação abrangente, que denota robustez e complexidade, e um produto funcionando, o segundo é profundamente mais importante do que o primeiro.

De acordo com Messias Reis (2021), *cofounder* da Meliva, uma estratégia para garantir a necessidade da governança de passar de conhecimento (através de relatórios elaborados pela área de execução) e manter um modelo ágil (onde o foco maior está na implementação) é entendermos qual documentação é realmente importante, para que possamos descartar aquela que apenas impactará o andamento das atividades.

Com a maturidade da agilidade e a possibilidade de atestar os benefícios de sua aplicação, acreditamos que tê-la como base para um modelo de governança não é inatingível.

O preparo para as mudanças, tão importante para a agilidade, deve ser absorvido pela governança, tornando-a mais flexível, de forma a se complementarem em um processo de evolução.

Em uma empresa focada em produto digital, mas regida por regulamentações, conforme experiência dos autores, pode-se ter essa flexibilização dos estilos, o que, além de suportar e estruturar as áreas de acordo com o que elas realmente necessitam, traz um alinhamento mais maduro para a organização.

Isso porque um setor de "desenvolvimento", mesmo possuindo regras, papéis e processos bem distintos de um setor de "auditoria", por exemplo, poderá interagir e conhecer um pouco mais das normas associadas a essa área, de forma a fazer uma entrega mais aderente às expectativas do cliente e da regulamentação.

Posto isso, compreendemos que quando governança e agilidade são colocadas em uma atuação conjunta na organização e têm compartilhados os seus valores e princípios, aumentamos consideravelmente não só o preparo das pessoas perante as mudanças, como a possibilidade de executá-las com maestria.

5.5. Conclusão

Para garantir que os métodos ágeis possam resultar em uma vitória para o negócio, a governança deve passar para um primeiro plano, fornecendo adequada direção, por exemplo, com orientações abrangendo:

- ✓ Não tratar apenas de orçamento, mas capacitar a equipe a mudar rapidamente o curso no meio do projeto para evitar exceder esses limites e/ou tê-los como inflexíveis.
- ✓ Garantir que apenas os candidatos mais qualificados sejam contratados e, igualmente, confiar nesses indivíduos para tomar decisões rápidas que promovam os objetivos da empresa.
- ✓ Definir a satisfação do cliente como meta principal, mas, de modo ágil, permitir que uma equipe tenha a liberdade de fazer ajustes em um produto final para cumprir essa promessa.

Assim, a governança será a base de uma estratégia de agilidade organizacional porque definirá as barreiras para a tomada de decisões ágeis.

PARTE II.
AS ABORDAGENS DE GOVERNANÇA ESTÃO ÁGEIS?

6. Limitações das estruturas de governança

Hermann Rego

Em linhas gerais, a missão da governança é direcionar, monitorar, avaliar e supervisionar a atuação da gestão por meio de mecanismos que permitam um alinhamento de leis, normas e boas práticas com as metas e os interesses dos *stakeholders* nos mais diversos níveis hierárquicos e de relacionamento. A gestão, por sua vez, visa atuar de forma a executar o direcionamento recebido da melhor forma possível.

Conhecer as demandas e obrigações dos envolvidos e respeitar os princípios da transparência, responsabilidade, prestação de contas e equidade é fundamental para criar uma estrutura de governança adequada aos objetivos da empresa, propiciando a sua confiabilidade perante acionistas e mercado.

A estrutura tradicional de governança em grandes empresas engloba sócios, conselho de administração, conselho fiscal, ouvidoria/corregedoria, CEO, diretoria e comitê de auditoria/auditoria externa independente. Cada um desempenha seu papel da forma mais sincronizada e sólida possível para maximizar a imagem e as ações da empresa, assim como seus resultados.

Nos últimos anos, percebeu-se um desejo crescente de implementação e estruturação da governança corporativa. Com isso, as empresas passaram a reforçar a sua estrutura hierárquica de forma a definir mais claramente os papéis, os decisores, os gestores de cada área e o contexto de comunicação de todas as estruturas.

Em adição, o conselho de administração tem um papel importante no contexto da governança, já que ele buscará fazer a ponte entre mercado, interesses dos *stakeholders*, fatores de valor (internos e externos), legislação e boas práticas de governança.

Por fim, mas não menos importante, as demais lideranças internas precisam ser desenvolvidas e fortalecidas para conduzir adequadamente as equipes de acordo com as diretrizes da empresa, sempre se pautando pelo código de conduta e por meio de práticas transparentes (prestação de contas etc.).

Os principais componentes dessa estrutura de governança são:

- ✓ **Conselho de administração:** guardião da boa governança, define a direção, estabelece políticas corporativas, aprova remuneração dos executivos (inclusive CEO), supervisiona a administração do dia a dia e cuida da sucessão de conselheiros e executivos.
- ✓ **Conselho fiscal:** fiscaliza de forma isenta as ações dos administradores nos contextos de demonstrações financeiras, balancetes etc. Busca contribuir para o melhor desempenho da empresa.
- ✓ **Comitês:** auxiliam o conselho de administração em assuntos específicos (comitê de auditoria, comitê de riscos, comitê de responsabilidade social, comitê de remuneração, comitê de inovação etc.).
- ✓ **Auditoria interna:** controle interno da empresa que visa monitorar e avaliar as adequações a normas, procedimentos e controles internos, organizando o ambiente com foco em *compliance* e atuando proativamente na recomendação e adoção de melhorias.
- ✓ **Auditoria independente:** órgão externo responsável por auditar, revisar e avaliar os controles internos e resultados das empresas, verificando se a situação reportada é coerente com a situação real.
- ✓ **Ouvidoria:** canal isento de recebimento de denúncias de atos ilícitos.
- ✓ **Corregedoria:** executa as atividades de gestão dos processos disciplinares e de correção.
- ✓ **Diretoria:** condução das diversas áreas da empresa.
- ✓ **CEO:** gestão da empresa, coordenação da diretoria e elo entre a diretoria e o conselho de administração; executor das diretrizes do conselho de administração.
- ✓ **Acionistas:** investidores (donos) da empresa, que se reúnem em assembleias.

Apesar de normalmente remetermos essas estruturas às grandes empresas, elas também podem e devem ser adotadas em Pequenas e Médias Empresas (PMEs), já que o ferramental fundamental pode ser usado para apoio no crescimento competitivo no mercado (e consequente sobrevivência), além de gerar benefícios que poderão ser colhidos no longo prazo.

Isso permitiria uma evolução nos mecanismos de controle à medida que a organização crescer, além de, desde cedo, transmitir ao mercado uma imagem de transparência, confiabilidade e vanguarda, sendo atrativa para investidores.

Alguns dos benefícios da governança em pequenas e médias empresas são:

- ✓ Adequação a padrões.
- ✓ Profissionalização da estrutura (útil em empresas familiares).
- ✓ Sustentabilidade do negócio.
- ✓ Potencialização do crescimento da empresa.
- ✓ Redução da incidência de fraudes e má administração.
- ✓ Diminuição de desperdícios, dentre outros.

Em *startups*, a adoção também é pertinente. São quatro as fases de transição de *startups* (nas duas últimas, a empresa já passa a ser considerada *scale-up*):

1. Ideação
2. Validação (MVP)
3. Tração
4. Escala

A governança é trabalhada em quatro pilares:

- ✓ Sociedade e estratégia
- ✓ *Accountability* e processos
- ✓ Recursos e pessoas
- ✓ Propriedade intelectual e tecnologia

Em suma, os focos e objetivos acabam se adaptando à necessidade e à estrutura das empresas.

Se em empresas grandes há preocupação com governança, processos regulatórios, cadeia de suprimentos, responsabilidade financeira e obrigações legais, em pequenas empresas/*startups* a governança deve apoiar nas definições e nos mecanismos de gestão que permitirão que essas empresas avancem em seus produtos, processos e serviços, tendo uma boa gestão, uma operação azeitada e processos de vendas que acelerem seu crescimento e sua sustentabilidade.

O emprego de uma metodologia variada, que observa as especificidades da empresa/negócio e que cobre as suas principais áreas (custos, produtos, vendas, mercado, financeiro etc.), é chave para potencializar resultados e buscar o sucesso.

Como é criado um ecossistema adequado, eficiente e eficaz de controle e gestão, a tendência esperada é obter agilidade na identificação e tratativa de não conformidades, permitindo assim um melhor desempenho da empresa e do processo decisório.

Além disso, esperam-se um acesso facilitado à informação e maior fluidez da comunicação entre todos os envolvidos, colaborando para um melhor resultado. Com isso, acredita-se ter um cenário de priorizações adequado, viabilizando ações precisas e rápidas em situações indesejáveis.

6.1. Expectativa x realidade

Governança não significa apenas restringir o que pode e o que não pode ser feito, mas também monitorar e acompanhar as ações após seu planejamento, viabilizando mudanças de rotas e ações de recuperação e melhorias nos momentos necessários e com o *timing* correto.

Uma das visões (de forma simplista) seria:

- ✓ Acionista: visão
- ✓ Conselheiro: pensamento estratégico
- ✓ Diretoria: execução
- ✓ Estrutura organizacional: acompanhamento

Adotar um modelo de governança sempre foi uma tarefa árdua que, com o passar dos anos, ainda traz desafios ligados ao controle e à operação das empresas. Especialmente nos dias de hoje, no mundo complexo e volátil em que vivemos, a gestão tradicional – predominantemente hierárquica e com papéis definidos e delimitados – se mostra ineficiente e lenta para determinadas questões, gerando um elemento extra de desafio.

Se compararmos as expectativas listadas no tópico anterior com alguns cenários vistos no mercado, poderemos chegar à conclusão de que uma má adoção pode gerar impactos e resultados bem diferentes dos previstos.

- ✓ Se a governança for muito rígida/forte, a autonomia é reduzida, o processo decisório fica lento e os controles dão lugar à burocracia excessiva, que acaba não agregando valor a ninguém da cadeia em questão. É esse o cenário com o qual deparamos muitas vezes em órgãos públicos ou em grandes empresas.

- ✓ Se a governança for fraca, os controles não são eficientes e há maior espaço para fraudes e má gestão, jogando por terra as garantias esperadas na adoção da governança e seus benefícios. Este pode ser o cenário visto em *startups* ou PMEs.

Assim, o desafio da governança é conseguir chegar em um cenário de equilíbrio que permita ter controles, políticas adequadas de gestão, responsabilidade e observância às normas e regras sem engessar, dificultar e até mesmo onerar em demasia a camada de administração/gestão.

Conforme o livro "Governança Corporativa: fundamentos, desenvolvimento e tendências" (ANDRADE; ROSSETTI, 2007):

> *o ambiente em que se definem a estrutura de poder, os processos e as práticas de governança corporativa subdivide-se em pelo menos quatro blocos interligados:*
>
> 1. *Propriedade*
> 2. *Controle*
> 3. *Administração*
> 4. *Auditoria e fiscalização*

Ainda de acordo com o livro:

> *os proprietários reúnem-se na Assembleia Geral, que é órgão soberano da sociedade. Cabe-lhe deliberações de alto impacto nos destinos da companhia. O poder exercido na companhia emana desse órgão superior.*
>
> *O Conselho de Administração e, exclusivamente, os seus comitês e a Auditoria Independente, atuam como órgãos guardiões dos interesses dos proprietários. A Diretoria Executiva interage com o Conselho de Administração no exercício dos poderes e funções que lhes são atribuídos, abrangendo as áreas funcionais e de negócios da companhia.*

Assim, a governança corporativa caracteriza-se por um sistema de relações entre – mas não limitado a – propriedade, conselho de administração e diretoria executiva, gerando a ilustração a seguir:

Figura 6.1. O triângulo básico: proprietários-conselho-diretoria.
Fonte: o autor.

Alguns dos problemas e/ou das disfunções vistas em uma má implementação ou condução da governança com esse enfoque corporativo são:

- ✓ **Falhas na comunicação:** a comunicação é um elemento-chave para os processos internos das empresas e também para o sucesso na interface entre os atores envolvidos na governança. Sua transparência e eficácia ajudam a reduzir os riscos do negócio e aumentam os níveis de confiança entre as partes interessadas; por outro lado, lentidão e ineficiência podem gerar caos e decisões equivocadas.
- ✓ **Falta de visão:** influenciada por uma má comunicação, uma visão falha de todos os aspectos necessários, por todos os participantes do processo de governança, poderá levar a decisões infelizes e perdas importantes para as companhias.
- ✓ **Pouca independência do conselho administrativo:** um conselho influenciado ou com conflitos de interesse pode ter dificuldades para exercer seu papel de melhoria na qualidade das decisões estratégicas, aumentando os riscos para o negócio.
- ✓ **Auditorias independentes não efetivas:** com o papel de imparcialidade e do "olhar externo", ter auditorias externas ineficientes pode perpetuar os problemas, trazer baixa transparência e permitir dados parciais, que podem ser manipulados em busca de uma decisão favorável para algumas das partes envolvidas.
- ✓ **Opacidade de informações:** é o contrário da transparência. Pode enfraquecer o relacionamento das empresas com os seus *stakeholders*, devido à pouca clareza e à possibilidade de manipulação.

- ✓ **Falta de integração entre as estruturas:** gera percepções distintas nas diversas partes, levando a desconfianças e conflitos desnecessários. A governança bem-sucedida necessita de fluidez, confiança e sinergia entre todos os envolvidos; o contrário gerará problemas.
- ✓ **Decisões com base no modelo de gestão familiar:** se as decisões são tomadas replicando a estrutura familiar e não considerando os conhecimentos técnicos e as responsabilidades de cada um no negócio, podem surgir situações ruins e problemas nas organizações – principalmente nas empresas familiares.
- ✓ **Pouca clareza ou ausência de regras de arbitragem:** isso pode dificultar na administração de conflitos entre as partes, bem como na tratativa de situações em que os interesses pessoais se sobreponham aos interesses da empresa. Também por aqui, a regra precisa ser preestabelecida e clara.
- ✓ **Processos não transparentes:** levam a brechas para atos ilícitos.
- ✓ **Falta de integração entre os mecanismos de governança e gestão de riscos:** a atuação uniforme e integrada entre ambos permite que as decisões estejam sempre alinhadas aos interesses da empresa, agregando valor e segurança à corporação.
- ✓ **Tomada de decisão por métodos defasados:** se o planejamento estratégico faz uso de métodos e modelos defasados e permite outras disfunções, podemos ter decisões tomadas com parcialidade, de acordo com o interesse de alguma parte envolvida e sem clareza sobre todos os fatos e dados necessários.

6.2. Reflexões finais

A inteligência nas decisões de uso dos recursos financeiros passa a ser um componente importantíssimo no processo. A governança precisa acompanhar as tendências e tecnologias do mercado, já que, no cenário atual, não cabe mais uma estrutura rígida nem mecanismos de outrora.

A estrutura – e os processos de *compliance* – precisam estar cada vez mais integrados e conectados com os demais processos corporativos e também com a área de TI. A digitalização dos processos se comporta como a solução para viabilizar respostas rápidas em cenários de crise, apesar de ser um desafio para a segurança e *compliance*. Não utilizar os melhores recursos pode resultar no sucesso (aperfeiçoando rotinas, gerando mais transparência e trazendo as informações certas para cada um) ou no fracasso completo.

7. Os antipadrões mais comuns

Henrique Bosquê de Paula Reis
Roberto Kazuo Suetu Júnior

Para toda a matéria do universo existe a antimatéria, pesquisada pelos físicos teóricos. Há também no plano da agilidade suas antíteses, os antipadrões, que insistem em manter vivos alguns vícios de metodologias defasadas que, outrora, tiveram sim sua inegável contribuição para a evolução da sociedade.

Felizmente para os que atuam em áreas mais tangíveis do que os físicos teóricos, as contradições nos padrões de agilidade são extremamente reais, embora muitas vezes apareçam de forma velada, sendo necessária alguma reflexão por parte dos interessados para analisá-las e identificá-las.

Andrew Kogin, em 1995, inspirado pela recente publicação de um dos mais icônicos livros de engenharia de software, "Design Patterns: Elements of Reusable Object-Oriented Software" (GAMMA *et al.*, 1994), contribuiu para a comunidade de tecnologia conceituando o termo "antipadrão" da seguinte forma: "um antipadrão é exatamente como o padrão, exceto que, em vez de solução, ele dá algo que parece superficialmente com uma solução, mas não é uma" (MOHA *et al.*, 2015).

Seguindo essa mesma filosofia, veremos agora algumas "soluções" que se enquadram nessa afirmação e prejudicam a relação da governança com o restante da companhia.

7.1. Silos organizacionais

Um dos pilares mais importantes da área de governança é garantir que as estratégias e expectativas da corporação estejam integradas e ao mesmo tempo sustentadas pelas áreas tecnológicas e de apoio. Atualmente, podemos considerar que qualquer ruptura entre o negócio e a tecnologia culminará no fracasso da entrega de valor/produto, bem como da própria empresa.

> *Quando a empresa não trabalha a **cultura organizacional** de forma unificada é de se esperar que cada departamento crie a sua própria. O problema é que isso só se torna preocupação quando aparecem os efeitos negativos dos silos. (HOFRIMANN, 2020)*

Se tivermos times e áreas trabalhando sem sinergia, buscando atingir apenas suas próprias metas (que, muitas vezes, dependendo da cultura da empresa, podem ir em desencontro umas das outras), o cenário jamais será favorável para atingir uma maturidade em agilidade.

É necessário estruturar as metas de forma global para que se tenha uma percepção de mudanças positivas na cultura da organização e também no produto final, seja este direcionado para o cliente final ou para a própria companhia.

Podemos citar dois princípios do Manifesto Ágil (BECK *et al.*, 2001) que não são atingidos enquanto forem mantidas as segregações de áreas:

- ✓ "Pessoas de negócio e desenvolvedores devem trabalhar diariamente em conjunto por todo o projeto"
- ✓ "Construa projetos em torno de indivíduos motivados. Dê a eles o ambiente e o suporte necessário e confie neles para fazer o trabalho"

Na era do *big data*, onde a quantidade de dados gerados aumenta de forma exponencial, qualquer corporação precisará unir seus times, definir metas em conjunto, diminuir a burocracia e criar uma cultura colaborativa. Do contrário, ela certamente será substituída por um concorrente que tenha integrado satisfatoriamente suas áreas, de forma a torná-las multidisciplinares.

7.2. O nível errado de burocracia

O principal astro de um ambiente com governança implementada é o sistema de gestão, e este costuma produzir uma grande quantidade de documentos e registros. O alto volume de itens burocráticos afoga as pessoas facilmente, e elas começam a pensar que planos, políticas, regulamentos, protocolos e relatórios são o resultado de seu trabalho.

Os gestores, por sua vez, homologam esse resultado sem entender o real propósito de toda essa documentação, que agora faz parte de um ineficaz gerenciamento de registros.

7.3. *Water-Scrum-fall*

Por conta da necessidade de se adaptar às novas metodologias e mostrar aos clientes, ou até mesmo à própria companhia, que o setor está em conformidade com as mudanças trazidas pelo Manifesto Ágil, empresas insistem em transformar gerentes de projetos em *Scrum Masters*, *Product Owners* em simples porta-vozes de *stakeholders* e com desenvolvedores que não se envolvem em um sentimento de coletividade – tudo isso inserido em um antipadrão denominado *Water-Scrum-fall*.

Na tentativa de construir um modelo híbrido entre o *framework Scrum* e outras práticas preditivas (Figura 7.1), e mantendo os pontos mais relevantes de ambos, o que usualmente ocorre é um modelo mais direcionado ao padrão cascata, onde inicia-se o projeto com todos os *gaps* a serem desenvolvidos e implementados ao final.

Todos os passos de análise, desenvolvimento e testes são executados em *Sprints*, porém se esquecem da premissa básica do *Scrum* e da agilidade no contexto geral, que defende que a entrega de valor seja realizada de forma contínua.

Essa prática permite uma coleta contínua de *feedbacks* do cliente, que leva a uma retroalimentação do processo de entrega, mantendo assim o time sincronizado com o que realmente gera valor.

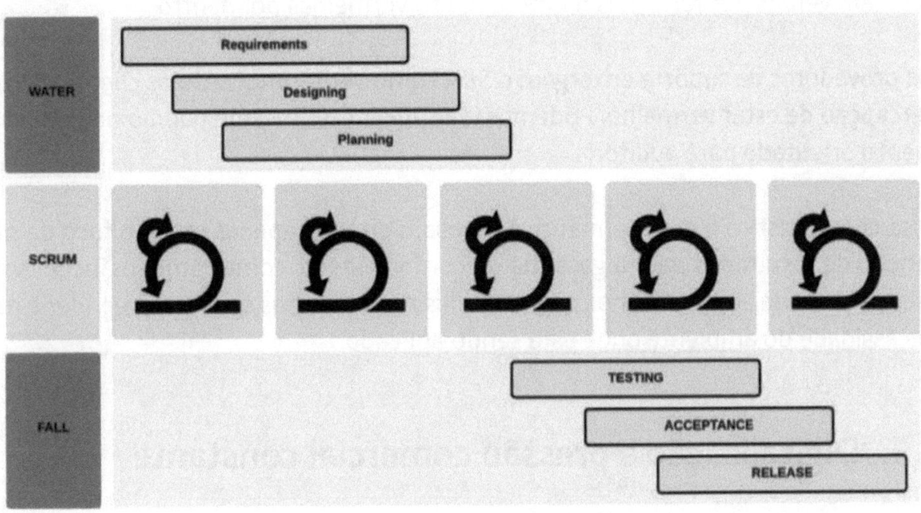

Figura 7.1. Modelo de projeto *Water-Scrum-fall*.
Fonte: adaptada de Mannioui (2019).

Um grande desafio de trabalhar com essa filosofia é que geralmente a cultura da baixa tolerância a falhas/erros é herdada do modelo atual em cascata, o que é extremamente controverso com a cultura empírica, onde as falhas devem ser vistas como possibilidades de aprendizado, e não como geradoras de desgastes internos.

Essa quebra de paradigmas inicialmente pode ser complicada. Contudo, é a única forma para times e empresas se tornarem verdadeiramente ágeis.

A cultura é fundamental em qualquer transformação. No caso da transformação ágil, é o primeiro passo. Queremos times multidisciplinares, auto-organizados, autogerenciados e que façam a melhoria contínua deles próprios e da organização como um todo (FILHO, 2019).

Conciliar metas e objetivos da corporação com as demais áreas de maneira a manter a competitividade perante o mercado é, de forma sintetizada, o grande objetivo e a razão da existência do time de governança.

7.4. SLA melancia

Outro antipadrão que se destaca, principalmente no contexto de operações, é o chamado "SLA melancia". Assim como uma melancia, todas as métricas de SLA parecem verdes por fora, mas na verdade são vermelhas por dentro.

Os provedores de suporte enxergam o SLA como verde, enquanto os clientes têm a percepção de estar vermelho. Podemos identificar esse mesmo padrão no gerenciamento orientado para auditoria.

Essa característica é especialmente perigosa, pois, não apenas muda o foco da obtenção de resultados para a garantia da conformidade, como também incentiva a mentalidade de aplicar trechos ou partes das metodologias sem compreender a real necessidade do ambiente onde está sendo aplicado.

7.5. Digitalização e pressão comercial constante

Os antipadrões de SLAs e gerenciamento de processos citados anteriormente, embora diminuam o tempo de processamento de alterações no curto prazo, têm consequências destrutivas a longo prazo, como a necessidade de retrabalho ou de recuperação de erros.

Ademais, quando o trabalho é em caráter de emergência e não planejado, ou seja, acontece o tempo todo, a gestão enfrenta problemas com planejamento e coordenação, o que significa um uso menos eficaz dos recursos alocados.

Um exemplo comum de antipadrão de governança é quando a equipe de suporte operacional do negócio obtém uma grande quantidade de demandas de usuários que precisam ser resolvidas o mais rápido possível.

Para fins de atendimento rápido, usam-se soluções alternativas ou até mesmo uma fração de um *framework* ou guia de melhores práticas. O hábito de depender demais de soluções alternativas para resolver incidentes e atender a alguma demanda rapidamente conserva os problemas.

Por sua vez, esses problemas se acumulam e provocam incidentes ainda maiores e recorrentes, abrindo precedentes para reações em cadeia ou até mesmo para o surgimento de novas questões.

Adicionalmente, quanto mais soluções alternativas implementadas, mais complexo e frágil se torna o ambiente corporativo, ameaçando assim uma estrutura que deveria ser a mais íntegra e funcional possível.

7.6. Conclusão

A definição de valor, a descrição de como ele se forma e os princípios *Lean* devem nos proteger de escolher o nível errado de burocracia. O próprio processo de gestão de conhecimento e a parte de descoberta de conhecimento em outros processos enfatizam a importância do valor do conhecimento.

A atuação do gerenciamento de riscos em todo o ciclo de vida do serviço pode ser especialmente útil para superar a visão de curto prazo e dos modelos defeituosos comumente empregados ao longo dos anos. Essas atividades gerenciais contribuem para maximizar os benefícios das melhores práticas e assim mitigar a execução de antipadrões.

As pessoas ainda acreditam que a governança implementada com base nos pilares tradicionais é a solução para uma empresa mais organizada – e realmente pode ser, mas é uma armadilha buscar resultados diferentes executando as mesmas práticas.

Definir papéis e responsabilidades, comunicar que todos devem saber a quem responder, criar um conselho administrativo, adotar gestão de riscos e controles internos, criar processos e padrões e realizar reuniões de acompanhamento: essas são as melhores práticas de toda governança, assim como guias de implementação amplamente utilizados e difundidos por meio de consultorias e empresas certificadoras.

As melhores práticas são fontes de ideias e conceitos, não a orientação de implementação. Da mesma forma, essas práticas podem facilmente mover o ponto focal de "propósito e objetivos" para ferramentas e métodos usados para alcançá-los – ferramentas e métodos que podem ser ágeis ou não.

Isso dá a ilusão de que é desnecessário estabelecer metas e definir objetivos relevantes para o contexto organizacional específico, especialmente se as soluções para os problemas mais comuns já estiverem em vigor.

Então, quando uma organização implementa o procedimento recomendado, a atenção e as intenções da gestão mudam rapidamente para a questão de como implementá-la em vez de "o que e por quê?".

Em vez de resolver problemas específicos em um contexto exclusivo de cada companhia usando ITIL®, COBIT®, gestão de mudanças, gestão de estratégia e desempenho, sem validar a interação entre essas metodologias, vemos apenas iniciativas sem conexão entre si, reproduzidas com base em casos de uso de outras empresas.

As perguntas que precisam ser feitas são: qual é a visão? Onde estamos agora, onde queremos estar e como vamos chegar lá?

8. Um olhar ágil sobre as abordagens de governança

Werther Krause
Mayla de Oliveira Lemos

O mundo empresarial enfrenta um ritmo acelerado de mudanças, exigindo adaptação e inovação constantes. Nesse contexto, as abordagens tradicionais de governança podem não ser suficientemente flexíveis para lidar com a volatilidade do ambiente de negócios.

É nesse cenário que surgem os princípios da agilidade, visando aprimorar os processos e a tomada de decisão. O presente texto propõe um exame sobre como a governança ágil pode se configurar nas organizações, alinhando princípios ágeis com práticas de governança robustas.

A governança tradicional é caracterizada pela ênfase em estruturas hierárquicas, processos formalizados e controles. Essa abordagem proporciona uma visão clara do comando e controle, mas pode se tornar rígida e lenta diante das mudanças.

Em contraste, a governança ágil defende a descentralização da tomada de decisões, favorecendo a auto-organização das equipes e a entrega contínua de valor. Ela não despreza a importância de controles e processos, mas busca adaptá-los para serem mais dinâmicos e orientados a resultados.

8.1. Princípios de uma governança mais ágil

- ✓ **Adaptabilidade:** em vez de engessar uma organização com regras rígidas, uma governança ágil foca em permitir que processos e estruturas se adaptem rapidamente às mudanças.
- ✓ **Transparência:** a tomada de decisão é mais eficiente quando há clareza e visibilidade sobre processos, resultados e desafios. Por isso, a governança ágil prioriza a comunicação aberta e o acesso à informação.

- ✓ **Colaboração:** a governança ágil valoriza a colaboração entre áreas e níveis hierárquicos, estimulando a cocriação e a troca de conhecimento.
- ✓ ***Feedback* contínuo:** através de ciclos curtos de revisão, a governança ágil permite a identificação e correção rápida de desvios, garantindo que a organização esteja sempre voltada para o seu propósito.

> *Mas a governança, em muitos casos, está atrás dessa evolução. E enquanto permanecer assim, ela tem um grande potencial de frear a verdadeira agilidade dos negócios. (MCMENAMIN; PONTON, 2022)*

Contudo, conforme observado por McMenamin e Ponton em 2022, muitas vezes a governança não acompanha esse ritmo acelerado de transformação. A dissonância entre a governança tradicional e a necessidade de agilidade pode criar barreiras para as empresas.

Historicamente, a governança tem sido vista como um mecanismo de controle, garantindo a conformidade e assegurando que os interesses dos *stakeholders* sejam atendidos.

Essa abordagem, embora essencial, é frequentemente estruturada, linear e, em alguns casos, rígida. No ambiente de negócios dinâmico e volátil de hoje, essa rigidez pode ser um obstáculo.

As organizações ágeis operam em ciclos rápidos, tomam decisões com base em *feedback* contínuo e ajustam-se de acordo com as necessidades do mercado. Se a governança não se adaptar a essa velocidade e flexibilidade, ela pode, inadvertidamente, se tornar um entrave.

A transição para uma governança mais ágil não é isenta de desafios. Ela exige uma redefinição de muitos princípios, a capacitação de líderes e equipes e uma mudança cultural que prioriza a adaptabilidade. Entretanto, as oportunidades são vastas. Uma governança ágil permite que as organizações:

- ✓ **Respondam rapidamente:** adaptando-se às mudanças do mercado em tempo real.
- ✓ **Mitiguem riscos proativamente:** antecipando desafios em vez de apenas reagir a eles.
- ✓ **Entreguem valor continuamente:** alinhando a tomada de decisão à entrega de valor para clientes e partes interessadas.

A observação de McMenamin e Ponton (2022) é um alerta e uma chamada à ação. Para que as organizações maximizem os benefícios da agilidade nos negócios, a governança precisa evoluir em paralelo.

A verdadeira agilidade só pode ser alcançada quando todos os aspectos da organização, incluindo a governança, operam em harmonia, permitindo uma resposta rápida, eficaz e definida aos objetivos estratégicos. A governança, em sua essência, deve servir como um facilitador, não como um obstáculo, para que as empresas prosperem na era da agilidade.

8.2. A governança pode contribuir para a agilidade dos negócios?

Agilidade de negócios é a capacidade de responder rapidamente às mudanças internas e externas, reativa ou proativamente, de forma eficiente e eficaz. Portanto, não é surpresa que a agilidade de negócios tenha se tornado uma das dez preocupações organizacionais mais importantes para o gerenciamento de TI.

As empresas tradicionais aplicam a governança de TI como obstáculos ou barreiras (KHOR, 2022). As empresas inteligentes revisam seus sistemas para adaptabilidade e velocidade. Elas posicionam a governança como proteção (*guardrails*).

A governança é tradicionalmente baseada nos *frameworks* ITIL® (ITSM) e/ou COBIT®, orientados a processos estruturados e com certa rigidez no que tange a mudanças. Procedimentos como o GMUD (comitê de gestão de mudanças) são responsáveis por garantir que todo novo pacote a entrar em produção tenha cumprido todos os requisitos de qualidade necessários.

O evento coordenado pelo GMUD usualmente é semanal ou quinzenal, com data limite para submissão das demandas, de forma a terem tempo hábil para as respectivas análises.

Startups nascidas na era digital oferecem aos consumidores o que eles desejam, mas muitas empresas mais antigas lutam para atender às expectativas dos clientes. Para elas, tornar-se digital agora é um pré-requisito para sobreviver e prosperar (BOSSERT; IP; LAARTZ, 2014).

Oferecer uma experiência de cliente enriquecida requer uma nova abordagem em execução junto com sistemas legados. Assim, os bons resultados obtidos com a aplicação de práticas ágeis, priorizando demandas diretamente com as áreas de negócio e disponibilizando soluções e melhorias em tempo hábil, ainda que incompletas, desafiam a abordagem de governança.

Essa pressão estimulou o que a McKinsey denominou *Two-Speed IT*, ou seja, uma governança que contemplasse o *time to market* requerido pelas áreas de negócios e a robustez das operações legadas.

É mais fácil prever a trajetória de uma tecnologia do que prever o uso humano dessa tecnologia. À medida que as organizações inovam para aproveitar as oportunidades nos negócios digitais, elas precisarão implementar os modos de TI tradicionais e ágeis em suas organizações, ou TI bimodal (MCCALL, 2015).

Nesse contexto, as organizações enfrentam um duplo desafio. Por um lado, precisam estar atentas às inovações tecnológicas; e, por outro, devem ser capazes de entender e antecipar as necessidades em relação a essa tecnologia.

Isso implica combinar métodos tradicionais de gestão de TI – que se concentram em estabilidade, precisão e eficiência – com abordagens ágeis, que são flexíveis, adaptativas e centradas em respostas rápidas a mudanças.

Em outras palavras, as empresas precisam ser sólidas e permanecer em sua infraestrutura tecnológica enquanto seguem adaptáveis e receptivas às variáveis humanas e às volatilidades do mercado.

Assim, ao equilibrar esses dois modos (o tradicional e o ágil), as organizações não apenas se mantêm alinhadas com as evoluções tecnológicas, mas também se posicionam de maneira estratégica para responder ao imprevisível uso humano dessas inovações.

8.3. Governança e agilidade corporativa

Há uma constatação prática de que as razões para a moderna governança corporativa, que incluem, por exemplo, conflitos de agência e outras circunstâncias, não se aplicam às pequenas e médias empresas de capital fechado e companhias familiares.

Isso porque não existe a necessidade formal de evitar eventuais conflitos que estão na raiz da corrupção humana. Por essa razão, a governança moderna se tornou, de certo modo, formalista ou legalista (PASSARELLA, 2022).

Na origem da governança corporativa, observamos um sistema complexo de relações de poder, controle, mitigação de riscos e solução de conflitos — constituindo o modelo formalista ou *outside in*.

Na sua evolução e adoção espontânea por empresas de capital fechado (familiares e *startups*) delineia-se um novo modelo – construtivista ou *inside out* –, que se complementa na forma e no conteúdo.

Enquanto o modelo formalista tem grande foco nos investidores e acionistas minoritários, o modelo de governança construtivista busca aperfeiçoar os processos decisórios com maior foco nas questões mais importantes e menos urgentes para a empresa.

O que define a gestão corporativa construtivista é que ela busca incluir outros participantes no processo decisório, para que este fique o mais próximo possível dos bons resultados e da perenização adaptativa.

Gradativamente, contudo, observamos um crescimento do modelo construtivista nas empresas de capital, ampliando o foco para perspectivas das partes interessadas.

Além disso, relatórios sociais e de sustentabilidade reforçam o crescimento desse novo modelo de governança.

Temas como transformação digital e ágil, segurança da informação (*cybersecurity*) e empresa orientada a dados (*data-driven company*) vêm ganhando relevância no âmbito dos conselhos, aproximando-os do modelo construtivista.

A maior parte das empresas concentra-se em três dimensões da governança que são relativamente fáceis de medir – estrutura de propriedade, tamanho e estrutura dos conselhos e remuneração dos executivos – e examina a governança sob a perspectiva da teoria da agência (LEHN, 2019).

Isso é compreensível, dada a óbvia importância desses mecanismos de governança e seu papel na mitigação dos custos de agência[1]. No entanto, esse foco negligencia outras dimensões de governança que são difíceis de medir, não relacionadas aos custos de agência, mas importantes determinantes do desempenho e da sobrevivência da empresa.

---

[1] São despesas internas de uma empresa, resultado das ações tomadas por uma ou mais pessoas, que seriam os chamados agentes, gestores ou administradores.

Durante períodos de rápidas mudanças, o custo da transferência de conhecimentos específicos sobre mudanças nos mercados, tecnologia, comportamento do consumidor e assim por diante tende a aumentar significativamente.

Na medida em que a tomada de decisão ágil é especialmente valiosa durante esses períodos de rápida mudança, as empresas com tomada de decisão descentralizada (ou seja, mais rápida) provavelmente terão uma vantagem competitiva sobre empresas altamente centralizadas.

Assim, até que ponto a governança facilita ou impede a capacidade de uma empresa de se adaptar às mudanças em seu ambiente?

De uma perspectiva evolutiva, é provável que a agilidade seja um determinante crítico do sucesso e da sobrevivência de uma empresa a longo prazo, mas a relação entre governança e agilidade é amplamente inexplorada na literatura.

O valor da agilidade provavelmente será maior em ambientes de rápidas mudanças na tecnologia e nas preferências do consumidor.

A ideia por trás de uma governança mais ágil é estabelecer elementos estáveis e dinâmicos na tomada de decisões, que normalmente vêm em três tipos (AGHINA; DE SMET; WEERDA, 2015), conforme segue:

- ✓ Tipo I: grandes decisões onde as apostas são altas.
- ✓ Tipo II: decisões frequentes que requerem diálogo e colaboração entre as unidades.
- ✓ Tipo III: decisões que devem ser divididas em partes menores e delegadas o mais baixo possível, muitas vezes para pessoas com responsabilidade clara.

São os tópicos do Tipo II que mais frequentemente atrapalham a agilidade organizacional. As empresas que abordaram com sucesso esse problema definem quais decisões são mais bem tomadas em comitês e quais podem ser delegadas a subordinados diretos e a pessoas próximas ao dia a dia.

Para organizações que buscam essa agilidade, é vital não apenas adotar uma abordagem moderna, mas também adaptá-la continuamente ao seu contexto específico. A verdadeira agilidade em governança vem da combinação inteligente da cultura, das necessidades e dos desafios únicos de cada emrpesa.

Migrar para uma governança ágil não é simplesmente adotar novas ferramentas ou metodologias; é uma mudança cultural. Requer que as lideranças estejam comprometidas com a agilidade e que haja uma reeducação contínua de todos os envolvidos.

Além disso, é essencial compreender que agilidade não significa falta de controle ou estrutura, mas uma reconfiguração para facilitar a inovação e a adaptabilidade.

Em conclusão, um olhar ágil sobre a governança oferece uma oportunidade de tornar a organização mais resiliente, adaptável e orientada ao valor. Ao equilibrar estrutura e flexibilidade, é possível enfrentar os desafios do cenário atual de forma proativa e inovadora.

9. Um olhar ágil sobre a governança corporativa

Fernanda Thomazino Rodrigues

9.1. De onde, para onde?

O seu ponto de partida, sua estratégia bem desenhada, não garante mais sua chegada com sucesso. Antigas soluções não resolvem novos problemas. Como canta Lulu Santos:

> *Nada do que foi será, de novo do jeito que já foi um dia*
>
> *Tudo passa, tudo sempre passará.*
>
> *Tudo o que se vê não é, igual ao que a gente viu há um segundo*
>
> ***Tudo muda o tempo todo no mundo***

As mudanças frequentes no cenário atual, seja com viés tecnológico ou econômico/político, exigem da governança maior flexibilidade, agilidade e adequação para nortear o negócio a fim de garantir que seu planejamento estratégico esteja aderente aos resultados desejáveis x alcançáveis.

A governança cravada em pedra com um BSC (*Balanced Scorecard*) padrão, funcional em décadas passadas, já não faz jus a empresas que são nativas digitais (DNVBs – *Digital Native Vertical Brand*), por exemplo.

Saímos do mundo VUCA (devido à pandemia mundial de COVID-19) para o mundo BANI em curto espaço de tempo e aceleramos, dentro de um espaço/tempo de 12 meses, a tecnologia que aconteceria em 10 anos.

A necessidade de imprimir um novo ritmo ao mercado vem pressionado por uma mudança de estratégia e controles. Antes desse "spin off" de mudança, é muito importante que ocorra um desenvolvimento estruturado junto aos *stakeholders* (partes interessadas) da GMO (Gestão da Mudança Organizacional).

Recomenda-se utilizar um modelo de GMO para gerir os diferentes estágios:

✓ Imobilização
✓ Negociação
✓ Resistência
✓ Aceitação

Este pode ser Lewins, Kotter, McKinsey, ADKAR (PROSCI) ou Kubler-Ross, como parceiro da agilidade para mudança de um BSC padrão para o planejamento estratégico ágil e adaptativo, que exige esforço e colaboração.

Lembrando que até a cadência do PE (Planejamento Estratégico) muda. Esses controles precisam estar alinhados com o negócio para atingimento de resultado e satisfação do corpo de acionistas, conselho administrativo, diretoria, órgãos de fisco e controle, em consonância com melhores práticas – e a isso adiciona-se ESG (*Environmental, Social and Governance*).

Hoje as empresas já estão nascendo com esse viés de ESG, e o entendimento do tema se desenrola de forma mais natural e orgânica desde a estratégia. Isso tem muito a ver com a geração dos "millenials".

Segundo Leila Lória, Presidente do Conselho de Administração do IBGC (Instituto Brasileiro de Governança Corporativa):

> *Antes, as conversas eram apenas entre investidores. Atualmente, eles querem falar com conselheiros e com funcionários das empresas. Querem garantir que estão investindo em uma empresa que está fazendo um trabalho correto e que vai gerar valor para o planeta e para as pessoas no médio e no longo prazo. (PODER CONTEÚDO PATROCINADO, 2021)*

As empresas que estão nessa corrida de transformação digital e de mudança de *mindset*, buscando adaptação para essa nova realidade e foco em ESG, ganham em agilidade operacional e comercial.

Essa identificação em mão dupla com o seu público-alvo (a empresa identifica o cliente de acordo com suas ações e postura de mercado, e este se identifica com a empresa) resulta em fidelização.

Em vez de querer ser "a melhor do mundo a qualquer custo", opta-se por "ser a melhor para o mundo, reduzindo os custos para o ambiente e aumentando os investimentos sociais". Não é o que o mundo pode fazer para o seu *business*, mas o que seu *business* pode fazer pelo mundo e pelas pessoas, visando melhores resultados econômicos através de objetivos coletivos.

9.2. Então, como orquestrar com agilidade?

A governança corporativa pode se dar de modo ágil, gerando valor para os envolvidos a serem dirigidos e as atividades a serem monitoradas, conectando-os e motivando-os a fim de garantir a gestão eficiente com a velocidade exigida.

A utilização de ferramentas e *frames* de *agile* tem visado maximizar o valor da empresa frente à digitalização, seguindo as mesmas premissas da governança corporativa padrão aliadas às mudanças recorrentes e recentes.

A comunicação fluida evita ruídos e/ou desinformações entre *shareholders*, *stakeholders* e executores da estratégia nas empresas, entregando valor a todas as demais partes interessadas (colaboradores, clientes, fornecedores, sociedade etc.).

Para melhor exemplificar, trago minha vivência em governança dentro da área de CSO (*Chief Security Office*) de uma *big company* que se transformou de telecom para um *hub* de serviços digitais.

Migramos do BSC, usado como mapa estratégico e com desenho base em:

- ✓ Visão
- ✓ Missão
- ✓ Pessoas e tecnologia
- ✓ Processos
- ✓ Clientes
- ✓ Finanças
- ✓ Valores

Mudamos de um método de trabalho em cascata para um modelo de planejamento estratégico ágil, o que requereu estratégia, conhecimento da proposição de mudança, dedicação e expertise para trato com o *board*.

9.2.1. Primeira onda

Para mudança de *mindset* do *board* e de executivos em geral, é necessário que estes sintam, percebam e compreendam o valor agregado da mudança de um BSC para um método e/ou prática ágil. Aplica-se GMO, com comunicação contínua e fluida. Deve haver um entendimento do estado atual e dos próximos passos.

BSC x planejamento estratégico ágil adaptado:

Tabela 9.1. Análise de BSC *versus* planejamento estratégico ágil com foco em OKRs (*board*).
Fonte: a autora.

Abrangente (*top-down*/ comando e controle)	Cultura	Autonomia alinhada com propósito (*top-down, bottom-up, sideways*)
PE anual/Engessado	Estratégia	*Data-driven*/Frequência/Interação/ Conexão/*Cross*
Ciclos de *feedback* longos	Tático	Ciclos curtos de *feedback*
Execução/Microgerenciamento	Operação	Ágil/foco em engajamento/participativo

9.2.2. Segunda onda

Fizemos direcionamento, treinamentos, mentoria; e demos apoio e suporte para a média gestão entender o cenário tático e sua atuação junto aos times. Nada de *top-down* e comando e controle: agilidade requer participação, *bottom-up*, *sideways* e escuta ativa para que os *insights* agreguem ao negócio.

Aplicamos os princípios ágeis, fizemos um manifesto próprio para a área de governança, implementamos uma metodologia ajustável e saímos do abstrato teórico para o visual prático. O engajamento aumentou. É importante criar uma cultura de valor independentemente da escolha, seja *Scrum*, *Kanban*, SAFe®, XP, *Lean* etc.

Em agilidade não basta deter o conhecimento, apresentar e deixar rodar. O conceito é sobre partilhar, acompanhar e mensurar. O trabalho em conjunto é a chave do processo. Não se apegue a *frames*; a adaptabilidade é o fator de sucesso.

A filosofia do *Flywheel* mostra que toda empresa deve fazer um esforço inicial para possibilitar o seu giro. Depois disso, todo o processo para manter o negócio ativo e ganhando força é muito mais fácil. Tem-se um exemplo na Figura 9.1:

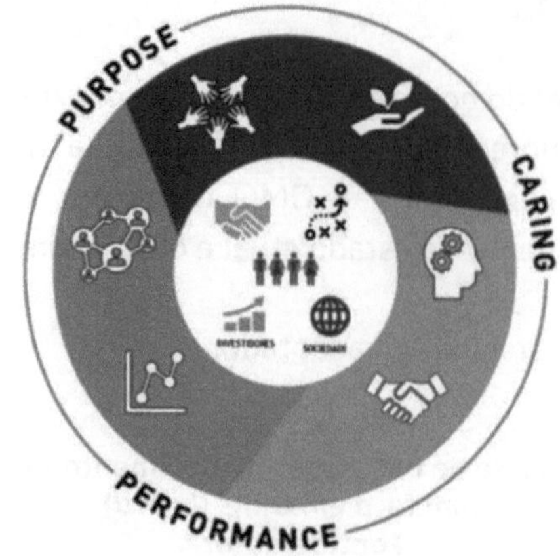

Figura 9.1. *Flywheel.*
Fonte: adaptado de Isaacs; Neale (2018).

9.2.3. Terceira onda

Aqui temos a tecnologia como aliada. Sabemos que o tempo é valioso e curto; portanto, processos mais enxutos, automatizados e com facilidade de acessos simultâneos (PC, *notebook*, celular, *tablet*) são a fortaleza de uma governança ágil, pois dispõem, de forma visual, prática e fácil, todos os pontos a serem analisados.

Aqui exemplifico o que fizemos na área, usando ferramentas oriundas da Microsoft. Existem muitas outras no mercado, mas esta foi usada pelo *core* do negócio e pela agilidade, sem necessidade de recursos especiais em tecnologia, mas com a mesma entrega eficaz.

Para aportes de OKRs, soluções como PowerApps e suas *features* automatizadas por PowerAutomate possibilitam o uso de um aplicativo interno intuitivo e usual em qualquer plataforma digital.

Para divulgação de informações, resultados, análises, acompanhamentos e assuntos oriundos da governança corporativa, usamos Power BI (PBI).

Ferramentas de simples adaptação, pré-moldadas ao usuário, conhecidas como *low code*/pouco código em termos de desenvolvimento, facilitam o acesso (*login*/entrada no sistema), bem como restrições pelo próprio Office 365, como no *PBI Agile Corporate Governance* a seguir:

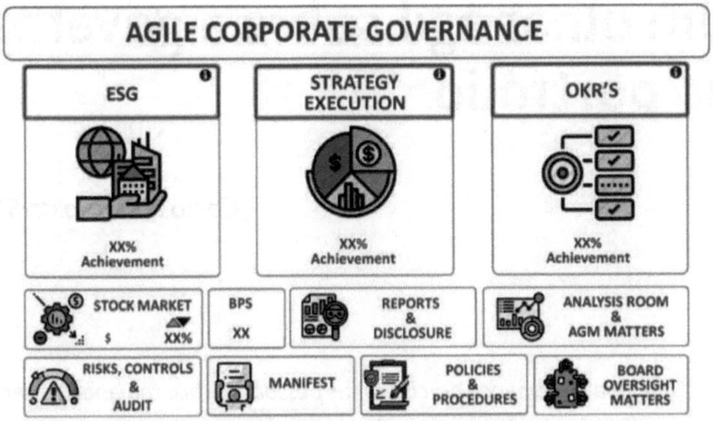

Figura 9.2. Power BI para divulgação de resultados e *reports*, acompanhamentos, políticas, riscos e análises (*board*).
Fonte: a autora.

Ferramentas tecnológicas, quando bem utilizadas, auxiliam no compromisso com a transparência, na equidade, na prestação de contas, na responsabilidade corporativa, além de estarmos em linha com a ética e o *compliance*.

É uma ótima forma, coerente, visualmente *clean* e interativa de comunicar e alinhar o negócio.

9.3. Considerações

Estamos tratando não apenas de uma mudança estrutural, adicionando agilidade e *frames* ao dia a dia; estamos tratando de uma mudança de visão de negócio.

Estamos lidando com uma nova forma de pensar o que até então funcionava muito bem, por isso é necessário muito estudo de mercado, além de agilidade, para reciclar conceitos de governança e trazer temas urgentes e atuais como ESG.

Fazer parcerias internas, como, por exemplo, com o time de *People*/Recursos Humanos, que por vezes terá ações para mudança cultural. Afinal, estamos falando de um cenário de transformação.

Como dizem, entender *agile* é fácil, já a aplicação nem tanto assim.

Resiliência e consistência farão parte do dia a dia até o ponto ótimo. E ao chegar nesse ponto ótimo, *keep going*. Agilidade é uma busca constante por excelência.

10. Um olhar ágil sobre a governança do portfólio

Carlos Magno da Silva Xavier

> *Uma boa governança precisa ter as pessoas certas, tomando as decisões certas, com as informações certas, no momento certo, para que possa ser feita certa a combinação certa das iniciativas certas.*

Em um mercado globalizado, altamente competitivo, volátil e incerto, as organizações precisam cada vez mais encontrar formas ágeis de, continuamente, identificar, priorizar, executar e acompanhar suas iniciativas de negócio.

Essas iniciativas podem ser fluxos de valor (*value streams*), projetos ou programas e devem ser definidas como desdobramento dos objetivos estratégicos da organização, conforme pode ser visto na Figura 10.1.

Figura 10.1. O portfólio de iniciativas é definido a partir dos objetivos.
Fonte: o autor.

Fluxo de valor (*value stream*), segundo o SAFe® (2023), representa "uma série de etapas que uma organização usa para implementar soluções que forneçam um fluxo contínuo de valor para um cliente". Por exemplo, o desenvolvimento contínuo de um aplicativo de *e-commerce*.

Projeto, para o PMI (2021), é um "esforço temporário empreendido para criar um produto, serviço ou resultado único". Por exemplo, a criação de um centro de distribuição de produtos.

Programa, para o PMI (2021), "é um grupo relacionado de projetos, subprogramas e atividades de programa, gerenciados de forma coordenada para a obtenção de benefícios que não estariam disponíveis se eles fossem gerenciados individualmente". As iniciativas de negócio podem estar ou não inseridas em um programa.

A Figura 10.2 apresenta um exemplo de desdobramento de um objetivo em iniciativas, as quais foram encapsuladas em um programa para possibilitar um gerenciamento integrado.

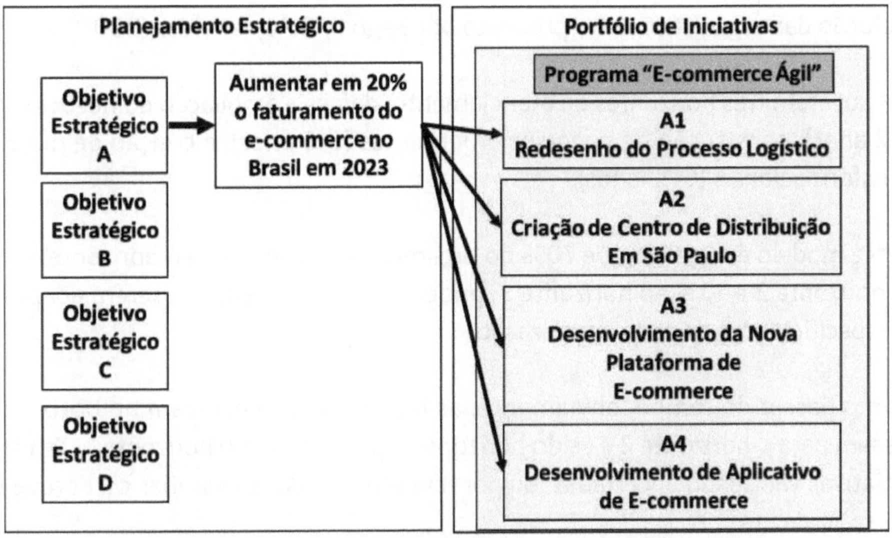

Figura 10.2. Exemplo de desdobramento de um objetivo em iniciativas.
Fonte: o autor.

Neste capítulo, o foco será apresentar os princípios que possibilitam uma governança ágil e enxuta do portfólio, que contribua para o sucesso das organizações ágeis.

10.1. Princípios da governança ágil e enxuta do portfólio de iniciativas

A governança do portfólio está inserida e deve estar alinhada com a governança corporativa, que contém princípios que não serão tratados aqui, como, por exemplo: ética, responsabilidade social; responsabilidade ambiental; sustentabilidade; integridade; responsividade; prestação de contas; responsabilidade (*accountability*); efetividade; legalidade; e equidade (justiça).

Para termos uma governança ágil e enxuta do portfólio de iniciativas, sugiro dez princípios.

10.1.1. Alinhamento estratégico

As iniciativas em uma organização devem estar alinhadas com o seu planejamento estratégico. Um modelo de alocação de recursos do orçamento para o desenvolvimento e implantação de iniciativas que considero aderente à necessidade de constante evolução das organizações é o proposto por Baghai, Coley e White (2000).

Eles sugerem três horizontes de planejamento: defesa e ampliação do negócio atual (1-2 anos); construção de negócios emergentes (3-5 anos); e criação de negócios transformacionais (6-12 anos).

Nesse modelo é sugerido que 70% do orçamento seja alocado ao horizonte 1, 20% ao horizonte 2 e 10% ao horizonte 3, podendo esses percentuais serem adaptados às especificidades de cada organização.

Com o passar do tempo, obviamente, as iniciativas que estavam no horizonte 3 passam para o horizonte 2 e as do horizonte 2 passam para o horizonte 1. Também, iniciativas vão sendo encerradas, ou por não serem mais necessárias ou porque não são mais viáveis.

A Figura 10.3 mostra um exemplo de planejamento, nos três horizontes, de algumas atividades de desenvolvimento de modelos em uma indústria automobilística.

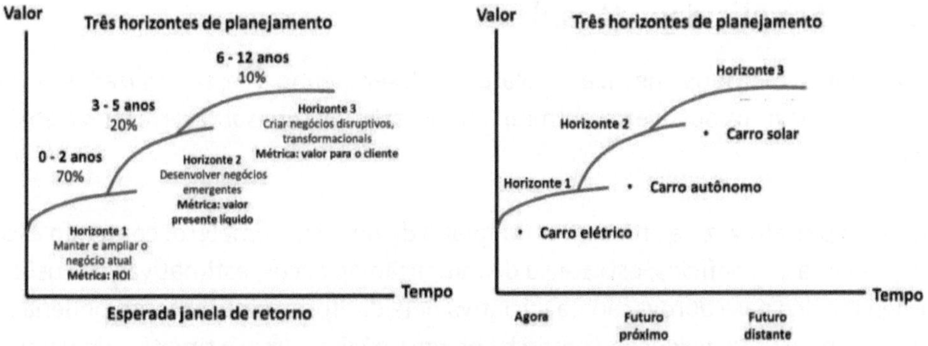

Figura 10.3. Planejamento de atividades nos três horizontes.
Fonte: adaptado de Demoures (2021).

10.1.2. Customização (*tailoring*)

Muitos processos tornam a governança burocrática, mas poucos processos a tornam caótica. Como as iniciativas têm prazos, custos, complexidade e, portanto, características diferentes, a governança deve ser adaptada a cada tipo.

Importante ressaltar que a classificação de uma iniciativa pode mudar ao longo do tempo. Por exemplo, no início da pandemia do coronavírus o seu enfrentamento seria enquadrado como uma iniciativa complexa, mas, com o tempo, pode acabar virando uma iniciativa simples, a partir do conhecimento adquirido.

10.1.3. Transparência

As informações do portfólio de iniciativas precisam ser compartilhadas constantemente para que objetivos, progressos e bloqueadores (algo que está impedindo a equipe de ser capaz de entregar) sejam transparentes para os envolvidos na governança.

As organizações normalmente utilizam portões de decisão (*stage-gates*) para periodicamente avaliar as iniciativas, recalcular os retornos de investimento projetados e decidir se devem manter a luz verde.

A transparência de informações é útil para que as equipes quantifiquem seu desempenho e usem os dados para melhorar. Já os executivos utilizam as informações de desempenho visíveis para supervisionar as iniciativas de negócio e reforçar a mensagem de que a prestação de contas de sucesso ou falha permanece com a equipe de entrega.

10.1.4. Simplicidade (*Lean*)

Os artefatos, métodos, métricas e relatos de desempenho a serem utilizados devem ser os mais enxutos possíveis a permitir a transparência, sem sobrecarregar o trabalho das equipes.

Por exemplo, em vez de apresentar um plano de negócio completo, contendo escopo, premissas, benefícios, estratégia de mitigação de riscos, estimativas de custos e design técnico para aprovação da iniciativa pela diretoria, o documento poderia ser reduzido para uma descrição comercial de uma página, uma estimativa do valor do produto ou serviço para o negócio, estimativas de custos para a equipe e mecanismos propostos para acompanhar o progresso.

10.1.5. Cadência

A governança precisa ter uma cadência para tratar de questões de portfólio, como aprovações, priorização, revisões de status e planejamento de capacidade. Isso não significa que todas essas tarefas possuem a mesma cadência, apenas que ocorrem de forma consistente para garantir que a carteira seja gerenciada adequadamente.

Em razão da dinâmica do mercado e das descobertas propiciadas pelas iniciativas, o portfólio de iniciativas deve ser revisto periodicamente, o que costuma levar à mudança de prioridades, adição de iniciativas ao portfólio e, eventualmente, a cancelamentos de iniciativas.

10.1.6. Flexibilidade

Sucesso, no meu entender, é o atendimento de expectativas. E as atividades geram expectativas nos *stakeholders*. Existem duas óticas de sucesso de uma iniciativa: resultados técnicos da gestão (produtividade, qualidade, custo e prazo), que estão associados à eficiência, e resultados para o negócio (retorno do investimento, valor presente líquido e geração de valor para o cliente), que estão associados à eficácia.

As estimativas para as iniciativas do horizonte 1 de planejamento são mais fáceis de ser estabelecidas do que as dos horizontes 2 e 3. Como prever as vendas, daqui a cinco anos, de um produto que você nem desenvolveu?

Dessa forma, as expectativas de resultados nesses horizontes devem ter tratamentos diferentes.

Um exemplo seria usar métricas distintas de avaliação de iniciativas: para o horizonte 1, retorno do investimento; para o horizonte 2, valor presente líquido; e para o horizonte 3, valor para o cliente.

10.1.7. Informações certas e corretas

Ter muitas ou poucas informações frustram o processo de tomada de decisão, e elas têm que estar corretas. Não só os tomadores de decisão precisam saber como usar os dados do portfólio, como também precisam dos dados certos – caso contrário, tomarão decisões erradas.

10.1.8. Métricas

As métricas devem ser diferentes de acordo com o seu público-alvo e são importantes para responder a algumas perguntas, tais como: a equipe está trabalhando em ritmo adequado? Os requisitos novos ou alterados estão ameaçando a data de lançamento? A equipe está trabalhando de maneira a continuar resultando em qualidade suficiente? A solução é de qualidade suficiente? Qual o status da implantação? A iniciativa continua viável?

10.1.9. Colaboração

Para a tomada de decisões mais rápidas e melhores, é necessário haver delegação de autoridade dos executivos para as equipes que estão conduzindo as iniciativas.

Por exemplo, um orçamento participativo garante que os fluxos de valor recebam o financiamento necessário e promove as colaborações que ajudam a dimensionar corretamente os investimentos e alinhar estratégia e execução. As equipes devem ter espaço de trabalho e ferramentas para colaborar, auto-organizar e entregar.

10.1.10. Tratamento dos riscos

Existem riscos associados às iniciativas, em especial as que usam novas tecnologias e as ligadas à inovação. Esses riscos devem ser identificados, analisados, respondidos e acompanhados. Os riscos devem ser considerados quando estabelecidos os resultados esperados das iniciativas.

10.2. Conclusão

Pode haver uma tensão entre o que alguns líderes organizacionais veem como supervisão adequada e como funcionam as iniciativas ágeis. Alguns líderes não entendem como o desenvolvimento ágil funciona, sendo necessária a disseminação da cultura. Uma vez que as organizações entendam como a agilidade funciona, elas podem mais facilmente incorporar supervisão e governança adequadas ao portfólio.

Concluindo, os cenários mudam e as decisões precisam ser tomadas com mais frequência nos níveis certos, com uma governança simples e solidária. Ela deve depositar confiança nos indivíduos e dar autoridade para a tomada de decisão às equipes para que eles possam se concentrar nas entregas e, consequentemente, na geração de valor.

Para monitorar o progresso, use um toque leve para verificar como as equipes estão fazendo e encontrar maneiras de melhorar.

11. Um olhar ágil sobre a governança de riscos

Hélio Costa

11.1. Introdução

Em um mundo repleto de incertezas, especialmente no ambiente de negócios, onde as demandas são cada vez mais complexas e as restrições de recursos cada vez mais constantes, é imprescindível lidar com os riscos de forma proativa e eficiente.

No entanto, a gestão de riscos vai muito além de simplesmente identificar, medir, priorizar, responder e monitorar os riscos. É preciso que uma organização desenvolva uma governança de riscos para que seus objetivos primários sejam atingidos.

O conceito de governança tem origem no vocábulo grego *kubernaein* e significa dirigir, conduzir. Assim, de forma mais ampla, pode-se entender governança como um conjunto de regras, processos e mecanismos pelos quais as decisões são tomadas e implementadas. Pode também incluir a definição de papéis, responsabilidades, suporte tecnológico e de ferramentas para que os processos sejam operacionalizados.

A governança tem sua origem na estratégia da empresa e em seus objetivos estratégicos. Seus gestores devem, portanto, adaptá-la ao contexto específico.

11.2. Elementos da governança

Diversos temas devem ser pensados para estabelecer uma governança eficaz:

- ✓ **Política de riscos:** conjunto de regras gerais para a gestão de riscos. Deve ser genérica o suficiente para se adaptar a diversos contextos dentro da própria organização.
- ✓ **Arquitetura organizacional:** como a organização será organizada para que a gestão de riscos seja implementada e as informações possam fluir em todos os seus níveis.

- ✓ **Ferramentas:** quais ferramentas de suporte são adequadas para o contexto da organização.
- ✓ **Comunicação:** mecanismos de comunicação eficazes para que os riscos possam ser registrados, analisados e informados aos interessados.
- ✓ **Competências:** qual tipo de treinamento as pessoas precisam ter para desenvolver as competências necessárias em diversos níveis da organização.
- ✓ **Cultura:** definição de uma cultura de riscos adequada para a organização. Tem início na avaliação inicial, na análise dos resultados e na reestruturação dos processos.

11.3. Ambiente ágil

Visando permitir uma rápida adaptação às mudanças de mercado e às necessidades de seus *stakeholders* e para manter sua competitividade, as empresas precisam organizar seus projetos e operações de forma cada vez mais enxuta, com capacidade para mudar rapidamente, sem perder o necessário controle e a previsibilidade.

Dessa forma, para que essa necessidade de adaptação possa ser atingida, toda a organização precisa ser repensada e seus processos internos integrados. Nesse sentido, a gestão de riscos assume um papel fundamental, visto que, por definição, ambientes ágeis são repletos de incertezas – e a gestão responsável por lidar com elas é a gestão de riscos.

No entanto, a maioria dos modelos de riscos não foi pensada originalmente para lidar com um ambiente ágil, e, portanto, adaptações precisam ser implementadas para que sejam eficazes com equipes que estejam utilizando *frameworks* ágeis como forma de trabalho. Estes, por sua vez, também não trazem em seu corpo de conhecimento formas explícitas de lidar com os riscos.

11.4. Níveis de gestão de riscos

Mesmo em uma organização ágil, a gestão de riscos pode ser realizada em diversos níveis, tais como estratégico, tático e operacional. Em um nível estratégico, os riscos precisam estar associados aos objetivos que a organização quer atingir (e isso deve ser estabelecido quando da concepção estratégica).

Uma boa prática que pode ser adotada por uma organização ágil para definir sua estratégia é o método OKR (*Objectives and Key Results*), pois permite uma rápida e constante avaliação dos resultados e uma reorientação dos objetivos a serem atingidos.

No entanto, o método não contempla originalmente uma explícita identificação de riscos em seu processo. Incorporar essa prática pode auxiliar na definição de objetivos, resultados-chave e iniciativas mais realistas para a organização.

Em relação a um nível mais tático, podemos citar a gestão de portfólios e programas, que executarão a estratégia, no caso de se tratar de transformações organizacionais (projetos). Da mesma forma, existem processos de fluxo contínuo (operações) que também podem ser enquadrados nesse nível.

Esses níveis táticos são de fundamental importância para a governança de riscos, pois irão realizar a ponte entre o nível operacional e o estratégico. A principal função desse nível é observar as interdependências entre as diversas iniciativas a serem executadas e proporcionar suporte à execução dos processos.

Finalmente, temos o nível operacional, composto pela gestão dos projetos e pelo desenvolvimento de produtos, bem como a execução de fluxos contínuos de processos de uma organização. Nesse nível os processos mais fundamentais de gestão de riscos são executados.

11.5. Processos de gestão de riscos

Independentemente de a organização utilizar métodos ágeis ou não, os processos de gestão de riscos são os mesmos. Porém, em função do contexto adaptativo, podem ser escolhidas algumas técnicas e ferramentas mais adequadas.

- ✓ **Identificação:** normalmente realizado em *brainstormings* rápidos em cada um dos planejamentos. Isso pode ser feito durante a elaboração dos OKRs, dos planejamentos de programas e portfólios e das iterações.
- ✓ **Mensuração:** em função da característica mais qualitativa das medidas utilizadas nos ambientes ágeis, abordagens de mensuração qualitativa de riscos devem ser priorizadas.
- ✓ **Respostas aos riscos:** elaborar respostas rápidas para momentos anteriores e posteriores à ocorrência dos riscos e julgar a validade das respostas em relação ao nível de risco observado.
- ✓ **Monitoramento e controle:** realizado durante as iterações, durante o ciclo de gestão dos programas e portfólios e nos ciclos de OKR.

Além disso, alguns procedimentos adicionais podem ser feitos.

- ✓ **Adaptação:** a cada ciclo de planejamento, independentemente do nível, os riscos devem ser reavaliados em função da dinamicidade do ambiente.
- ✓ **Comunicação:** a informação sobre os riscos deve ser passada de forma oral e registrada de forma visual por meio da utilização de quadros ou *canvas* de gestão de riscos, pois estes possuem uma dinamicidade maior que ferramentas clássicas de gestão de riscos.

11.6. Fluxo iterativo de gestão de riscos

Com o objetivo de proporcionar um fluxo sustentável de gestão de riscos em ambientes ágeis, observe os passos a seguir.

- ✓ **Passo 1:** identificar riscos (positivos e negativos) durante o planejamento dos OKRs, ajustando os resultados-chave e as iniciativas para auxiliar o atingimento dos objetivos.
- ✓ **Passo 2:** identificar riscos durante os processos de planejamento tático organizacional definindo as interdependências e como os riscos serão tratados.
- ✓ **Passo 3:** gerir os riscos nos níveis mais operacionais (iterações ou fluxos contínuos) e periodicamente adaptá-los, considerando os riscos do ciclo anterior e os do próximo ciclo.
- ✓ **Passo 4:** cada nível inferior de gestão deve informar, periodicamente, a eficácia da gestão de riscos para o nível imediatamente superior até chegar ao nível estratégico.
- ✓ **Passo 5:** reiniciar o ciclo de gestão de OKRs adaptando para o novo contexto e considerando os riscos observados no ciclo anterior e eventuais novos riscos.

11.7. Ferramenta de suporte

Uma governança eficiente precisa contemplar ferramentas de suporte aos processos que as pessoas vão executar. Existem diversas alternativas que podem ser utilizadas, como sistemas *on-line*, ferramentas corporativas ou mesmo planilhas que auxiliam a execução e o registro das atividades.

No entanto, em um ambiente ágil, em que a colaboração e a gestão visual são valorizadas é importante pensar em ferramentas preparadas para esse fim. Como sugestão, tem-se o *Risk Canvas*, que pode ser utilizado em todos os processos citados anteriormente.

O *Risk Canvas* pode ser observado a seguir. Ele possui oito campos que permitem que todos os processos fundamentais de gestão de risco sejam realizados.

Figura 11.1. *Risk Canvas*.
Fonte: Costa (2019).

Os riscos relacionados podem ser pensados e registrados no quadro, seja durante uma elaboração estratégica (OKRs) ou em uma simples reunião de planejamento de *Sprints*.

A vantagem de utilizar quadros como esses é que eles permitem uma rápida visualização das ações, não requerem muito tempo de elaboração e, acima de tudo, permitem uma atualização constante em relação ao ambiente. Uma simples ação de atualizar a posição de um *post-it* no quadro pode alterar a priorização das ações, ou mesmo o que terá que ser feito ou seus responsáveis.

Dessa forma, todas as equipes podem se manter atualizadas sobre o que está acontecendo com a organização em todos os níveis de forma rápida, visual e constantemente atualizada.

11.8. Conclusão

Todo processo ou ação de gestão precisa ser adaptado ao contexto. Organizações estão implantando novos e criativos métodos de desenvolvimento de produtos e gestão de processos de forma cada vez mais rápida e tentando entregar valor de forma eficaz aos seus clientes.

Essa velocidade e a necessidade de adaptação levam a novos desafios, tais como modelos estruturados, mas também adaptáveis, para permitir uma execução rápida, eficaz e que ao mesmo tempo mantenha uma cultura forte de gestão de riscos.

PARTE III. ATUALIZANDO OS CONCEITOS E IMPACTOS DA GOVERNANÇA ÁGIL

12. A governança ágil

João Emmanuel Anacleto Pessoa

O tema da governança vem sendo debatido por décadas, assim como a agilidade nas organizações. No entanto, percebe-se pouca literatura de uso combinado dessas importantes matérias – pairando sobre o mercado uma errônea percepção de que o ágil e a governança trilham caminhos divergentes e até mesmo opostos.

Uma análise mais racional é capaz de romper prontamente essa barreira paradoxal e, em face do incerto e caótico ambiente atual, concluir como crucial a complementaridade dos assuntos (PESSOA, 2012).

As empresas que pretendem crescer, escalar e se adaptar deverão ter foco na governança para impulsionar a agilidade e a resiliência operacional, ao mesmo tempo otimizando o gerenciamento contínuo e reduzindo o endividamento organizacional (GARTNER, 2021).

Cada vez mais os profissionais e as entidades (privadas ou públicas) precisam lidar com iniciativas que visem o aumento de produtividade, a redução de custos e a adoção da agilidade em todas as suas áreas.

Em contrapartida, não podem deixar de lado temas como direção, monitoramento, controle, conformidade e padronização. Assim, as empresas que sempre buscam maior eficiência estratégica e excelência operacional também estão revendo as jornadas e experiências de seus clientes, fomentando diferentes meios de governança, colaboração, inovação e nova visão socioambiental.

Confirmam a relevância do tema de governança ágil a sua discussão no Fórum Econômico Mundial, bem como em evento próprio promovido pelo governo dos EAU (Emirados Árabes Unidos) com a participação da OCDE (Organização para Cooperação e Desenvolvimento Econômico) e a formação de um grupo de estudos avançados em novos modelos de governança pelo governo do Japão (WEF, 2021; DEWA, 2021, METI, 2021).

É nessa contemporaneidade e atmosfera em que se insere a governança ágil.

12.1. Afinal, o que é governança ágil?

> *Trata-se da aplicação da filosofia ágil à governança – podendo ser utilizada em organizações, equipes e projetos, sejam eles ágeis ou não.*

Segundo Peter Weill (2003), presidente do CISR (importante centro de pesquisas em organizações complexas da *MIT Sloan School of Management*), um arranjo de governança orientado à agilidade nas organizações pode ser obtido com:

- ✓ processos de negócio modulares, adaptáveis e fáceis de serem combinados;
- ✓ coordenação de linha de frente e com resposta em toda a empresa;
- ✓ gestão adaptada localmente, mas seguindo uma lógica organizacional; e
- ✓ a tecnologia apresentando blocos construtivos com uma coordenação e uma arquitetura centrais.

A governança pode ainda variar conforme características empresariais mediante orientação a negócios de maior sinergismo e autonomia (WEILL, 2003).

A agilidade e a governança não são excludentes, ao contrário: podem ser contributivas e obter maior credibilidade e respaldo junto à organização caso a governança atue como facilitadora, mais alinhada ao negócio e reduzindo esforços (incluindo suas próprias exigências), de forma ágil e proativa.

Para tal, a governança deve ser utilizada não apenas no controle, na efetividade das entregas e para a excelência operacional, mas também em demais níveis da organização com aderência às variáveis políticas, corporativas e tecnológicas, visando entregar soluções que satisfaçam todas as expectativas – habilmente, não onerosa ou burocrática (PESSOA, 2009).

Um estilo ágil de governança, não especificamente para a governança de iniciativas que usem agilidade, enfatiza a rápida tomada de decisões, com base em artefatos leves, processos simples e técnicas que suportam a autonomia e a colaboração que são desenvolvidos com o mínimo de esforço – podendo a governança abranger atividades com processos tradicionais, ágeis ou híbridos (CPRIME, s.d.).

A governança ágil estabelece mecanismos para garantir o cumprimento do planejamento estratégico e sentir e responder às mudanças mais rapidamente do que a taxa dessas mudanças no ambiente organizacional, de maneira coordenada e sustentável (AGILE GOVERNANCE, s.d.).

Distinguindo-se da governança tradicional – por não se concentrar em padrões de qualidade rígidos ou na entrega de um processo ou saída para atingir uma meta –, a governança ágil é uma tendência inovadora, que se adapta de modo mais flexível e enxuto em conformidade com as necessidades e coloca as pessoas no centro da tomada de decisões e diretamente no desenho das políticas focadas na entrega de valor para os envolvidos (WEF, s.d.).

> **Em síntese, a filosofia ágil aplicada a uma governança dinâmica e enxuta, que seja diligentemente capaz de preparar as empresas para o futuro, pode ser utilizada em organizações, produtos, projetos e equipes, sejam eles ágeis ou não.**

12.2. Revelando a governança ágil nas organizações

A governança abrange o conjunto de processos, costumes, políticas, leis e regulamentos que instituem como uma empresa é dirigida, administrada ou controlada, bem como o estudo sobre as relações entre os diversos atores envolvidos e os objetivos pelos quais a empresa se orienta.

Já no contexto de adaptação às rápidas mudanças do mercado, trata da agregação da filosofia ágil para alteração de suas estruturas e cultura organizacional, dinamizando os processos e eliminando trabalhos redundantes ou desnecessários (RODRIGUES, 2011).

Um importante passo para a agilidade na governança é a precedente consciência corporativa sobre o panorama atual em que se insere a empresa. O conhecimento sobre o que é a governança e como estão constituídos os arranjos formais e informais também se faz necessário, igualmente, exigindo-se a desmistificação da governança como rival da agilidade e a confrontação dos imaginários acerca do ágil – estes últimos com seus principais mitos listados a seguir (GAO, 2020):

- ✓ Ágil não requer documentação/planejamento.
- ✓ Ágil não requer supervisão.

- ✓ Ágil não requer análise de riscos.
- ✓ Ágil não requer arquitetura.
- ✓ Ágil requer muito retrabalho.
- ✓ Usar qualquer estrutura ágil resultará automaticamente em sucesso.
- ✓ Ágil funciona apenas para pequenas iniciativas e equipes.
- ✓ Ágil funciona apenas em colocalização.
- ✓ O gerenciamento de valor agregado não é compatível com iniciativas ágeis.

Presumivelmente, mudanças nas abordagens de governança vêm sendo despertadas como efeito da adoção do ágil e do *Lean* nas empresas, conforme Tabela 12.1.

Tabela 12.1. Mudanças nas abordagens de governança provocadas pela adoção de ágil/*Lean*.
Fonte: adaptado de SAFe® (2022).

Abordagens tradicionais	Abordagens ágeis/*Lean*
- Planejamento detalhado total no início - Estimativas absolutas iniciais, variância de controle - Requisitos congelados – evita alteração de escopo - Planos detalhados e pesados artefatos de suporte - Centralização, comando, controle e financiamento - Estágios e marcos de controle - Estruturas analíticas e *top-down*	- Planos de alto nível, detalhes de forma incremental - Estimativas relativas, atualizações por aprendizagem - Requisitos priorizados iterativamente pelos interessados - Planejamento descentralizado em ondas sucessivas e artefatos leves - Tomada de decisão descentralizada - Estimativas e planos ágeis, revisões em cada *demo* - Orçamento enxuto e fluxo de valor autogerenciado - Medidas e marcos objetivos baseados em fatos

A fim de manifestar a governança de forma mais ágil e dinâmica, podemos induzi-la por (WEF, 2018):

- ✓ Esforços para contornar as estruturas de governança existentes (operando por meio empírico, com otimização ágil e soluções alternativas de estruturas de governança – sendo um exercício menos oneroso).
- ✓ Esforços para mudar o próprio sistema de formulação de governança atual (transformações amplas e abrangentes das instituições de governança existentes, mudando quem faz as decisões, como eles tomam essas decisões e criando novas fontes de autoridade para a governança ser mais ágil e centrada no ser humano). Poucos grupos foram competentes em executar esta última abordagem.

Uma moderna governança deve garantir níveis adequados de influência para a operação atual e para a concretização das visões e dos objetivos corporativos futuros, desburocratizando e flexibilizando processos para não onerar o negócio. Apesar disso, muitas vezes a governança ainda é percebida como uma área de auditoria, externa ao negócio e com viés de controle e padronização.

Para mudar essa visão e efetivamente praticar a agilidade, refletiremos sobre os fundamentos da governança ágil e sobre como as estruturas atuais podem ser utilizadas ou transformadas para garantir aderência ao *Lean* e ao ágil.

12.2.1. Fundamentos de governança ágil

Os processos ágeis surgiram, em parte, em reação ao excesso de alcance da governança e, ainda assim, antagonicamente, são eles próprios altamente disciplinados. Desse modo, uma moderna governança deve garantir adaptação rápida às mudanças inesperadas em vez de meramente executar planos existentes – concentrando-se muito mais na colaboração do que na documentação e sendo eficaz, precisamente por envolver o espírito de colaboração, não apenas a forma (CPRIME, s.d.).

Uma governança ativa e enxuta exige um desenho mais sistêmico para conceber seus programas de implementação e melhoria contínua. Na Figura 12.1 apresentam-se fundamentos de governança ágil, abrangendo conceitos gerais, atribuições, ciclos, sistemas e impactos – extensivamente, atendendo às diferentes vertentes de governança, setores ou portes de organizações.

Figura 12.1. Fundamentos de governança ágil.
Fonte: adaptado de WEF (s.d.); METI (2021); ISO (2021).

A transparência é um componente essencial do conjunto. Aliada à comunicação e à visibilidade, permite que as informações de governança ágil sejam compartilhadas em tempo real, promovendo um ambiente de abertura e confiança para os membros das equipes – que entenderão melhor como suas ações impactam o todo e, portanto, como eles podem assumir maior responsabilidade (ELABOR8, s.d.).

O conceito pode ser aproveitado em diferentes âmbitos em que a governança atue ou esteja inserida, podendo ser utilizado inclusive em áreas e por profissionais não nomeadamente em funções tidas como de governança. Ademais, pode transcender a fronteira das corporações e abarcar a governança no contexto da administração pública.

Encarar a governança como um sistema deve levar em conta que ela seja composta de partes, com relacionamentos diretos e indiretos, variando no tempo e segundo a ótica do observador. Também deve-se ter em mente que as soluções sempre mudam conforme condição, ambiente ou até mesmo de equipe para equipe, não existindo solução única e conformada que sane qualquer situação.

Dessa maneira, por si só, a governança não resolverá todos os problemas. Porém, se devidamente adaptada, poderá ser um poderoso instrumento para as empresas nos tempos atuais.

12.2.2. Adaptando as estruturas de governança

Excetuando-se os casos envolvendo *startups* ágeis nativas e empresas com recursos financeiros irrestritos, toda e qualquer entidade (incluindo aquelas onde o nível de criticidade a erros/custo de falhas humanas e operacionais seja inaceitável) deverá considerar as estruturas de governança e de gestão existentes.

Distinguir e externar a completa estrutura de governança não é uma tarefa trivial, uma vez que ela pode estar inserida em várias partes da organização, em diferentes níveis e com diversos arranjos, formais ou não. Porém, após sua elicitação, imprescindíveis adaptações devem ocorrer com novas posturas em governança ágil, expressas na Tabela 12.2.

Tabela 12.2. Adaptando as estruturas para a governança ágil.
Fonte: adaptado de Takeuchi; Nonaka (1986) e Elabor8 (s.d.).

Padronização virtuosa	Em vez de focar copiosamente em práticas/guias de processos, trabalhos manuais e conformidade forçada, despertar uma nova padronização formada por: - desenho do modelo operacional, valores culturais e linguagem; - principais métricas e como são medidas; - cadências de entrega e principais pontos de sincronização; - padronização de como o valor é medido e priorizado.
Liderar em oposição a dirigir	Quando não se tem visibilidade suficiente ou dados confiáveis, há uma forte tentação de microgerenciar, a fim de recuperar o controle. Mas, ao liderar uma equipe ágil, essa interferência pode prejudicar toda a abordagem. Em vez disso, os líderes precisam se concentrar na criação de um ambiente de governança para o sucesso, estabelecendo princípios orientadores e limites, em vez de gerenciar atividades. O mundo novo, dinâmico e instável precisa de líderes que possam agir como agentes pensantes da mudança, fazendo julgamentos sabendo que tudo está mudando e tomando medidas sabendo que tudo depende de fazer isso no tempo certo.
Autodeterminação	Estabelecer raias de autonomia com clareza sobre o que equipes e indivíduos podem fazer, quem tem autonomia para decidir o que e quando, e indicar pontos de escalonamento onde as equipes não podem tomar uma decisão. Uma realocação de capacidade fornece orientação aproximada de todo o portfólio conforme temas estratégicos – viabiliza que as equipes possam priorizar seu próprio trabalho, ao mesmo tempo mantendo o alinhamento com a governança.
Monitorar com novos indicadores em vez de controlar	Inevitável mudança de mentalidade para que a governança se concentre mais no processo de tomada de decisão do que na própria decisão. A governança adequada requer a implementação de um estilo de monitoramento que garanta que o trabalho das equipes ágeis (de governança e intervenientes) esteja alinhado com os objetivos do nível superior da organização, sem controlar como as pessoas alcançam esse alinhamento. As antigas medidas de sucesso nem sempre geram uma imagem completa do desempenho. Isso porque a natureza do trabalho do conhecimento/resolução de problemas contém inerente imprevisibilidade. Governar adesão a um plano enquanto resolve problemas não rotineiros é um esforço infrutífero. Em vez disso, dar aos líderes e equipes ágeis a capacidade de não apenas medir o progresso e relatar com confiança, mas também a clarividência para antecipar, requer uma mudança para rastrear novas métricas prognósticas, em vez de apenas indicadores decorrentes. Embora os indicadores de atraso tradicionais nos deem alguma condição de monitorar o progresso, eles não podem ser usados para influenciar o futuro. Indicadores devem nos permitir ajustar proativamente o curso antes do "ponto sem volta". A governança ágil deve usar a combinação certa de métricas, pessoas, processos e tecnologia. De modo mais aprimorado, sugere-se a construção de um painel de governança para monitorar marcadores em todas as dimensões de negócios relevantes para cada empresa – por exemplo, os habituais (velocidade, produtividade, riscos, qualidade e custos) com a possibilidade de ampliação para métricas mais transformacionais (por exemplo: previsibilidade, estabilidade, eficiência do fluxo, capacidade de resposta, impacto do atraso, aderência à governança ágil e sustentabilidade).

Com as mudanças certas em liderança, governança e medição de resultados, um ambiente pode ser criado onde você pode capturar os benefícios do ágil, sem perder visibilidade ou controle.

O sucesso dessa nova condução e acompanhamento fará com que os orientadores se concentrem na criação de um ambiente geral que apoiará a tomada de decisão cuidadosa e consistente, em uma rede de equipes capacitadas e com a autonomia que precisam para responder às mudanças atuais – por conseguinte, garantindo que a execução se alinhe à estratégia (ELABOR8, s.d.).

Por outro lado, o foco empresarial implacável no crescimento e na digitalização, combinado com a democratização da TI, maior poder e onipresença de tecnologias emergentes e suas fontes, resulta na proliferação de atividades como a hiperautomação (inteligência artificial e automação robótica de processos).

Combinações de diferentes soluções como essa devem ser governadas propriamente; caso contrário, a distribuição da responsabilidade e dos gastos pelas unidades de negócios aumentará enormemente os custos gerenciais e de operações (GARTNER, 2021).

Não obstante, nem todas as empresas precisam ser exponenciais, assim como não são todas as empresas que podem investir ou se dar ao luxo de errar frequentemente. Na grande maioria dos casos as empresas não são nativas digitais e ágeis por natureza, os recursos são escassos e as empresas enfrentam diversos problemas, principalmente no Brasil. O desafio é maior considerando que os requisitos tratados são mutáveis, instáveis e muitas vezes imprevisíveis.

Em suma, para postular uma adaptação exequível deve-se reconhecer que as tecnologias emergentes podem não ser alcançáveis por todos, ou, ainda, em contrassenso ao que desejamos, é preciso uma governança forte e centralizada para otimizar os seus custos em algumas áreas ou ramos.

Assim, após um olhar ágil para revelar a atuação e os determinantes pontos da ordenação de governança, o próximo passo consistirá em ações guiando a sua simplificação e redução ao mínimo compulsório, conjuntamente com a automatização dos processos, criando meios experimentais e mais enxutos de governar.

Diante disso, ainda que realizadas experimentações e contínuas melhorias, como efetivamente modernizar as empresas garantindo um salto com potencial de transpor esses desafios e prepará-las para o futuro?

12.2.3. Preparando as empresas para o futuro

Para transformarem a experiência dos clientes e melhorarem sua eficiência operacional (padronização, automação, reúso e produtividade), as empresas poderão percorrer seis caminhos diferentes de jornada.

A Figura 12.2 demonstra os trajetos, que podem variar quanto às condições de mercado, estratégias da empresa e suas respectivas estruturas e legados (WEILL; WOERNER, 2021).

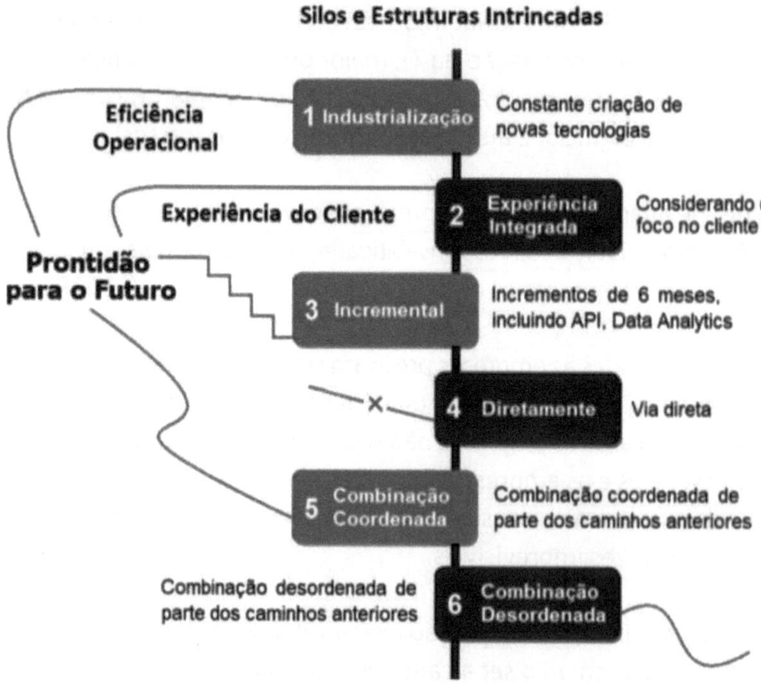

Figura 12.2. Prontidão para o futuro.
Fonte: adaptado de Weill; Woerner (2021).

- ✓ **O primeiro caminho – via industrialização**, com produtos/serviços *plug and play* e uma melhor maneira de fazer cada tarefa importante, exigirá constante criação de novas tecnologias, sendo necessária uma governança mais voltada ao digital para contemplar a indústria 4.0.
- ✓ Já o **segundo caminho – via experiência integrada**, com uma experiência móvel rica, design e UX fortes, apesar das operações complexas, o cliente obtém uma experiência integralizada – é um dos mais efetivos e facilita a governança, pois constantemente considera a voz dos clientes em sua trajetória.

- ✓ O **terceiro caminho – passando por periódicos incrementos**, geralmente com projetos de no máximo seis meses e contando com APIs e *data analytics*, também é possível, mas exigirá um esforço superior de governança para conectar todas as iniciativas.
- ✓ **O quarto caminho – tentativa direta**, por não ser exequível, é um dos piores cenários.
- ✓ Por fim, os dois últimos caminhos correspondem à combinação de parte das opções anteriores, respectivamente de **modo coordenado – o quinto** e o **sexto – desordenado.**

Considerando os custos totais de iniciativas de transformação, uma governança inteligente e adaptativa é um fator diferenciador no desempenho corporativo por conduzir as tomadas de decisões e implementações com base em resultados de negócios direcionados para qualidade, tempo de colocação no mercado, agilidade de negócios ou inovação para novos modelos de negócio (GARTNER, 2021).

Mas criar o futuro deve ir além dos interesses estreitos da empresa. Nenhuma entidade sobreviverá a longo prazo se não começar com um propósito moral nem oferecer valor aos clientes, melhorando a cada dia e contribuindo para a sociedade e a natureza.

As empresas têm que mudar continuamente para serem perenes, por isso devem se concentrar em se tornarem um pouco melhores a cada dia, em vez de se fixarem na elaboração de um plano preciso.

Então, a estratégia precisa ser redefinida para poder: lidar com a complexidade; adaptar-se à mudança; aceitar a dualidade dinâmica – conhecimento explícito e tácito; contar histórias; e conectar com o social/ambiental (NONAKA; TAKEUCHI, 2021).

Independentemente do caminho a ser trilhado pela corporação em sua jornada rumo à prontidão para o futuro, podem ser viabilizadas oportunidades por intermédio da governança ágil nos denominados pontos de erupção, incluindo:

1. <u>**Cirurgia organizacional**</u> para remoção da complexidade e garantia do alinhamento.
2. <u>**Decisões e direitos**</u> para que as pessoas certas tomem as decisões importantes em conformidade e nos custos adequados para viabilizar novas ofertas para os clientes.
3. <u>**Novos modos de trabalho**</u> com mudança cultural e ágil, com base na voz do cliente, em evidências e painéis.

4. **Mentalidade de plataforma**, com reúso, APIs e compartilhamento dos dados conectando os silos organizacionais – conforme Figura 12.3.

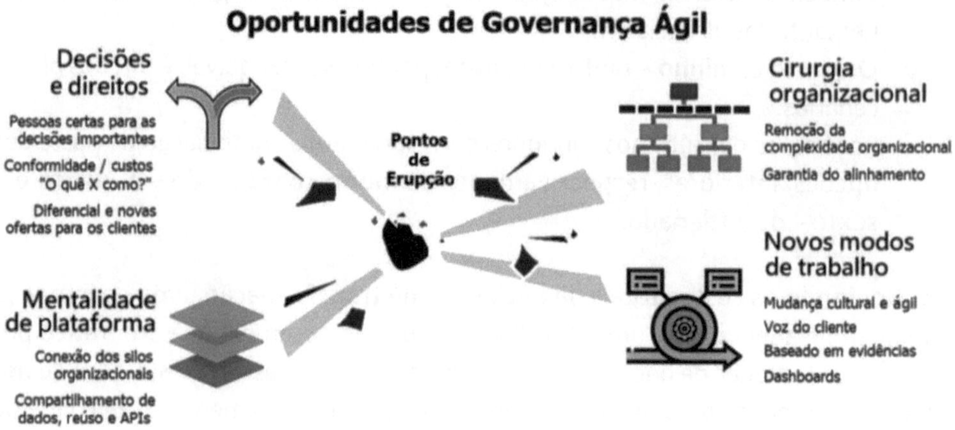

Figura 12.3. Principais oportunidades de governança ágil.
Fonte: adaptado de Weill; Woerner (2021).

Mas ainda que compreendida e revelada a governança ágil, a adaptação das estruturas e a preparação das corporações para o futuro não serão ações de curto prazo; portanto, devem ser conduzidas sob um programa com diversos projetos para elevar a sua maturidade de acordo com as capacidades presentes e do amanhã, viabilizando a estratégia corporativa e a detecção e o exercício oportuno dos pontos de erupção.

Por fim, o sucesso na preparação das empresas para o futuro não deve ser medido apenas pela quantidade de entregas, velocidade do time e faturamento, e sim por meio de avaliação da habilidade de adaptação ao que se aprendeu durante a jornada.

12.3. Considerações finais

As organizações muitas vezes navegam com facilidade com mecanismos de governança legados. Mas quando surge uma nova oportunidade ousada, o ambiente externo sofre uma reviravolta repentina ou o desempenho começa a ficar à deriva, os executivos muitas vezes têm dificuldade em colocar suas empresas em um novo rumo (ATKEARNEY, 2015).

A governança não é inimiga natural do fluxo de valor enxuto e continua sendo importante no contexto *Lean* e ágil (EBY, 2021). Logo, governança ágil deve ser estruturada de modo flexível o suficiente para garantir que a estratégia de negócio se adapte à dinamicidade do comportamento e do mercado, conectando-se com as necessidades atuais e futuras de valor de seus clientes.

Perfizemos até aqui que a governança ágil é mais do que apenas coordenar agilidade em organizações eficientes, eficazes e confiáveis. O termo implica em uma abordagem voltada para o futuro que busca antecipar os cenários antes que eles se materializem.

Ainda que sua aplicação seja mais reivindicada em áreas de mudança rápida e impactante (tecnologia, saúde, sustentabilidade e desenvolvimento econômico), as demandas por governança ágil nunca foram tão grandes, em meio a pandemias e demais crises políticas e econômicas (WEF, 2021).

Contudo, a complexidade de se conduzir uma governança ágil requer uma visão interdisciplinar superior e, nesse panorama, um verdadeiro pacto deve ser firmado, com expectativas, interesses e apoios plenamente definidos e acompanhados durante a jornada – estando essas questões cobertas por capítulos específicos nesta obra.

Em especial, recomenda-se a leitura da Parte IV – AGF, podendo o leitor utilizar as técnicas descritas neste capítulo para adaptar o modelo ao cenário e às características das suas atividades.

Com base nessas proposições, busca-se uma governança que não conflite com a agilidade, ao contrário: com seu dinamismo sendo um direcionador para auxiliar as transformações, visando que as tomadas de decisões, a experimentação e o aprendizado gerem os melhores resultados e empoderem os clientes, colaboradores e a sociedade como um todo.

13. Quando devemos começar a falar de governança ágil?

Ana Clara Gonzaga
Leandro Palomo

13.1. Expectativa *versus* realidade da transformação ágil

Empresas geralmente começam a falar em governança (tradicional) em momentos de reorganização, impulsionadas por escala e/ou maturidade. É um caminho natural nesses casos, já que a governança promete trazer alinhamento de processos, ganhos na eficiência operacional e redução de custos e desperdícios. Conforme Mansur (2020), a visão das iniciativas propostas pela governança é holística e os benefícios ocorrem nas áreas de negócios.

Em tese, a governança ágil também nasceria no *C-Level*, a partir de uma inquietação para enxergar e reduzir a falta de foco e desperdícios de cima para baixo, garantindo uma coesão mínima entre os times sem interferir na autonomia. Uma "área" de governança já concebida segundo valores ágeis seria natural nesse contexto. Mas não é isso que vivenciamos na prática.

O que vemos são as camadas mais operacionais – onde a busca pelo retorno sobre o investimento (ROI) se diversifica em uma série de processos e práticas – se mobilizando para implementar *frameworks* e abordagens ágeis, fazendo com que a transformação ágil ocorra primeiro nesses níveis.

E durante essa jornada, enquanto buscam entregar com qualidade e frequência, melhorando continuamente e reduzindo danos de mudanças, é comum que os times comecem a ser impactados negativamente por processos tradicionais, que precisam ser revistos.

13.2. Processos tradicionais e tensão com a equipe operacional ágil

Uma equipe operacional ágil busca valor em suas entregas e, como dito anteriormente, capilariza o famigerado ROI em ações diferentes daquelas a que a gestão tradicional está acostumada. Essa equipe sabe que "simplicidade – maximizar a quantidade de trabalho que não precisou ser feito – é essencial" (BECK *et al.*, 2001).

Mas a gestão ainda entrega para os investidores a ideia de que o "tempo gasto" em novas funcionalidades de um produto digital, por exemplo, é evidência suficiente do bom emprego de seu investimento. E os processos de controle de horas começam a gerar tensão.

Com base na experiência dos autores, em relação ao valor entregue, uma abordagem *Kaizen* – pequenas melhorias implementadas continuamente – supera largamente a falsa impressão de "solução" que as grandes implementações de impacto trazem, geralmente apenas substituindo problemas conhecidos por problemas que serão conhecidos com o tempo. E o usuário será mais feliz em ter também essa experiência de melhoria contínua no produto comparado a ter uma lista gigante de novas *features* a cada mês e esbarrar em problemas antigos.

Para a gestão ainda tradicional, por outro lado, há mais retorno em entregar listas extensas de novas funcionalidades continuamente.

Para se tornar mais eficiente, a equipe está mais do que convencida de que é imprescindível colocar em prática o mantra "pare de começar e comece a terminar" (KANBAN UNIVERSITY, 2021). Na outra ponta, a gestão tradicional tem facilidade em olhar para um novo *potential market* (público que pode ser atingido futuramente) e, sem a real noção de quanto ainda consegue extrair do time, demandar novas iniciativas, ignorando o impacto negativo que qualquer exagero nesse sentido terá.

13.3. Uma governança moderna

Nesse cenário de tensão descrito, uma equipe destinada a garantir que a prática operacional continue a ser otimizada, mas que também fomente agilidade para a alta gestão, é uma demanda natural.

A equipe de governança ágil, mais que padronizar processos e buscar redução de custos, mostra que é possível, em meio a processos ágeis, trazer para a gestão estratégica informações e previsibilidade para tomada de decisão. Ela serve como uma perfeita cola entre gerenciamento e TI (HAZRATI; TEDESCHI, 2009).

Um grande desafio é a cultura do time. São de extrema importância os procedimentos envolvidos no aculturamento em busca da transparência e da gestão à vista, fugindo ao comando e controle dos modelos tradicionais.

Estes devem ser levantados por um time multidisciplinar que conheça bem o ambiente organizacional ao qual estão inseridos e os objetivos de negócio. Criar uma cultura e condensá-la em uma forma que todos serão capazes de entender e comentar é uma poderosa força unificadora (LEIGHTON, 2009).

E esse trabalho envolvendo cultura e engajamento será constante até que se chegue a um cenário em que todas as pessoas conheçam e vivenciem a governança ágil.

13.4. A adoção da governança ágil

Temos um grande dilema quando pensamos no momento exato de adotar a governança ágil sob a ótica da maturidade *versus* escala. Não há interdependência entre escala e maturidade. Uma empresa pode ter uma maturidade considerável, mas não ter necessidade de escala. Assim como pode não ter atingido um nível de maturidade, mas necessitar escalar.

Da mesma forma, ganho de maturidade e necessidade de escala não são proporcionais ao tamanho. Observa-se que as empresas atuais se encontram em cenários completamente distintos, desde área de atuação, escalabilidade de produto até chegar ao ambiente organizacional. Elas também estão expostas a constantes transformações impulsionadas por fatores internos ou externos.

Dadas essas condições, seria imprudente afirmar que a hora certa de adotar a governança ágil é quando há necessidade de escala ou quando o time alcança um determinado nível de maturidade. Entendemos que não é possível generalizar e predeterminar o momento exato para a adoção ocorrer.

Contudo, podemos trazer informações para análise de ambos os contextos.

Podemos dizer que há um certo nível de maturidade quando temos um time com uma cultura ágil bem desenvolvida e difundida e que a cada ciclo há melhoria contínua não só do produto entregue, mas também dos processos e das práticas ágeis.

Nesse contexto, a adoção da governança ágil vem para potencializar os efeitos já encontrados pelo time então maduro e para viabilizar a uniformidade dos processos já implantados. Além disso, ela vai proporcionar transparência e alinhamento com o negócio.

Em um cenário de adoção por necessidade de escala, podemos observar o ciclo de vida das *startups*. Em uma *startup tech* (tecnologia), inicialmente há uma ideia e, após ciclos de desenvolvimento, ocorre, com sorte, uma rodada de investimento.

De uma hora para outra um time que era pequeno precisa duplicar, triplicar e até mesmo quadruplicar. Situação análoga acontece com o software que é desenvolvido por ela. Com a escala, vem a necessidade de práticas enxutas, coerentes e ao mesmo tempo escaláveis.

13.5. Tomada de decisão para adoção da governança ágil

No processo de tomada de decisão para adoção ou não da governança ágil algumas variáveis devem ser levadas em consideração, como pontos de melhoria, medição, acompanhamento, comunicação e cenário atual.

Pontos de melhoria: se faz necessário levantar os pontos a melhorar nos times e, dentro destes, verificar quais seriam potencialmente aprimorados através da adoção de uma governança ágil. Na Tabela 13.1 podemos visualizar alguns exemplos de pontos de melhoria e as propostas de medição.

Tabela 13.1. Exemplificação de pontos de melhoria e propostas de medição. Fonte: os autores.

Pontos de melhoria	Propostas de medição
Uniformização de metodologias utilizadas	% de adoção por metodologia por time
Métricas utilizadas apenas por alguns times	*Dashboard* contendo todas as métricas e um filtro por time
Satisfação do time	*Dashboard* contendo NPS (nível de satisfação do cliente) por time.
Métricas de eficiência	Acompanhamento constante
Uniformização de métricas entre times	*Dashboard* unificado com possibilidade de segmentação por time
Métricas específicas para certos times conforme necessidade	*Dashboard* definido com o time e acompanhamento constante

Medição e acompanhamento: essas duas variáveis são apresentadas juntas aqui porque há extrema correlação entre elas, não só durante o processo de adoção, mas principalmente no dia a dia dos times. Escolher o que medir e acompanhar as medições constantemente é tão importante quanto medir de fato.

A equipe coleta dados para melhorar seu desempenho (SINGH, 2022). Todos os pontos de melhoria levantados para a tomada de decisão precisam vir acompanhados de medições que serão usadas nas melhorias durante os processos de implantação e desenvolvimento da área de governança ágil.

Esse acompanhamento pode ser feito em reuniões, mas recomenda-se fortemente o uso de *dashboards* informativos que estejam disponíveis 24/7. É uma forma de automatizar um pouco o trabalho de acompanhamento, para isso não tomar tanto tempo do time.

Comunicação: é essencial ter uma comunicação objetiva com a gestão e/ou com as áreas envolvidas. Deve existir um alinhamento das expectativas a curto, médio e longo prazos. Métricas, dados e informações que corroborem a implantação de uma governança ágil devem ser coletados e apresentados às pessoas envolvidas.

Também é de extrema importância apresentá-los aos times que tocam o dia a dia do negócio. É necessário escutá-los para vivenciar uma gestão participativa.

Por ser um assunto relativamente novo e que causa estranheza em alguns contextos, é prudente que todas as dúvidas sejam elucidadas. Os times absorverão muito melhor as mudanças se conseguirem perceber valor na governança ágil.

Cenário atual: o time que está propondo ou pensa em propor a governança ágil deve fazer um *deep diving* no contexto em que está inserido, devido ao cenário atual extremamente volátil.

Considere que seus maiores desafios serão tanto um nível cultural quanto de custos, *head count* etc. Por mais que desafios sejam previstos, sempre há a possibilidade de encontrar algo inesperado no caminho.

13.6. Vivenciando a adoção

O engajamento dos times é um problema encontrado durante a adoção da governança ágil. Por mais que processos e práticas ágeis sejam difundidos, há o desafio diário da sua utilização e aplicação.

Há um caminho árduo entre as apresentações, a tomada de decisão, a adoção e vivência de fato. Apesar dos desafios, esperamos que as informações apontadas neste capítulo possam contribuir para o sucesso nessa empreitada.

14. Governança ágil é para todos?

Vinicius Rodrigues de Siqueira

Como observamos, a governança ágil pode ser aplicada, via de regra, em qualquer tipo de empresa. Na prática, porém, alguns detalhes devem ser observados no que diz respeito à sua implementação, a fim de verificar a aderência ao processo atual da empresa, bem como os benefícios de sua aplicação.

Destacamos aqui alguns aspectos, de acordo com o estágio em que a empresa se encontra com relação à adoção da governança e do ágil, bem como o porte e seu ramo de atuação.

14.1. Empresas que possuem certo grau de agilidade podem aplicar a governança ágil?

A governança em empresas que trabalham com agilidade é possível? Vamos analisar alguns dados referentes à adoção da governança por diferentes tipos de empresa.

Segundo o Instituto Brasileiro de Governança Corporativa (IBGC, 2015), boas práticas de governança corporativa possibilitam preservar e otimizar o valor econômico de longo prazo da organização, bem como torná-la aderente aos processos regulatórios necessários para o seu funcionamento.

O site do IBGC mostra que é possível implantar governança em diversos tipos de empresas. O instituto disponibiliza manuais para boas práticas de governança e *cases* de sucesso em empresas familiares, cooperativas, empresas de capital aberto, ONGs e empresas estatais.

Avaliando uma pesquisa realizada pelo Estadão em 2018, observa-se a utilização de governança em empresas de grande porte, dos mais variados segmentos, como um fator determinante para crescimento ordenado (ESTADÃO; BROADCAST, 2018).

Os critérios de avaliação foram estabelecidos pela Fundação Instituto de Administração (FIA), com base no nível de aderência às 85 melhores práticas de governança, publicadas pelo Instituto Brasileiro de Governança Corporativa no "Código das Melhores Práticas de Governança Corporativa" (IBGC, 2015).

As três melhores colocadas são dos ramos petrolífero, alimentício e de previdência. E ainda aparecem na pesquisa empresas de outros ramos, como banco, elevadores, mecânica e metalurgia e varejo. Podemos concluir que práticas de governança são aderentes a empresas de grande porte de qualquer segmento do segundo e terceiro setores.

Entendendo a importância da governança em empresas de diversos segmentos e portes, em empresas ágeis é possível adaptá-la para um modelo mais ágil? Vamos analisar dois exemplos.

Em *startups*, a governança pode ser um fator crítico de sucesso sustentável a médio e longo prazo (ATKINS, 2021). *Startups* são empresas que comumente nascem com certo grau de agilidade, pois, dada a sua própria necessidade de ser disruptiva, necessita de maior transparência nas informações e mais autonomia na tomada de decisões (GRANDO, 2018).

É comum *startups* se estruturarem juntamente com as necessidades que surgem durante o crescimento da empresa, porém apenas aquelas que estiverem focadas em entrega de valor para os seus *stakeholders* terão maior probabilidade de sucesso.

Como exemplo, Atkins mencionou a empresa Gopuff, uma *startup* cujo compromisso com a governança está diretamente ligado ao rápido crescimento. A Gopuff é uma empresa com foco em entrega de mercadorias que nasceu na Filadélfia em 2013 e que, em 2022, segundo o site da própria empresa, atende a mais de mil cidades nos EUA e na Europa, contando com mais de dez mil funcionários.

No Brasil, em 2021, o investimento em *startups* ultrapassou R$ 33 bilhões em mais de 220 empresas, com destaque para os setores de software, comunicação e mercado financeiro, atraindo inclusive capital estrangeiro (LIPPERT, 2021).

E para um crescimento sustentável dessas empresas, a aplicação de governança ágil se torna um fator fundamental, pois dá transparência a investidores e acionistas.

Outro setor que podemos destacar é o mercado financeiro. Com o crescente surgimento de *fintechs*, *paytechs* e bancos digitais (segmento onde muitas empresas já nascem ágeis), bem como a regulamentação do *open banking* e da LGPD (Lei Geral de Proteção de Dados) no Brasil, há uma necessidade ainda maior da governança ágil, tanto na TI quanto nas demais áreas.

Os maiores bancos digitais do Brasil totalizavam cerca de 82 milhões de contas, com alguns desses bancos chegando a dobrar o número de contas com relação a 2020 (FERRARI, 2021). Em 2021, o Banco Central do Brasil (BACEN) regulamentou que *fintechs* e bancos digitais deverão ter políticas de relacionamentos similares aos bancos tradicionais, o que trará mais necessidade de governança a essas empresas (BARBOSA, 2021).

O *open banking* consiste no compartilhamento de informações financeiras entre as instituições, com o intuito de diminuir o risco operacional para os bancos e propiciar a oferta de melhores produtos para seus clientes, de acordo com o seu perfil.

E as políticas de fiscalização do BACEN sobre as instituições financeiras exigem um alto grau de transparência e controle (LASCO, 2020). E dada a quantidade de órgãos reguladores e as constantes mudanças na legislação, bem como o surgimento de novos concorrentes e produtos no mercado, a governança ágil se apresenta como uma boa possibilidade para esse tipo de empresa.

Portanto, empresas que já trabalham dentro de modelo ágil podem utilizar a governança ágil, adotando no seu modelo de negócio práticas de governança, de forma a se tornarem mais lucrativas e mais aderentes às expectativas tanto do mercado em que atuam quanto dos seus acionistas.

A governança ágil ajuda empresas que estão com processos mais evoluídos a expandir os seus ganhos. Podemos citar como exemplos aquelas adaptadas aos novos modelos de negócios digitais, como *startups*, instituições financeiras (com a constante mudança de legislações, *open banking* e outros fatores) e empresas de desenvolvimento de software.

14.2. Empresas que possuem certo grau de governança podem aplicar a governança ágil?

Agilidade é um assunto que desperta muito interesse nos dias de hoje no meio corporativo, pois num mundo onde as mudanças ocorrem com uma frequência cada vez maior, ter agilidade nos negócios significa ter mais eficiência e velocidade para responder e se adaptar (LUNA, 2011).

Entre os principais benefícios da agilidade, podemos destacar a geração constante de valor em busca de atingir um objetivo com foco nas necessidades do cliente, reduzindo o desperdício com atividades que não geram tanto valor para a empresa (JADOUL; MAHADEVAN; RISCH, 2021).

Porém, o processo de transformação digital para empresas tradicionais pode ser um pouco mais tortuoso devido à necessidade de mudança de uma cultura de hierarquia rígida, silos funcionais e lentidão devido às burocracias excessivas, para uma cultura com mais interação humana, mais colaboração e autonomia, e com processos mais leves e eficientes (BROSSEAU *et al.*, 2019).

Nem todos os tipos de negócios são aderentes às práticas ágeis. A natureza adaptativa, iterativa e incremental das metodologias ágeis é aplicável a empresas cujos produtos podem ser desenvolvidos dessa maneira.

Já para determinados tipos de empresa cuja atividade demanda processos mais preditivos, com planejamento mais detalhado e restrições claras, práticas como gestão visual e eliminação de desperdício se fazem úteis.

Um bom exemplo são grandes projetos de engenharia e construção, cujas demandas necessitam de um grande planejamento, estudo e execução total do projeto para a entrega de valor (MARTINS, 2019).

Outros tipos de empresa, como indústrias, nem sempre se adequam a modelos ágeis de gestão. Isso não impede, porém, que a agilidade seja implementada parcialmente em áreas auxiliares da empresa, como a TI.

Portanto, empresas que já possuem certo nível de governança podem utilizar práticas ágeis, em sua totalidade ou parcialmente, visando melhorar questões como comunicação interna e sinergia entre pessoas e departamentos e criar mecanismos para melhor adaptação às constantes mudanças do mercado e do ecossistema, comuns em ambientes complexos, onde existe um grande grau de incertezas e baixa previsibilidade.

Mesmo que a empresa não use agilidade em seus processos, pode ser útil considerar aspectos da governança ágil, como autonomia, desdobramento de objetivos e gestão à vista.

14.3. Considerações finais sobre a aplicação da governança ágil

Aplicar conceitos da governança ágil em uma organização, na prática, não é simples. Apenas o conhecimento de métodos e técnicas não é um fator de sucesso: para que a transformação ocorra é preciso uma mudança de atitude.

E para que esse processo de implementação na empresa seja eficiente, a governança ágil pode ser aplicada em células específicas e depois ser expandida para outros departamentos. Um dos exemplos mais comuns é a governança de TI, que é um subconjunto da governança corporativa aplicada com foco específico em TI (LUNA, 2011) e que possui *frameworks* próprios.

A governança de TI pode auxiliar a governança da empresa como um todo, mas pode ser implantada separadamente. Existem empresas onde a TI é crítica para o desenvolvimento de negócios, como os bancos, então a governança de TI é mandatória, mesmo sem que ela seja disseminada nas demais áreas da empresa (HERNANDES; VARGAS, 2016).

Para empresas que já possuem governança e querem trazer um enfoque mais ágil, a aplicação também pode ser realizada de maneira gradual. Um exemplo que ilustra bem é a própria evolução das práticas ágeis: ela iniciou com foco em desenvolvimento de software, na época da criação do Manifesto Ágil em 2001, e ao longo do tempo foi evoluindo para se tornar aplicável às demais áreas das empresas.

Em muitas organizações, o ciclo de implementação do ágil se inicia na migração parcial em uma equipe ou departamento e, posteriormente, a cultura é disseminada para os demais departamentos.

Temos alguns exemplos bem-sucedidos de transformação ágil que se iniciaram em pequenos departamentos da empresa, geralmente na TI, e depois se espalharam para os demais departamentos. Os praticantes originais podem orientar os novos (RIGBY; SUTHERLAND; TAKEUCHI, 2016).

Outro exemplo dessa transformação ágil de maneira gradual é o Bank of Montreal. Lá, os funcionários de TI se juntaram em times multifuncionais com o objetivo de tornar o banco mais focado no cliente. Isso fez com que outras áreas aprendessem mais sobre o ágil e a TI mais sobre as necessidades dos clientes (CAPPELLI; TAVIS, 2018).

Em novas empresas é possível iniciar já aplicando práticas de governança ágil desde o início. Temos exemplos de empresas que nascem com forte utilização dessas práticas. Temos a Spotify, grande *player* no setor de *streaming*, e Hilcorp, empresa norte-americana de petróleo e gás (BROSSEAU *et al.*, 2019).

15. Como saber se estamos preparados?

Renata M. N. de Oliveira
Felipe Oliveira

Tipicamente, uma abordagem tradicional (ou cascata) era usada para realizar a gestão de projetos. Não é surpreendente, então, que os *stakeholders* responsáveis pela governança muitas vezes se preocupem quando as mudanças são propostas para apoiar o fluxo de valor contínuo representado pelo ágil.

As práticas de governança atuais perpetuam esses processos legados em cascata e, portanto, não cumprem necessariamente o objetivo pretendido de gerenciar riscos e gastos. Na verdade, essas práticas herdadas da abordagem tradicional de gerenciamento de projetos geralmente produzem resultados opostos:

- ✓ Introduzem desperdícios e atrasos desnecessários.
- ✓ Aumentam o risco do programa.
- ✓ Reduzem os resultados econômicos gerais.

Faz-se necessário, portanto, compreender como adequar o modelo de governança às práticas ágeis e como garantir que a governança continue sólida mesmo após as organizações adotarem um ciclo de vida de entrega contínua de valor.

15.1. Evoluindo para a governança ágil

O primeiro passo na jornada para a adoção de práticas de governança para apoiar o ágil é reconhecer os padrões contrastantes entre as abordagens tradicionais de gestão e a forma como as responsabilidades são realizadas em um ambiente ágil.

Os valores, princípios e práticas promovidos pelos métodos ágeis são frequentemente vistos como mais rigorosos do que as abordagens anteriores, devido ao foco na transparência e à avaliação do progresso por meio de evidências objetivas (ou seja, demonstração de produtos funcionando como a principal medida de progresso e atuação).

As práticas tradicionais pressupõem que todos os aspectos de um projeto podem ser conhecidos antecipadamente e que o sucesso pode ser alcançado desde que a variação dos planos iniciais seja rigidamente controlada.

No entanto, evidências de décadas de projetos fracassados provaram que, quando a solução requer inovação e exploração em território desconhecido, um modelo iterativo e incremental dentro de limites mais amplos de tempo, custo e escopo é mais apropriado.

Uma pergunta comum é como mudar os modelos de governança que geralmente estão enraizados nas práticas em cascata quando a propriedade dessas políticas reside fora do alcance do programa. Claramente, tais mudanças exigem paciência e persistência. As diretrizes atuais evoluíram ao longo de muitos anos. Para adaptá-las à nova maneira de trabalhar, será necessária muita construção de consenso.

As pessoas que atuam como agentes de mudança devem começar com uma mentalidade de respeitar e valorizar o papel que as pessoas de governança desempenham.

As discussões sobre possíveis mudanças na política e no processo devem ser construídas com base em relacionamentos abertos, positivos e proativos com as pessoas que têm responsabilidades de supervisão.

É preciso começar com uma posição de "não causar danos", reconhecendo que qualquer mudança nos processos de governança ainda deve cumprir a intenção original e permitir que as equipes de governança executem suas responsabilidades.

Novos processos devem ser construídos de forma colaborativa. De acordo com o livro "Turn the Ship Around", de David Marquet (2015), isso é descrito como "abraçar os inspetores".

15.2. Desafios da governança para as organizações

Os principais desafios em relação à governança dizem respeito à tensão entre como os líderes de uma organização obtêm a supervisão adequada dos projetos e como os métodos ágeis funcionam.

Líderes de projetos ágeis sentem que não deveriam ter que esperar por aprovações de outras pessoas em sua organização. Esse sentimento, no entanto, pode entrar em conflito com algumas visões sobre supervisão e monitoramento. Como resultado desse choque de perspectivas, os seguintes problemas podem surgir:

✓ Alguns líderes-chave não entendem como o ágil é diferente e, portanto, não concedem aos membros da equipe o nível adequado de autonomia para permanecerem eficazes.
✓ Uma organização pode exigir um nível de documentação que restringe o trabalho ágil. Isso porque é inerente à metodologia ágil a ideia de que existe um nível de documentação que não é apenas desnecessário, mas também ineficiente.
✓ Uma organização pode exigir informações excessivas sobre os resultados esperados, um pré-requisito que entra em conflito com o funcionamento do ágil. Não há saídas realmente "esperadas" no ágil, porque o próprio trabalho iterativo faz o melhor produto. Os resultados reais de um projeto podem ser diferentes do esperado no início.

De acordo com o *15th State of Agile Report* (DIGITAL.AI, 2021), os principais desafios que as organizações enfrentam à medida que introduzem técnicas, práticas e ferramentas ágeis permanecem praticamente inalterados nos últimos anos.

Desafios com a cultura organizacional, resistência à mudança e falta de apoio e habilidade continuam sendo problemas. A Figura 15.1 apresenta as barreiras mais significativas para adoção do ágil nas empresas:

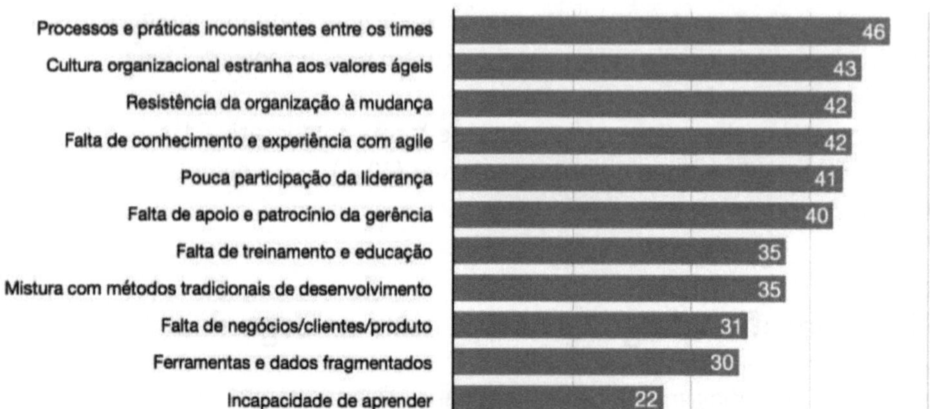

Figura 15.1. Barreiras mais significativas para adotar e escalar o ágil nas organizações. Fonte: adaptado de Digital.ai (2021).

Contudo, esse estudo revelou que a cultura organizacional e os valores ágeis estão cada vez mais alinhados. Alguns anos atrás, mais de oito em cada dez entrevistados identificavam a cultura como uma barreira significativa para a adoção do ágil, porém esse número atualmente é um pouco mais de quatro em dez.

Assim, por mais que possa haver uma tensão entre o que alguns líderes organizacionais veem como supervisão apropriada e como os métodos ágeis funcionam, uma vez que as organizações evoluem a sua cultura, elas podem facilmente incorporar supervisão e governança apropriadas aos projetos ágeis.

De acordo com Eby (2020), esses são alguns conceitos gerais de como incorporar com sucesso a governança para projetos ágeis em uma organização:

- ✓ **Entender que a governança de projetos e o gerenciamento de projetos não são a mesma coisa:** as equipes podem fazer seu trabalho normal de gerenciamento de projetos dentro do ágil, enquanto a organização implementa pontos de verificação de alto nível que permitem uma boa supervisão.
- ✓ **Negociar e definir expectativas no início:** conforme a organização faz suas primeiras tentativas de governança de projetos ágeis, seus líderes e equipes ágeis precisarão se unir para negociar, concordar com alguns parâmetros sobre o que é razoável e útil, e definir expectativas sobre governança e gestão. Desde o início, todos devem entender essas expectativas.
- ✓ **Dar transparência sobre o progresso:** as equipes ágeis ou os donos de produtos precisam relatar o progresso em conformidade com essas expectativas.
- ✓ **Convidar os líderes da organização para o seu processo:** algumas equipes ágeis convidam líderes ou auditores de sua organização para algumas cerimônias. Essa é uma maneira simples de mantê-los informados sobre o progresso e os problemas de um projeto ágil.
- ✓ **Começar com um processo híbrido:** iniciar com um processo ágil ligeiramente modificado pode ajudar a aclimatar melhor os líderes organizacionais ao ágil.
- ✓ **Começar pequeno para ganhar confiança:** uma vez que uma organização tenha experimentado o ágil, talvez como piloto em um projeto menor, os líderes e funcionários ficarão mais confiantes sobre o ágil e mais confortáveis com menos governança.

15.3. Desafios da governança para os líderes

Existem muitos comportamentos que os líderes podem optar por adotar para permitir uma governança bem-sucedida. Podemos destacar:

1. **Liderar pelo exemplo:** as pessoas seguem as dicas de suas equipes de liderança. Se a estratégia de governança for simplificada, tudo o que ela governa inevitavelmente será simplificado. Por outro lado, uma estratégia de governança onerosa e pesada levará, igualmente, a estratégias onerosas e pesadas por parte dos governados.
2. **Ser um líder servidor:** a principal função do pessoal de governança deve ser evitar obstáculos e, melhor ainda, erradicá-los assim que surgirem. Por isso, um líder deve se esforçar para obter os recursos de que as equipes precisam e, em seguida, sair do caminho.
3. **Ser um ótimo anfitrião:** as pessoas que se divertem no trabalho, que gostam do que fazem, são muito mais produtivas do que as que não se divertem. A esse respeito, ser um líder eficaz é como ser um bom anfitrião em uma festa. Como anfitrião, é trabalho do líder garantir que todos se divirtam e se deem bem uns com os outros, e consigam lidar rapidamente com quaisquer problemas que surjam.
4. **Aprender continuamente:** bons líderes aprendem o máximo que podem sobre o que estão governando para que possam tomar melhores decisões e fazer sugestões eficazes para as pessoas que estão sendo governadas.
5. **Comunicar-se continuamente:** líderes eficazes comunicam quais são as prioridades da sua organização e o que se espera das pessoas. É crucial definir expectativas realistas de maneira aberta, honesta, consistente e regular.
6. **Simplificar a colaboração:** os líderes devem ajudar os membros das equipes a colaborar efetivamente uns com os outros. Isso os ajuda a atingir seus objetivos.
7. **Garantir a segurança pessoal e a experimentação:** a liderança sênior precisa promover uma cultura de "pode fazer" e "sem culpa", onde não é apenas seguro, mas altamente desejável aprender por meio de experimentação. A liderança sênior deve estar lá para ajudar quando as coisas não derem certo e para celebrar os aprendizados de sucessos e fracassos.
8. **Promover equipes auto-organizadas:** a liderança sênior deve empurrar a autoridade de tomada de decisão para o nível de execução, com as equipes sendo responsáveis pelos resultados. Uma implicação é que as equipes precisam de acesso rápido aos recursos e devem ser capazes de crescer ou diminuir conforme necessário, com a liderança sênior desempenhando um papel facilitador.

9. **Preferir orientações a editais:** planos e procedimentos não mantêm as organizações unidas – propósitos e valores claros sim. As pessoas não vão ler os procedimentos detalhados e, mesmo que o façam, é improvável que venham a segui-los à risca. Com equipes auto-organizadas, os líderes podem temer problemas, e para aliviar esse medo precisam criar diretrizes claras e pragmáticas dentro das quais as pessoas devem operar.
10. **Coletar métricas acionáveis:** uma boa métrica fornece *insights* e motiva as pessoas a mudar o comportamento. Se o líder não usa uma métrica para melhorar ou tomar melhores decisões, então é uma métrica apenas de aparência. Mas, ao mesmo tempo, o líder não pode gerenciar apenas pelos números. Em vez disso, deve utilizar métricas para identificar onde é necessária atenção sobre o que está ou não está acontecendo.

Dessa forma, entende-se que a preparação para uma governança ágil passa por uma mudança cultural e no papel dos líderes, e que o caminho deve ser pavimentado para que as equipes possam alcançar um desempenho extraordinário. Não há mágica!

16. As atitudes e competências do novo líder necessário para a governança ágil

João Pampolha

Para liderar uma governança ágil, os líderes devem estar preparados para essa realidade de gestão e operação de equipes e pautados em práticas e princípios que irão ajudá-los a melhorar a realidade das empresas.

Um bom exemplo são os cinco domínios informados no Capítulo 19 (estratégia, experimentação, pessoas, tecnologia/mecanismos, processos e tático).

Neste capítulo, será elucidado o perfil que um líder de governança ágil deve possuir, bem como as habilidades necessárias para que ele possa desempenhar bem o seu papel de influenciador da transformação.

16.1. Habilidades de um líder ágil

16.1.1. Liderança servidora

Hunter (2004, p. 57) cita uma frase muito interessante de Jesus Cristo: "quem quiser ser líder deve ser primeiro servidor. Se você quiser liderar, deve servir".

Todo líder ágil deverá servir ao time no que for necessário, removendo obstáculos e dando condições para que todos executem suas tarefas com maestria.

O time empoderado não espera nem necessita de ordens expressas da sua gestão direta. O líder servidor indica O QUE deve ser feito. O time indica COMO, QUANDO e QUEM deve fazer.

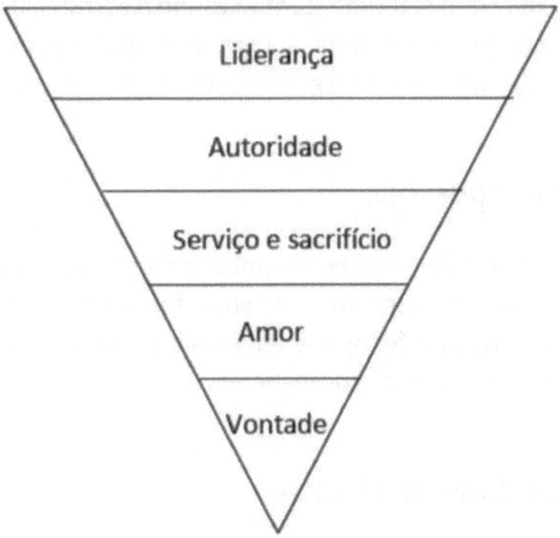

Figura 16.1. Modelo de liderança.
Fonte: adaptado de Hunter (2004, p. 70).

16.1.2. Delegação/empoderamento de times

Na agilidade, um time deve ser multifuncional e autogerenciável. Multifuncional no sentido de que ele deve possuir membros com todos os conhecimentos necessários para gerar valor com suas atividades. Autogerenciável, pois o time deve decidir quem faz qual atividade, como e quando.

Blanchard e Muchnick (2003, p. 37) dizem que "liderança não é somente o que acontece quando você está presente; é o que acontece quando você está ausente". Em um processo de delegação e empoderamento há que existir confiança, ou seja, confiar que eles desempenharão bem os seus papéis e entregarão os resultados combinados mesmo quando o líder não estiver presente.

16.1.3. Transparência

A transparência é uma habilidade fundamental para o líder ágil criar uma relação de confiança com os seus liderados. Jones (2006, p. 97) diz que "como líder, você não deve se enclausurar numa torre de marfim pensando que existem fatos sobre a companhia e até mesmo sobre você com os quais sua equipe não está preparada para lidar".

Tenha transparência com o seu time, comunicando a estratégia da empresa, aonde ela quer chegar, o que se espera da sua equipe, qual resultado deseja-se obter, quais metas alcançar, quais entregáveis receber, dentre outras coisas.

16.1.4. Encorajar pessoas

É muito importante que o líder ágil tenha empatia com a sua equipe, que saiba encorajá-los a cumprir suas metas, que os faça pensar fora da caixa, que os faça acreditar que eles podem e irão realizar feitos que talvez não acreditem que são capazes, tudo isso com uma simples frase: você consegue.

16.1.5. Centralidade no cliente

Uma das características muito importantes não só da agilidade como da gestão de produtos no geral é a centralidade no cliente. É a capacidade de estudá-lo, entender quem ele é, quais são suas dores, suas necessidades e gerar produtos, resultados ou entregáveis que satisfaçam suas vontades.

Figura 16.2. Novo paradigma.
Fonte: adaptada de Hunter (2004, p. 50).

16.1.6. Desenvolvimento de pessoas

Apesar dessa habilidade estar muito voltada para o líder funcional, o líder ágil também deve estar apto para o desenvolvimento do seu time. Atividades que desafiem o intelecto das pessoas faz com que elas evoluam.

Segundo Carnegie (2012, p. 25), a dica de ouro para desenvolver pessoas é: "concentre-se em ajudar as pessoas a dar o que têm de melhor e a desenvolver os próprios talentos. Encoraje-as a usar a própria iniciativa e discernimento".

16.1.7. Voltado para resultados (*outcome* x *output*)

Uma equipe que faz muitas entregas é bastante produtiva. Porém, se analisarmos do ponto de vista do cliente final (*customer centric*), quanto valor essas entregas estão realmente gerando? Será que o time está entregando aquilo que deveria para gerar valor para o seu cliente e para a sua organização?

O livro de McKeown (2015, p. 13) fala sobre essencialismo. Ele explica que "o essencialismo não trata de fazer mais; trata de fazer as coisas certas. Também não é fazer menos só por fazer menos. É investir tempo e energia da forma mais sábia possível para dar sua contribuição máxima fazendo apenas o essencial".

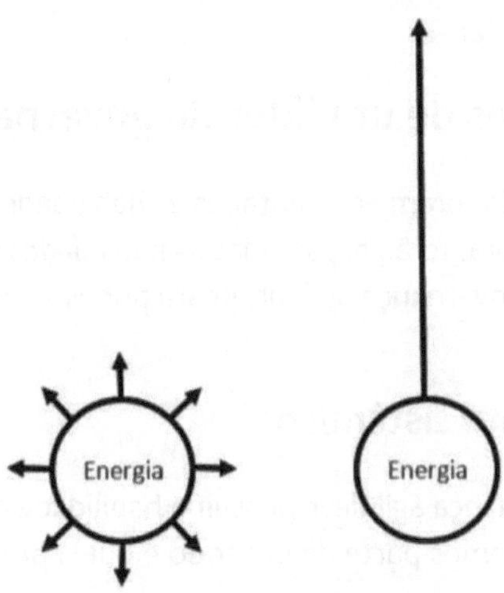

Figura 16.3. Energia desperdiçada.
Fonte: adaptada de McKeown (2015, p. 14).

16.1.8. Comunicação

A comunicação é importante para informar o que o líder espera dos seus liderados, para disseminar a estratégia da organização, para combinar as metas individuais, para informar um *feedback* positivo ou negativo, para elogiar, para criticar construtivamente etc.

Carnegie (2012, p. 28) disse que "maestria na liderança é uma combinação de muitas habilidades. Existe uma coisa que um líder precisa ser capaz de fazer com habilidade e de maneira articulada. Em poucas palavras, líderes devem ser capazes de se comunicar".

16.1.9. Estimular colaboração

Quando o time entrega, todos ganham. Quando não, todos perdem. O time deve colaborar entre si e ter a consciência de que todos são um, focados e concentrando energia no objetivo em comum que devem cumprir.

Deve-se evitar a competição e combater a "síndrome do herói" (quando apenas uma pessoa é a salvadora, a *problem solver*). Todo líder ágil deve estimular a colaboração. Fazer os membros de uma equipe entenderem que o objetivo é comum a todos e que eles devem se ajudar sempre – na sua presença e, principalmente, na sua ausência.

16.2. Habilidades de um líder de governança ágil

Até o presente momento foram apresentadas as habilidades fundamentais para um líder ágil. A partir de agora, serão explanadas as habilidades necessárias para pessoas que desejam liderar a governança ágil, proposta por este livro.

16.2.1. Pensamento sistêmico

Um bom líder de governança ágil deve possuir a habilidade de pensar sistemicamente, de entender que fazemos parte de um todo e que, para isso, temos que deter o conhecimento desse todo.

A organização é um sistema, portanto deve ser compreendida e estudada como tal. É necessário entender que um sistema é composto por partes, e que essas partes se relacionam direta ou indiretamente. O líder precisa ter clareza sobre as deficiências de aprendizagem, os padrões de comportamento dentro do sistema e como vencê-los.

Esse conhecimento é fundamental para entendermos como as coisas funcionam e os impactos que uma mudança pode causar no sistema, por exemplo.

16.2.2. Conhecimento dos domínios da governança ágil

É essencial que o líder domine o modelo/*framework* de governança ágil da sua organização, para que seja capaz de orientar a sua correta implantação, seu gerenciamento e seu monitoramento.

16.2.3. Conhecimento sobre *Lean Digital*

Empresas estão cada vez mais se digitalizando. É fundamental que o líder de governança ágil apoie essa transformação com o uso da filosofia *Lean* e suas ferramentas, com a utilização estritamente necessária dos recursos disponíveis, sem desperdícios de qualquer natureza, e utilizando um fluxo ágil e otimizado. O *Lean Digital* é uma abordagem que combina a filosofia *Lean* à era digital, tirando proveito de ambos para gerar melhores resultados.

16.2.4. Controle

O líder deve ter a habilidade de direcionar e monitorar o modelo de governança, e estabelecer mecanismos de controle para evitar que preconceitos, vieses ou conflitos de interesse prejudiquem o bom andamento da sua aplicação. A governança ágil representa um modelo de controle adaptativo e com maior autonomia. Por isso, o líder precisa entender como controlar aspectos dos times e das áreas de forma que haja menos burocracia e menos desperdício.

16.2.5. Pensamento crítico

É importante para o líder da governança ágil ser crítico ao seu próprio modelo, que possua uma ponderação racional a respeito da sua aplicação e que pense em um padrão de excelência aceitável pela organização.

É papel fundamental do líder fazer essa avaliação crítica recorrente do modelo, visando adaptá-lo ao contexto e aos objetivos da organização, comunicando-o adequadamente às partes interessadas sempre que necessário.

16.3. Conclusão

Essas foram as habilidades necessárias para que todo líder de governança ágil possa desempenhar bem o seu papel. Se elas não fizerem parte do seu cinto de habilidades, é interessante que se prepare e que se desenvolva como um líder moderno fazendo treinamentos e assistindo a palestras, *workshops*, *meetups*, *lives* etc.

Ou seja, tudo o que for necessário para que evoluir e estar pronto para exercer a governança ágil da sua equipe, área ou organização.

17. Habilitadores e bloqueios da governança ágil

Mayla de Oliveira Lemos

O maior perigo na turbulência não é a turbulência; é agir com a lógica de ontem. (Peter Drucker)

Embora a citação não seja especificamente sobre governança ágil, ela encapsula a essência dos desafios enfrentados pelas organizações em ambientes dinâmicos e em rápida mudança. A "lógica de ontem" pode ser vista como um bloqueador, enquanto a capacidade de se adaptar e responder à "turbulência" pode ser vista como um ativador.

A mensagem de Drucker ressoa com a necessidade de uma abordagem ágil e flexível à governança, que pode responder às mudanças do mercado e às necessidades dos clientes, em vez de ficar presa a práticas e mentalidades desatualizadas.

A governança ágil é a coordenação, o controle e o acompanhamento de projetos em ambiente que valoriza a flexibilidade, a colaboração e a resposta rápida às mudanças no mercado ou nas necessidades dos clientes.

Abordarei a seguir alguns fatores que podem ajudar ou impedir uma implementação bem-sucedida de governança ágil.

O primeiro componente de suma importância a ser observado para implementação eficaz da governança ágil é a **cultura organizacional**. A transição para essa abordagem pode gerar inúmeras resistências por parte de membros da equipe e líderes, se for vista como uma ameaça à estabilidade e às práticas já alcançadas.

Alguns dos pensadores influentes no campo da agilidade e que frequentemente abordam a importância da cultura organizacional ágil são Jeff Sutherland e Ken Schwaber. Como cocriadores do *Scrum*, uma das metodologias ágeis mais amplamente utilizadas, eles possuem uma compreensão profunda de como a cultura organizacional afeta a implementação da agilidade.

Em um dos seus livros, Sutherland discute como uma cultura organizacional precisa mudar para adotar o *Scrum* e outros métodos ágeis. Ele enfatiza a importância da colaboração, da transparência e da adaptabilidade, e como esses elementos devem ser incorporados à cultura da organização para alcançar o sucesso com agilidade.

Além da cultura organizacional, existem outros possíveis bloqueios culturais:

- ✓ **Falta de compreensão dos princípios ágeis:** sem um entendimento claro dos princípios e valores ágeis, a implementação pode se tornar superficial e ficar longe da verdadeira essência da agilidade.
- ✓ **Hierarquia rígida e burocracia:** uma organização com uma estrutura organizacional rígida e processos burocráticos pode ser incompatível com a colaboração e a flexibilidade necessárias para uma governança ágil.
- ✓ **Medo do fracasso:** a cultura do medo do fracasso pode inibir a experimentação e a inovação, que são aspectos cruciais da agilidade.

A seguir, apresento soluções que podem apoiar na implementação da governança ágil:

- ✓ **Liderança engajada:** possuir líderes que entendam, apoiem e pratiquem a agilidade pode ser um catalisador poderoso para a mudança cultural. Eles podem atuar como modelos e facilitadores dessa transformação.
- ✓ **Comunicação aberta e transparente:** fomentar um ambiente em que as preocupações e ideias possam ser expressas abertamente contribui para a construção de confiança e aumenta o comprometimento com a mudança.
- ✓ **Revisão e adaptação dos processos:** avaliar e adaptar os processos existentes para torná-los mais ágeis pode reduzir a burocracia e promover a colaboração.
- ✓ **Celebração de sucessos e aprendizado com falhas:** criar uma cultura onde o sucesso é celebrado e o fracasso é visto como uma oportunidade de aprendizado pode encorajar a experimentação e a inovação.

A área de Recursos Humanos (RH), também referida como a área de Pessoas, desempenha um papel vital na implementação da governança ágil. A seguir, destacarei alguns aspectos cruciais:

- ✓ **Cultura e *mindset*:** a promoção da cultura ágil enfatiza a colaboração, a adaptabilidade e a melhoria contínua. Por meio de treinamentos, desenvolvimento profissional e *workshops*, o RH pode assegurar a compreensão dos princípios ágeis, superando resistências e medos relacionados à mudança.

- ✓ **Recrutamento e seleção:** é essencial contratar indivíduos que se alinhem à cultura ágil, valorizando habilidades como colaboração e pensamento crítico. A implementação de um processo de integração ágil garante que os novos contratados se adaptem rapidamente à cultura da empresa.
- ✓ **Desenvolvimento e liderança:** o RH pode cultivar líderes que compreendam e apliquem os princípios ágeis, atuando como facilitadores, e não apenas como gerentes.
- ✓ **Avaliação e reconhecimento:** é vital efetuar avaliação contínua através de sistemas que reflitam os princípios ágeis, focando em *feedback* contínuo e melhoria.
- ✓ **Comunicação e colaboração:** o RH pode facilitar a comunicação eficaz e promover a colaboração entre diferentes departamentos, assegurando que a agilidade permeie toda a organização.
- ✓ **Bem-estar e saúde mental:** o RH deve promover um equilíbrio saudável entre trabalho e vida pessoal e oferecer suporte em saúde mental.
- ✓ **Adaptabilidade e mudança:** o RH pode liderar a gestão de mudanças alinhada aos princípios ágeis, desenvolvendo resiliência organizacional para rápida adaptação às mudanças do mercado.

Josh Bersin, pensador influente no campo, observou: "em um mundo de mudanças rápidas e constantes, a agilidade é imperativa para o sucesso nos negócios. O RH ágil não é apenas uma metodologia; é uma mentalidade que deve permear toda a organização" (CAMPOS, 2020).

A agilidade no RH transcende técnicas simples; é uma transformação cultural. A colaboração entre RH e líderes ágeis é vital para garantir uma implementação eficaz da governança ágil.

A governança ágil não é apenas uma metodologia, mas uma mudança cultural profunda. Com a liderança certa, educação, comunicação e uma abordagem adaptativa, os desafios culturais podem ser superados.

A chave é criar um ambiente que promova colaboração, transparência, adaptabilidade e coragem para experimentar, permitindo que a governança ágil floresça e traga os benefícios desejados.

PARTE IV. AGF – *AGILE GOVERNANCE FRAMEWORK*

18. Modelo de governança ágil – Fundamentos

João Emmanuel Anacleto Pessoa
Rosangela Riccotta

Ainda permanecem válidos os conceitos de Peter Drucker (1999), de que todas as organizações, independentemente de seu ramo de atuação no mercado, precisam da inovação como competência organizacional fundamental. Segundo o especialista, a inovação nas organizações pode ser de qualquer tipo, inclusive uma inovação social – e nesse ponto observamos o que definimos neste livro como **governança ágil**.

Governança ágil não é uma opção, é uma necessidade. (AUDY, 2015)

Para contribuir com as empresas nesse desafio atual abrangendo uma governança verdadeiramente ágil, é propósito deste livro a formulação de um novo modelo mental que possa guiar (com princípios/embasamento teórico atualizado, domínios de atuação e avaliação da agilidade organizacional por diversos ângulos) nossa maneira de pensar agilidade e governança e como elas ajudam sistemicamente a entregar melhores resultados.

Desse modo, antes da abordagem holística de proposição do modelo – que, por natureza, deve ser flexível e livre de prescrição - detalharemos as novas finalidades da governança com viés ágil e o seu relacionamento pragmático com os elementos-chave.

18.1. Fundamentos do modelo de governança ágil

18.1.1. As novas finalidades da governança – valores, pilares e capacidades fundamentais

A agilidade é uma maneira de pensar e ponderar de modo simples; arriscar, errar e corrigir rapidamente; aprender com as experiências. Em resumo: "ágil não é o que você faz, ágil é o que você é!"

Sob a ótica de governança aqui proposta, percebemos a agilidade se enraizando majoritariamente em sete finalidades.

1. Disseminação de nova cultura na companhia

A "cultura ágil" é facilmente reconhecida em um ambiente onde é permitido errar e corrigir. Em uma empresa que possui cultura tradicional as pessoas têm medo de errar e ser punidas. Outros elementos importantes da cultura ágil são a transparência e os *feedbacks* constantes. Um ambiente ágil não permite uma hierarquia rígida e silos. A governança deve conduzir o caminho para essa transformação.

2. Cooperação entre as áreas e genuíno cuidado com as pessoas

A governança passa a desenhar as trilhas de capacitação dos papéis da agilidade. A trilha ágil apresenta quais os caminhos de cada papel em seu grau de maturidade.

Esses trabalhos devem ser em conjunto com as demais áreas da companhia, com destaque para a área de recursos humanos.

Exemplos: avaliação 360°, redefinição de premiação e metas; enquadramento de pessoas em *skills* adequados; comunidades e trocas de experiências; cuidados com a saúde mental; ambiente psicologicamente seguro; dentre outros.

3. Determinação de arcabouço metodológico flexível

Deixamos de entregar projetos para entregar produtos (muitas vezes digitais). A governança será responsável pelo arcabouço metodológico ágil para o desenvolvimento desses produtos, sugerindo o caminho para as equipes testarem. Através de métricas (resultados quantitativos) e percepção da equipe (resultados qualitativos), será possível definir planos de ação ou de melhorias.

4. Implantação e melhoria contínua dos processos e mecanismos de governança

A melhoria contínua deve invadir não só os processos, mas toda a forma de trabalhar da governança.

O que eu posso melhorar para entregar melhor para o meu cliente? Prezamos os clientes internos (colaboradores da companhia) da mesma forma que valorizamos a satisfação do cliente externo?

5. Proposição de valores de governança na prática

- ✓ Sinergia com o planejamento estratégico e o posicionamento da marca no mercado.

- ✓ Produtos ou serviços entregues para os clientes externos com qualidade e velocidade para atender às suas necessidades.
- ✓ Produtos ou serviços entregues para os clientes internos, com qualidade e facilidade para atender às suas necessidades.
- ✓ Eficiência mensurável em processos ágeis.
- ✓ Horas salvas em fluxos de aprovações simplificados por uma hierarquia menos rígida.
- ✓ Melhor gestão do conhecimento, com a redução de *turnover* por conta do melhor ambiente de trabalho para as pessoas.

6. Reforço dos pilares estruturantes
Transparência significa que tudo o que diz respeito ao trabalho deve estar disponível e acessível a todos os interessados. Já **inspeção** é a oportunidade de avaliar o trabalho e se ele está de acordo com o planejado inicialmente. E **adaptação** é a possibilidade de ajustar os desvios para estar aderente à necessidade dos clientes.

Esses três formam os pilares da agilidade. Acrescentar a **comunicação** como elemento fundamental permite maior alinhamento entre as diversas partes dessa engrenagem – e surgem então os pilares da governança ágil.

7. Desenvolvimento das capacidades fundamentais
Esse reposicionamento da área promove uma mudança das habilidades e competências para o time de governança ágil. De acordo com a estrutura da companhia, podemos ter:

- ✓ Disseminação das práticas ágeis e da cultura ágil.
- ✓ Visão estratégica e holística da companhia e suas áreas.
- ✓ Visão portfólio: financeiro/mudanças/*sourcing*.
- ✓ Gestão do conhecimento.
- ✓ PDCAs de processos e demais técnicas enxutas e flexíveis (ex.: *Lean*).
- ✓ *Dashboards* para apresentação dos resultados dos processos (não é a operação).

18.1.2. Elementos-chave para a governança ágil nas empresas atuais

Na Figura 18.1 apresentamos **cliente, estratégia, produto, processos, estrutura organizacional, pessoas e cultura** como os elementos essenciais para a governança, fornecendo exemplos no âmbito das empresas ágeis e digitais.

Figura 18.1. Elementos-chave de governança ágil.
Fonte: os autores.

A seguir são analisadas as principais interações entre os elementos-chave, correspondendo a: cliente – estratégia; produto – processos; estrutura organizacional – pessoas; e cultura.

Cliente ↔ Estratégia

O cliente é o principal demandante do negócio e, consequentemente, influenciador da estratégia da empresa. De acordo com as necessidades do cliente o mercado se atualiza, se reinventa e inova.

Nesse cenário, a estratégia da companhia precisa incluir assuntos como investimentos, agilidade, expansão, inovação e sustentabilidade.

Passa a ser preocupação para o sucesso da entrega de valor para o cliente a existência de um canal de comunicação estreito entre todas as áreas da companhia e a área de negócio. Exemplos de ações importantes:

- ✓ Coleta de ideias, tanto para colaboradores quanto para o público em geral.
- ✓ Pesquisa de satisfação.
- ✓ Planos de melhoria para os itens criticados.
- ✓ Pesquisas sobre inovações.
- ✓ Fomento de experimentação e possíveis parcerias para pesquisas e inovações.

Produto ↔ Processos
Os dados coletados das áreas da empresa, e sobretudo dos clientes, orientarão o desenvolvimento de produtos. Esses dados precisam ser transformados em informação e depois em conhecimento. Esse refinamento permite que os processos da empresa sejam norteados por uma cadeia de retroalimentação, para tal devendo:

- ✓ Observar toda uma concatenação necessária para a retroalimentação das informações: processos, ferramentas, análises, diagnósticos, sugestões, planos de ação e planos de melhoria.
- ✓ Os ciclos de retroalimentação ocorrerem em períodos curtos, para que se possa "ajustar a rota" se necessário.

Estrutura organizacional ↔ Pessoas
O termo "monitorar" pode ser redefinido para "acompanhar". Monitorar remete a uma ação rígida, centrada e muito diretiva, que comumente observamos quando a empresa é muito hierarquizada.

Além de ferramentas, indicadores e KPIs para acompanhar de fato uma entrega de valor, é necessária uma organização em rede, além de pontos de contato para que a informação flua e possa transitar sem ruídos de comunicação. Os pontos de contato acompanham todos os processos, ações ou atividades que devem ser retroalimentadas, melhoradas e ajustadas.

O acompanhamento de todas as ações e direções elencadas pela governança deve atravessar a fronteira e engajar outras áreas que possuam pontos de interligação e atuem em partes dos processos, ações ou atividades.

Todavia, segundo Takeuchi e Nonaka (1986), mesmo que as equipes de projeto sejam auto-organizadas, elas devem possuir controle. A gestão deve então propor pontos de direção para evitar ambiguidades, discussões e manter o projeto estável – sem implicar em vigilância ou comando exacerbado (sistemáticas para tomadas de decisões de governança ágil são detalhadas no Capítulo 26).

Desse modo, os direcionamentos são de extrema importância quando todos podem contribuir. Novas formas de fazer ou novas ferramentas precisam ser levadas a todos.

Evidentemente, mesmo com times maduros é necessário ter a figura de um líder. No entanto, ainda precisamos descentralizar decisões. Esse é um passo grande para conseguirmos ganhar velocidade nas ações.

Em algumas estruturas observa-se a criação de uma matriz ou tabela de alçadas, determinando o cargo ou papel e o que este pode aprovar. Mesmo que esse tipo de "matriz" ainda remeta a algo do passado, a velocidade das aprovações e dos ritos corporativos tende a melhorar – é o que chamamos de "decisão nas pontas", um nivelamento organizacional. É dar autonomia para quem é especialista no assunto, para quem está no dia a dia, ou demais critérios específicos para a realidade de cada empresa ou instituição. Delegar não exime a responsabilidade: delegar é também ser corresponsável pela entrega. Na filosofia ágil, todos do time "assumem juntos" a responsabilidade e "ficam juntos" quando precisam responder pelos resultados.

18.1.3. Cultura

A cultura organizacional, muitas vezes constituída por padrões de comportamento dos colaboradores, curiosamente também tem grande influência sobre as pessoas. Uma via dupla.

A estratégia e a estrutura organizacional influenciam na cultura, que é um assunto vasto e sensível. Uma cultura rígida impede que as pessoas tenham liberdade para errar e aprender com o erro, e mina a criatividade na busca por inovação independentemente da cadeira que se ocupa.

A cultura ágil promove a transparência e assume a responsabilidade do erro sem ser punido. O erro é visto como uma oportunidade de aprendizado, para mudar de direção no menor tempo possível. A agilidade promove o pensar de modo simples e direto visando atingir um objetivo com o máximo de eficiência e o mínimo de desperdício. Um dos maiores benefícios da cultura ágil é a forma como as pessoas vivem, com mais qualidade de vida, em um ambiente seguro emocionalmente. Um dos principais sentimentos é o de pertencimento: sentir-se dono de algo que a empresa está produzindo e entregando aos clientes. Esse sentimento promove engajamento, dedicação e felicidade!

Acreditamos que o resultado dessas interações entre os elementos viabiliza não apenas um produto ou serviço ser entregue com maior qualidade e valor ao cliente, como também a configuração ideal do ambiente para se instaurar a governança ágil.

Agora conhecidos os elementos-chave necessários para a governança ágil, poderemos discorrer sobre valores, pilares e capacidades fundamentais para de fato operacionalizá-la nas empresas atuais.

18.1.4. Relacionando os elementos-chave de governança com suas novas finalidades

Os relacionamentos entre os elementos-chave de governança e suas novas finalidades com viés ágil (abrangendo proposições de valores, pilares e capacidades fundamentais) são reunidos no esquema presente na Figura 18.2.

Figura 18.2. Síntese/Esquematização da governança ágil.
Fonte: os autores.

Contemplando essa esquematização, percebemos que a governança deverá ocupar um papel estratégico nas empresas, assumindo protagonismo na entrega de valor aos clientes (internos e externos). Os elementos-chave não pavimentam por si só o caminho para esse alcance estratégico, sendo requerido maior entendimento acerca das demais finalidades e características listadas.

Constatamos assim que a governança ágil é singular e requer análise em inúmeras perspectivas para que as demandas emergentes sejam respondidas e permitam que as transformações e inovações aconteçam na organização, principalmente quando esta começa a crescer e sua capacidade de atendimento precisa ser ampliada.

Trata-se, portanto, de um tema abrangente, complexo, ainda pouco explorado e sem um modelo consolidado que contemple seus principais aspectos e incumbências aqui relacionadas – fatores estes que motivaram a idealização do AGF: *Agile Governance Framework*.

19. O modelo AGF (*Agile Governance Framework*)

Felipe Oliveira
João Emmanuel Anacleto Pessoa

19.1. O que é o *Agile Governance Framework*?

Até o momento, pelos capítulos anteriores, você pôde enxergar diversos aspectos cruciais da governança ágil. Entendeu sua definição, seus principais desafios, métricas que devem ser acompanhadas e abordagens que trazem para o seu dia a dia práticas que podem criar o que talvez possa ser chamado de "controle descentralizado", fornecendo um caminho de governança, porém sem rigidez. Uma visão estratégica, porém sem eliminar a autonomia (TAKEUCHI; NONAKA, 1986).

Em qualquer ambiente organizacional, seja em uma *startup* ou em uma empresa mais "tradicional", controlar aspectos da organização como custo, operação dos produtos e serviços, eficiência e impacto social precisa fazer parte da realidade.

Com o advento das práticas ágeis nos níveis mais estratégicos da organização, a alta direção e os distintos *C-Levels* começam a enxergar com mais atenção e profundidade como a agilidade pode ajudá-los na entrega de valor e na evolução do seu negócio. Para ajudar a todos, independentemente do nível hierárquico, concebemos o modelo AGF – *Agile Governance Framework*.

Como ponto de partida, um modelo ágil de governança pode ser representado por um núcleo abrangendo seu propósito com camadas que, do centro para a ponta, incluam princípios elementares, princípios habilitadores e resultados (Figura 19.1).

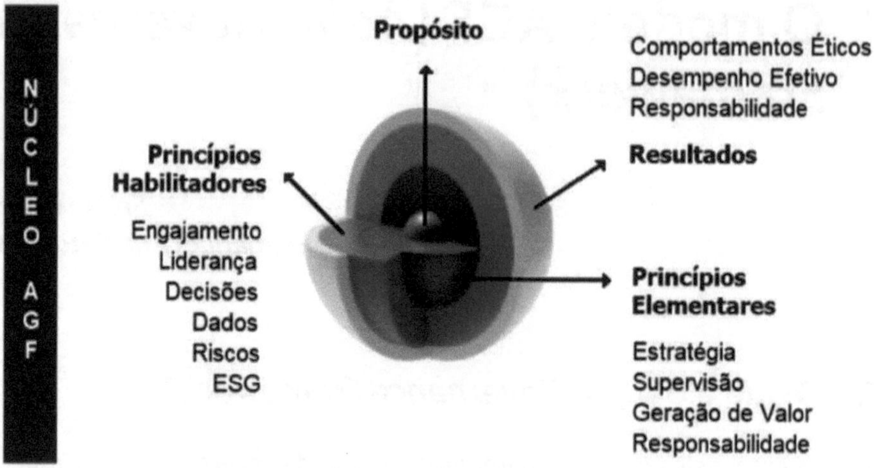

Figura 19.1. Núcleo do modelo de governança ágil – AGF.
Fonte: adaptado de ISO (2021).

Ao adicionarmos o núcleo AGF a um sistema de governança, em conjunto com atribuições, ciclos e impactos (anteriormente apresentados no Capítulo 12), vemos o resultado na Figura 19.2.

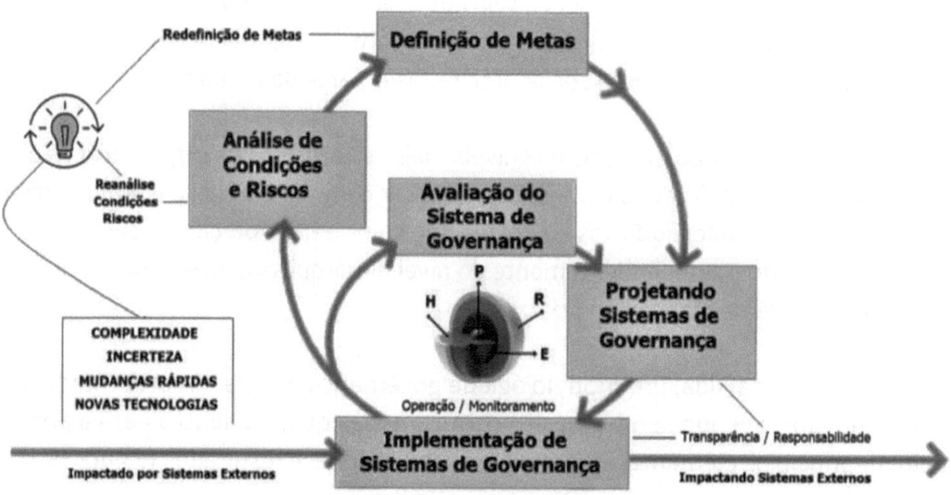

Figura 19.2. Visão de modelo de governança ágil.
Fonte: adaptado de WEF (s.d.).; ISO (2021); METI (2021).

O *Agile Governance Framework* é um modelo de atuação amplo, porém pouco prescritivo, que coloca a governança ágil como a evolução natural da governança como a entendemos hoje.

Ao falarmos das principais organizações presentes no mercado, agilidade se tornou um tema que quebra as barreiras da tecnologia e do digital, permeando áreas como marketing, gestão de pessoas, vendas e outras.

Por isso, a abordagem proposta neste livro contempla a atuação de uma governança ágil que apoia a organização no controle de seus processos, garantindo a eficiência e, principalmente, a eficácia.

O AGF propõe uma estrutura simples, preconizando domínios de atuação, princípios e alguns papéis úteis em uma governança ágil. Além disso, o modelo traz sugestões de abordagens para iniciar a sua utilização, seus desafios e ganhos, além de práticas para impulsionar resultados e visões futuras.

É importante lembrar que governança ágil não corresponde a monitorar ou realizar a governança de projetos que usam agilidade. Envolve a evolução da percepção que a organização tem sobre o ágil e como esta usa o ágil para encarar o mercado. Por essas particularidades, originou-se o *Agile Governance Framework*.

19.2. Propósito

Diferentemente do que possa parecer quando falamos em modelo de governança, o AGF não busca ser uma metodologia, tampouco mais um pesado arcabouço da área – o que naturalmente iria contra o propósito definido nesta obra.

Igualmente, o AGF não é uma ferramenta de avaliação e, por isso, não traduz a "fotografia" do estado atual do tema na corporação.

No entanto, o modelo busca tornar mais acessíveis os conceitos e as definições a respeito da governança, apresentando uma visão baseada em sistemas e agilidade, abrangendo as novas questões descobertas neste livro – visando tornar as ideias e soluções mais formais e contribuindo para remover equívocos e a própria incipiência/incongruência observada no mercado.

Embora possa não ser completo, o AGF tem a vantagem de não ser restritivo e de permitir a customização com base nas especificidades e características das empresas. Ele também possibilita que visões adicionais sejam consideradas (inclusive podendo ser agregados outros níveis de abstração, principalmente os advindos de experiências prévias em governança e agilidade).

19.3. Missão

A grande missão do AGF é garantir que as organizações possam se tornar ágeis em todos os aspectos, enquanto a torna antifrágil e traz novas perspectivas para a entrega de valor. Com isso, acreditamos que seu uso (mesmo que parcial) possa ser vantajoso para organizações e indivíduos, na medida em que traz consigo a atualização dos conceitos de governança e agilidade aplicáveis.

Sua utilização pode viabilizar a criação de padrões, guias, recomendações e, sobretudo, de mecanismos automatizados para uma governança resiliente que possa servir de linha de base para a melhoria contínua.

Em suma, o objetivo é apoiar não apenas os profissionais em cargos de governança, mas também todos aqueles que possam se beneficiar de alguma de suas proposições.

19.4. Princípios majoritários

Como todo *framework*, o AGF não poderia ser desenvolvido sem o uso de alguns princípios fundamentais que guiem o comportamento e a atuação:

- ✓ **Agilidade nunca é o objetivo.** Durante décadas, metodologias e modelos de trabalho foram criados para servir a um único propósito: resolver as dores dos clientes. *Scrum*, *Kanban*, ITIL® e quaisquer outros modelos só fazem sentido para uma organização se a ajudarem a resolver os problemas que a impedem de entregar valor para seus clientes. Portanto, o papel da governança ágil nunca foi e nunca será a agilidade em si, mas resolver os problemas do cliente usando, se possível, práticas ágeis. Nesse caso, agilidade é um meio para se atingir um fim.
- ✓ **Nada é verdade, questione tudo.** Essa é uma armadilha na qual muitos caem diariamente, presumindo as percepções iniciais como verdade, sem antes entender métricas, fazer uma avaliação ou, simplesmente, conversar com alguém. Ao presumir que o *status quo* é a única realidade possível, ignoramos outras possibilidades e deixamos de enxergar os reais problemas. Por isso, questione a realidade o tempo todo, os cenários, os contextos, as políticas. Se alguém disser "funciona assim", então devolva: "por que funciona assim? Desde quando?". Teste e colete *feedback*. E faça de novo.
- ✓ **Pense sistemicamente.** Ao analisar a organização como um todo, seus comportamentos e padrões dentro de um sistema complexo, voltamos nossas mentes para formas mais abrangentes e impactantes de atuar que não me-

lhoram apenas um ponto da cadeia de valor, mas a cadeia como um todo. Precisamos olhar para a empresa de forma mais holística, atacando grandes problemas com soluções simples e fomentando novos comportamentos em todas as áreas. Ao atuar para melhorar seu ambiente, produto ou área, procure entender se o problema está apenas ali, quais são suas causas, seus efeitos e quais comportamentos surgem se mudarmos um único ponto. Isso é pensar de forma sistêmica.

✓ **Maximize o valor geral.** No dia a dia, pode ser difícil encontrar essa percepção de valor. Todavia, ao buscar melhorias para o time, o produto e a jornada do seu cliente, é crucial que a visão esteja voltada para os benefícios, riscos e necessidades atendidos, criando ferramentas e processos que permitam às pessoas criarem soluções únicas.

✓ **Meça tudo, decida com as pessoas.** Assim como as métricas de um produto, as métricas de fluxo e eficiência na entrega de um time também são de grande valia. Elas nos ajudam a entender onde temos que melhorar. Por isso, é importante medir tudo que seja factível, provendo o embasamento necessário para que as pessoas possam tomar melhores decisões juntas.

✓ **Aprenda para o cliente.** Uma das características mais importantes do *Lean* – e a agilidade também compartilha dessa competência – é a capacidade de aprender constantemente. Cada experimento, seja para tentar aumentar a eficiência ou entregar novas *features*, é um mecanismo de aprendizado que deve ser usado para melhorar a vida do cliente. Por isso, crie uma cultura que permita às pessoas aprenderem continuamente.

✓ **Cuidar do aspecto cultural é essencial.** Pessoas são fundamentais, sejam elas clientes, usuários finais ou funcionários. Priorizar o bem-estar delas pode ser a chave para a sua cultura e para a governança.

✓ **Use a estrutura a seu favor.** Um modelo organizacional não necessariamente precisa quebrar ou eliminar sua estrutura hierárquica funcional para ter mais eficiência de entrega. Ao contrário, essas estruturas têm a sua importância na manutenção de todo o ambiente.

19.5. Liderança para o AGF

Apesar de muitas abordagens trazerem papéis como parte essencial de suas estruturas, o AGF não possui nomenclaturas específicas que dão corpo ou garantem seu funcionamento. No entanto, pode ser relevante considerar que cada um dos domínios possua algum nível de liderança que divulgue, gerencie, melhore e construa o nível de governança ágil necessária para a geração de valor.

Assim, destacamos o papel da liderança executiva: os líderes de governança ágil não são responsáveis apenas por governar portfólios, projetos e produtos em suas organizações. Também avaliam projetos e esforços de desenvolvimento de novos produtos antes de serem iniciados para garantir que sejam adequados à organização e aos seus objetivos.

Eles devem avaliar resultados e métricas para garantir que os projetos estejam progredindo e entregando o valor esperado. No cenário ágil, isso requer um foco contínuo na governança e na tomada de decisões dos executivos devido ao rápido ritmo iterativo.

As iniciativas ágeis pararão ou terão sua entrega de valor silenciada se os líderes executivos não fornecerem informações contínuas e decisões oportunas, particularmente associadas à priorização.

A maior diferença entre as governanças ágil e tradicional é quanto à frequência em que a entrada de governança é necessária. Executivos acostumados a ambientes de projetos baseados em fases podem esperar reuniões mensais do comitê de direção, nas quais as decisões são debatidas ou adiadas para consideração posterior.

Ambientes e abordagens como essas sufocarão iniciativas ágeis e farão com que elas parem, falhem e, por fim, as impeçam de agregar valor à organização (BELLING, 2020).

19.6. Domínios do AGF

Na estrutura macro do modelo AGF, era necessário considerar algumas perguntas essenciais para que fizesse sentido para as organizações e que as ajudasse a ampliar sua visão:

- ✓ O que abrange o modelo?
- ✓ Quais domínios da empresa ele alcança?
- ✓ Quais as suas propostas de atuação?
- ✓ Como ele ajuda a resolver os problemas?

Com isso, se fez necessária uma adaptação dos conceitos descritos no artigo original de Oliveira (2019), o qual propôs o modelo, resultando em uma versão com domínios revistos e inclusão de mecanismos para um atualizado *Agile Governance Framework* (AGF).

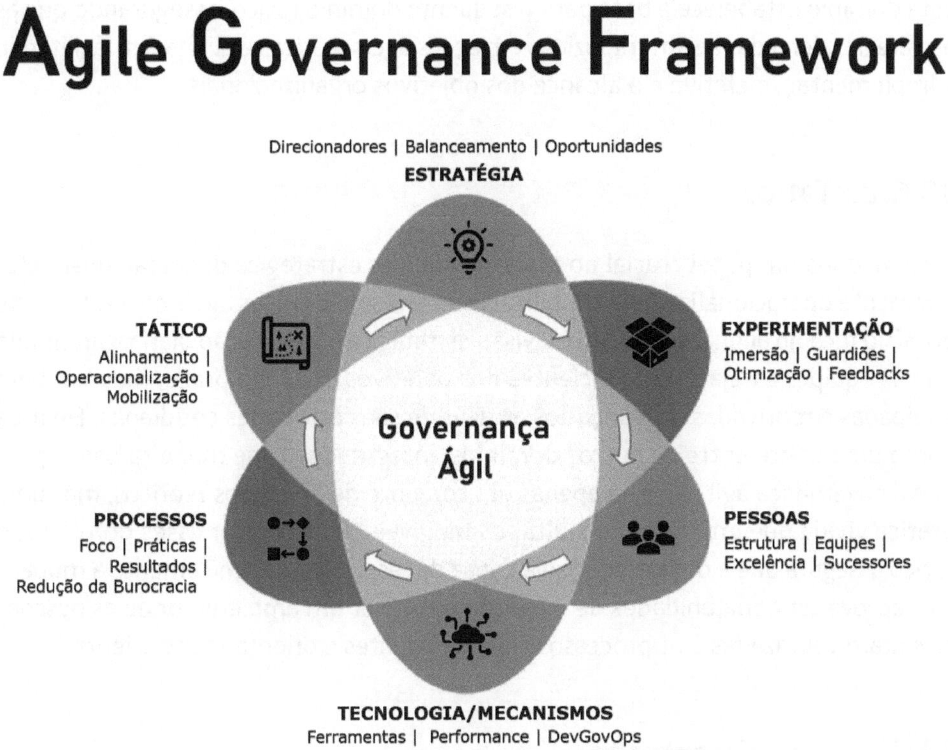

Figura 19.3. AGF – *Agile Governance Framework*.
Fonte: os autores.

Cada um desses domínios propõe uma estrutura independente, porém conectada às demais, para atender às necessidades de governança daquela frente através da agilidade. Os domínios atuam como centros de direção que impulsionam cada aspecto da empresa.

A seguir descrevemos, de forma resumida, cada um desses domínios.

19.6.1. Estratégia

Fundamental para o alinhamento eficaz entre os objetivos de negócio e a execução ágil. Envolve a identificação clara dos direcionadores estratégicos que guiam as prioridades e decisões, o balanceamento cuidadoso entre as necessidades de inovação e estabilidade, e a exploração de oportunidades que promovam crescimento sustentável e vantagem competitiva.

Este domínio estabelece a base para o sequente domínio tático, assegurando que as estratégias definidas sejam traduzidas em ações ágeis práticas e alinhadas, facilitando a implementação efetiva e o alcance dos objetivos organizacionais.

19.6.2. Tático

Desempenha um papel crucial ao assegurar que as estratégias definidas sejam efetivamente operacionalizadas e mobilizadas através de práticas ágeis concretas. Este domínio foca no alinhamento entre a visão estratégica e a execução diária, garantindo que as equipes estejam não só cientes dos objetivos de longo prazo, mas também equipadas e motivadas a alcançá-los através de suas atividades cotidianas. Ele atua como uma ponte entre os outros domínios, integrando-os de maneira coesa para que a governança ágil não seja apenas um conjunto de princípios teóricos, mas uma prática vivida que impulsiona resultados tangíveis. Ao conectar esses domínios, o tático assegura que a organização seja capaz de responder dinamicamente a mudanças, aproveitar oportunidades de inovação e cultivar um ambiente onde as pessoas se sintam valorizadas e os processos sejam eficientes e orientados ao cliente.

19.6.3. Experimentação

Importante para fomentar uma cultura de inovação e aprendizado contínuos. Ressalta a necessidade de mergulhar em ambientes desafiadores para explorar novas ideias, com os "guardiões" servindo como facilitadores essenciais que asseguram o alinhamento das práticas experimentais com os valores ágeis e as metas organizacionais. A busca por otimização é constante, visando o aperfeiçoamento de processos, produtos e serviços através das lições aprendidas. *Feedback*, seja interno ou externo, é fundamental neste ciclo, provendo *insights* críticos que permitam ajustes ágeis e precisos, sustentando assim a evolução e a adaptação contínua da organização.

Este domínio se conecta com o tático, assegurando que as experimentações direcionem a execução estratégica de maneira ágil e adaptável.

19.6.4. Processos

Enfatiza a importância de estabelecer processos adequados que promovam um fluxo de trabalho eficiente e centrado no cliente, em vez de se concentrar rigidamente em métodos ou cerimônias específicas. A liderança em todos os níveis é fundamental para assegurar essa eficácia, com um olhar crítico voltado para a redução de burocracia e a otimização dos resultados. Este domínio se preocupa mais com a performance e a orientação dos processos em relação aos clientes do que com a estrita adesão a um conjunto de práticas, procurando sempre garantir que as atividades da equipe estejam alinhadas com as necessidades do cliente e os objetivos estratégicos da organização.

19.6.5. Pessoas

Liderança transcende posições hierárquicas, estendendo-se a todos na organização, do CEO aos membros da equipe, enfatizando a autonomia e a capacidade de liderar em todos os níveis. As pessoas são o coração de qualquer processo de transformação, onde a liderança eficaz abrange o desenvolvimento humano e a otimização da experiência profissional ao longo de sua jornada na organização. Isso inclui aprimorar processos de contratação e *onboarding*, além de cultivar uma cultura organizacional que promova motivação e engajamento.

19.6.6. Tecnologia

Abrange a verificação da maturidade das corporações para habilitar, otimizar e escalar as práticas ágeis dentro de uma organização, incluindo a seleção estratégica e o uso de ferramentas tecnológicas que suportem a colaboração, a automação e a entrega contínua, elementos fundamentais para melhorar a performance dos times ágeis.

Agregam-se ao domínio de tecnologia três mecanismos: sistemática para tomada de decisões; gestão de metas e resultados; e *DevGovOps* – este último enfatiza a importância da governança na integração de desenvolvimento, operações e conformidade, garantindo que as práticas ágeis sejam sustentáveis e alinhadas com os requisitos regulatórios e de governança.

Na sequência do livro, em sua Parte V, são definidos impulsionadores para: automatizar diagnóstico; dinâmicas de manutenção da governança ágil; destravar o potencial dos times; e repensar o financiamento e o orçamento.

19.7. Considerações finais

O *framework* de governança ágil AGF foi idealizado para servir de guia para a implementação eficaz de práticas de governança ágil em organizações. Ele estrutura a governança em torno de domínios fundamentais — estratégia, tático, experimentação, processos, pessoas e tecnologia — que, em conjunto com demais mecanismos, fornecem uma abordagem holística para a integração da agilidade nos níveis estratégico, operacional e tático da governança nas organizações.

Ao interconectar esses domínios, o AGF facilita o alinhamento entre os objetivos de negócio e as práticas ágeis, promovendo uma cultura de inovação, adaptabilidade e aprendizado contínuo.

Contudo, para um modelo de governança poder funcionar e ser duradouro as pessoas precisam acreditar nele (ATKEARNEY, 2015). Desse modo, recomendamos o seu compartilhamento em tempo real nas empresas com tantas pessoas quanto possível para promover o pensamento independente e gerar um ambiente de abertura e confiança. Outrossim, aconselhamos a conversão de ferramentas físicas em digitais para possibilitar um panorama rápido de toda a organização.

Por fim, por intermédio da adaptação à realidade de cada empresa e a experimentação pelos times, esperamos que este modelo de governança impacte positivamente a maneira como as equipes trabalham, como a tecnologia suporta os processos e como a organização responde às mudanças do mercado.

20. Domínio "Estratégia"

Nelson Rosamilha

Uma empresa, em geral, é avaliada por sua lucratividade – e o CEO da empresa é avaliado pelo mesmo critério, embora haja outros indicadores, como, por exemplo: *market share*; vendas; e aderência ao *compliance* organizacional. Todos esses podem fazer parte do planejamento estratégico, pelo qual o CEO é o principal responsável.

O CEO, para assegurar seus indicadores, cria juntamente com seu corpo diretivo um plano estratégico ancorado por um modelo corporativo, tendo como missão assegurar a implementação do plano estratégico e das metas para produzir esses benefícios, os quais irão atender aos diversos atores internos e externos da organização.

Assegurar a realização dos benefícios com o menor custo possível dentro das regras do jogo (*compliance*) é função primordial de um sistema de governança. Ou seja, garantir que a estratégia definida seja realizada de forma efetiva.

Dentre esses atores envolvidos, temos: os acionistas, cujo foco é a lucratividade; os diversos interessados, internos e externos, com diferentes expectativas; e, por fim, os gestores, que precisam administrar os diversos conflitos que surgem em decorrência dos benefícios esperados pelos diferentes atores (MAKHLOUF; ALLAL-CHÉRIF, 2016).

Porém, com as frequentes mudanças de expectativas dos clientes internos e externos, a pressão do mercado, a concorrência e as mudanças ambientais, as empresas são cada vez mais pressionadas a reagir às mudanças de forma mais rápida.

Para isso, essas organizações precisam aumentar sua competitividade, melhorar seus resultados e fortalecer sua adaptabilidade e flexibilidade. É cada vez mais necessário capacidade para mudar de direção rapidamente e reconfigurar sua estratégia para ter sucesso na realização de uma vantagem competitiva sustentável.

Dessa forma, é preciso desenvolver esforços para aplicar capacidades ágeis e de governança para atingir melhores resultados para a organização (GILLIES, 2011).

Verdade seja dita: quando se olha para a aplicação da agilidade na governança, pode parecer algo antagônico ou contraintuitivo, porque governança denota a ideia de mecanismos, controle, responsabilidade e autoridade, enquanto agilidade transmite a ideia de informalidade, simplicidade, experimentação e, para alguns observadores, (talvez) "quase anarquia" (LUNA *et al.*, 2014).

No entanto, se o objetivo da empresa é alcançar agilidade nos negócios, isso não pode ser alcançado sem compromisso de todos os setores da organização, o que por sua vez não pode ser alcançado sem uma governança estratégica e ágil – sendo este o primeiro Domínio do AGF.

20.1. Uma governança mais ágil no nível estratégico

Como apontado por Dee Hock, fundador e CEO emérito da VISA, governança ágil é um sistema de organização que "combina características de caos e ordem" em um ambiente harmonioso e fértil, um *habitat* propício para o aprendizado, a transformação, o crescimento, a criatividade e a inovação (LUNA *et al.*, 2014).

Nesse contexto, a governança ágil no nível estratégico herda elementos e capacidades ágeis e enxutas, englobando aspectos legais e regulamentares. Essa constatação desmistifica a visão que sugere agilidade e governança como supostas ideias antagônicas (MAKHLOUF; ALLAL-CHÉRIF, 2016).

Os princípios da governança ágil também se aplicam à esfera estratégica que diretamente conecta a direção da empresa com o processo de convencimento e implementação do tema, nos levando a alguns questionamentos:

- ✓ Como então apresentar o assunto para os *C-Levels*?
- ✓ Como levá-los a compreender que esse modelo alavanca a realização de negócios para além do comando e controle convencional?

Não há uma resposta ou modelo direto para isso, sendo necessário atender ao contexto e oferecer opções de forma pragmática, a fim de conectar a governança estratégica com o planejamento estratégico, isto é, utilizá-la para assegurar a execução e o controle do planejamento elaborado, de forma adaptativa.

Assim, é possível apresentar alguns dos argumentos sobre a contribuição da governança estratégica ágil (TEOH; CHEN, 2013):

- ✓ Assegurar a estrutura básica e as ferramentas para lidar com o futuro em função de uma mudança estratégica, ou seja, ter pelo menos as ferramentas implementadas e disponíveis para uso, quando houver necessidade de mudanças devido ao mercado e/ou ambiente.
- ✓ Ter capacidade de lidar rapidamente com as mudanças mais frequentes e dinâmicas do dia a dia.
- ✓ Flexibilidade para assegurar recursos e fundos para oportunidades emergentes (JANSSEN; VAN DER VOORT, 2020).
- ✓ Equilibrar o foco e os objetivos estratégicos, reservando-se o direito de mudar o caminho. Nunca ter feito algo antes não é uma razão aceitável para não mudar ou adaptar (LAPPI *et al.*, 2018).

20.2. Implementando a governança estratégica

Apresentados os argumentos, é possível haver questionamentos do *C-Level* sobre como a governança estratégica pode ser implementada levando em consideração o contexto organizacional, sendo necessário se valer de algumas práticas, como as descritas a seguir:

- ✓ **Seminários:** o envolvimento do *C-Level* na preparação e condução de seminários sobre a importância, conscientização e apresentação da governança estratégica ágil para o corpo diretivo e gerência sênior assegura comprometimento e entusiasmo,
- ✓ **Participação ativa:** compromisso e direcionamento do *C-Level* em todo o processo, incluindo a fase de *go-live*.
- ✓ **Linhas de responsabilidade:** para decisões e transparência na responsabilização pelas ações (*accountability*), quer seja da equipe interna ou de fornecedores.
- ✓ **Interessados:** analisar cuidadosamente os interessados e suas diversas prioridades para estruturar a governança estratégica de forma eficaz, com conhecimento e aprovação do *C-Level*.
- ✓ **Comunicação:** como em qualquer projeto, é necessário disciplina para analisar periodicamente as necessidades dos interessados e endereçá-las, procurando encorajar a comunicação e monitorando essas interações.

20.3. Fatores críticos de sucesso

Os fatores críticos de sucesso para assegurar a governança estratégica junto à direção são descritos a seguir:

- ✓ **Ganhos rápidos:** quanto mais rápido a direção receber valor, isto é, perceber as expectativas sendo atendidas, maior a credibilidade do processo. Ao obter essas vitórias rápidas, que haja comemoração! Elas precisam ser celebradas e aproveitadas para obter mais impulso e resultados, sendo comemoradas com a mesma intensidade e seriedade com que os problemas são enfrentados e resolvidos. A energia positiva advinda dessas conquistas deve ser utilizada de forma consciente no *feedback* e na motivação, criando um círculo virtuoso.
- ✓ **Fator humano:** as pessoas devem se sentir valorizadas e incentivadas a participar de forma criativa, de maneira muito simples, pois elas são o elemento-chave da mudança e a força motriz nas organizações. Assim, eles devem ser encorajados a contribuir criativamente para os objetivos do negócio. A necessidade de entender as pessoas como um componente essencial e criativo das estruturas e processos é um fator crítico de sucesso para iniciativas de governança (DE O'LUNA; KRUCHTEN; DE MOURA, 2013),
- ✓ **Governança boa o suficiente:** o nível de governança deve sempre se adaptar ao contexto para atingir a agilidade organizacional. Ele deve ser atingido respeitando as particularidades de cada ambiente. Não se deve usar integralmente qualquer *framework* ou modelo sem avaliar o que realmente é aderente à necessidade da organização. É preciso, portanto, adaptar-se ao contexto, porém respeitando o *compliance* organizacional.
- ✓ **Design simples:** as equipes devem entregar rápido e estar sempre melhorando. A ideia é adotar um design simples e melhorá-lo o mais rápido possível, tentando estabelecer um equilíbrio entre a abordagem ágil e enxuta. Lembre-se: o CEO tem pressa!
- ✓ **Direcionado pelo negócio:** os negócios devem ser a razão para cada decisão e ação, isto é, todas as decisões devem ser feitas levando em consideração a estratégia do negócio. As pessoas têm que pensar em cada decisão, design e abordagem para satisfazer os requisitos e prioridades de negócios. Os **direcionadores** ágeis (WAHYONO, 2018) têm como objetivo analisar o ambiente externo. Já os **objetivos** têm como função responder a esse ambiente externo e as **capacidades** têm como missão assegurar que a empresa tenha a prontidão necessária para responder a esses estímulos.

Nesse contexto, a governança estratégica assegura a execução e o cumprimento dos objetivos.

Tabela 20.1. Pilares da governança ágil para a estratégia. Fonte: o autor.

Dimensão	Elementos
Direcionadores ágeis e fatores de mudança	Mercado e competitividade Fatores industriais Inovação e jornada tecnológica Cadeia de valor e rede Tendências sociopolíticas e regulatórias Aspectos organizacionais externos e internos
Objetivos ágeis e resposta estratégica	Objetivos de negócio e prioridades da empresa Requisitos e nível de agilidade necessário Tipo de ação estratégica Cenário alvo da agilidade Fatores críticos de sucesso
Capacidades ágeis e lacunas	Requisitos técnicos e organizacionais para a agilidade Recursos da rede e das empresas Lacunas de capacidade Ações para preenchimento das lacunas

20.4. Conclusão

A governança estratégica ágil será inútil sem uma formulação estratégica ágil, ou seja, as duas devem caminhar juntas.

Essa formulação estratégica permite que a organização realize um curso de ação baseado em uma compreensão clara da atuação do "porquê" (lógica) e do "quê" fazer, possuindo como seus pilares: direcionadores; objetivos; e capacidades (WAHYONO, 2018).

O Domínio Estratégia do AGF visa assegurar que esses elementos estejam sendo entregues pela organização, assim garantindo que o planejamento estratégico ágil esteja sendo executado com sucesso (LAPPI *et al.*, 2018). Isto é, governar a estratégia é colaborar junto à equipe para garantir que os principais objetivos da organização sejam entregues, porém de forma balanceada. Assim, o sucesso esperado pela organização é atingido.

E, portanto, a melhor maneira de convencer os *C-Levels* sobre a governança estratégica ágil é conectar o tema com o planejamento estratégico organizacional em sintonia com o Domínio "Tático" do AGF, apresentado no próximo capítulo.

21. Domínio "Tático"

Ronaldo Guedes Junior

Ideas are easy. Execution is everything. (John Doerr)

Falar em governar o tático significa iniciar as etapas de desdobramento e, em especial, de execução da estratégia. Portanto, é fundamental ter em mente que só é possível governar o tático após realizado um planejamento claro e objetivo da estratégia, conforme domínio descrito no capítulo anterior, que deve promover o alinhamento e o foco necessários, para que se inicie e se sustente a governança em nível tático.

Um bom planejamento estratégico deverá esclarecer tanto a alma quanto a mente do negócio. A alma é o elemento mais subjetivo e profundo da estratégia, é o seu coração e a fonte inspiradora da organização. A alma da organização é formada pelo seu propósito, pela sua cultura, pelo seu posicionamento de mercado, sua proposta de valor para seus clientes e sua visão de futuro ou seu grande sonho.

A mente são os elementos mais lógicos, racionais e específicos da estratégia. A mente traduz a alma em elementos práticos e executáveis, por isso é composta por objetivos, indicadores, metas, projetos e orçamento, que, por sua vez, serão detalhados e desdobrados para todas as pessoas na organização, para que possam ser executados e governados em nível tático e operacional.

É importante ressaltar já que de nada adiantará uma excelência na execução e na governança tática se as pessoas e a organização forem direcionadas ao alvo errado, ou mesmo se não forem direcionadas a alvo algum.

Embora seja possível considerar que uma organização com ótima execução é melhor do que uma organização com ótima estratégia e péssima execução, também é possível asseverar que uma organização com ótima estratégia e ótima execução sempre vencerá uma organização que tem apenas uma boa execução sem uma boa estratégia.

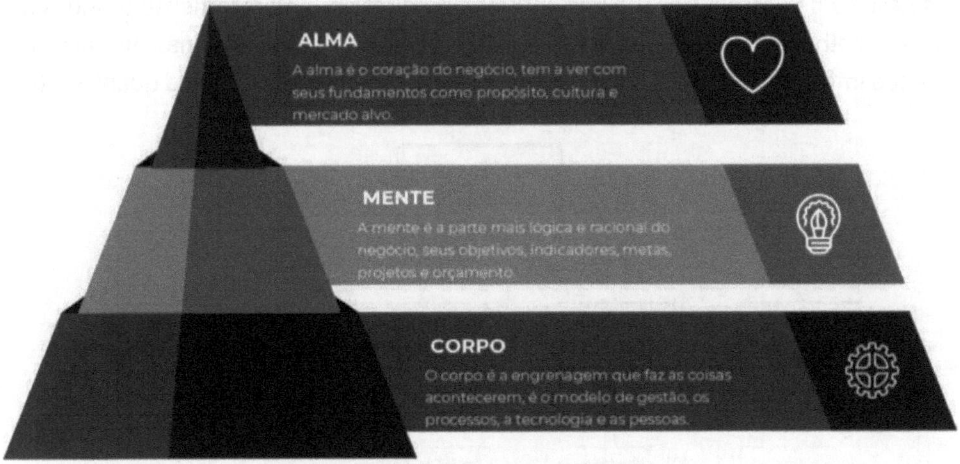

Figura 21.1. A tríade da estratégia dos negócios.
Fonte: o autor.

Em se tratando de excelência, a eficácia (boa estratégia) é tão importante quanto a eficiência (boa execução). Portanto, organizações que buscam uma gestão excelente, vantagem competitiva e ótimos resultados, devem primar por uma ótima governança tanto em nível estratégico quanto em nível tático – uma não deve viver sem a outra.

21.1. A evolução do planejamento

Uma longa lista de autores refletiram e escreveram sobre a importância do planejamento nas empresas, começando pelos engenheiros Frederick Taylor e Henri Fayol, que logo nas primeiras décadas do século XX estabeleceram os fundamentos da Administração Científica e Clássica.

Taylor deixou ótimos fundamentos para a eficiência na execução e a gestão em nível tático e operacional, enquanto Fayol focou na eficácia envolvendo o planejamento e a gestão em nível estratégico, com ambos se baseando em seus estudos e, principalmente, em suas experiências e vivências práticas na gestão de organizações do ramo industrial e de mineração.

Já na metade do século XX foi a vez de Peter Drucker dar sua contribuição, lançando em 1954 seu clássico "The Practice of Management" (DRUCKER, 1970), tido como uma das bases da gestão de negócios. No livro, o capítulo *Management By Objectives and Self-Control* foi a origem de uma escola de gestão chamada Administração por Objetivos (APO).

Essa escola de gestão, por sua vez, influenciou direta ou indiretamente grandes autores e melhores práticas de gestão muito conhecidas e aplicadas nas organizações que são imprescindíveis para a governança tanto em nível estratégico quanto tático.

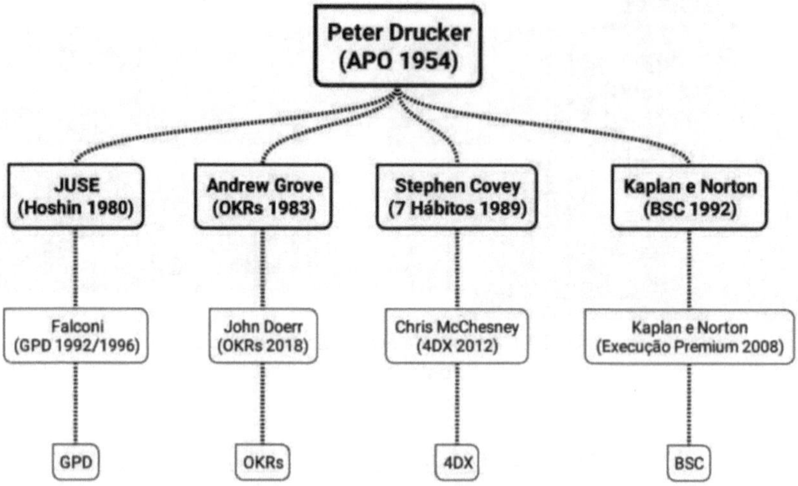

Figura 21.2. Evolução da Administração por Objetivos (APO).
Fonte: o autor.

Boa parte dos princípios do *Hoshin Kanri* são muito similares aos princípios da APO, assim como o Gerenciamento pelas Diretrizes de Falconi se inspirou em Drucker. De igual modo, Andrew Grove, ex-CEO da Intel e criador dos *Objectives and Key Results* (OKR), citou Drucker em seu livro "High Output Management" (1983).

John Doerr, disseminador dos OKRs em várias empresas (entre elas o Google, que tornou essa prática mais conhecida no mercado), conta em seu livro "Measure What Matters" (2018) que Grove chegou a nomear seu modelo de gestão de APOI (Administração por Objetivos da Intel) como um tributo a Drucker.

Stephen Covey cita várias vezes a obra e a visão de Drucker em seu livro "Os 7 hábitos das pessoas altamente eficazes" (2015), cujos princípios acabaram se tornando a base para que Chris McChesney, Sean Covey e Jim Huling pudessem desenvolver e publicar em 2012 o livro "The 4 Disciplines of Execution" (4DX), como uma das melhores práticas para auxiliar na execução da estratégia.

Embora o *Balanced Scorecard* (BSC) não tenha uma ligação tão direta com Peter Drucker, os autores e professores Robert Kaplan e David Norton não deixaram de citá-lo em suas obras sobre o BSC – e é fácil perceber as grandes semelhanças entre as teorias publicadas por Drucker, em especial os princípios da APO, e os princípios descritos no BSC.

É possível também notar uma ligação indireta em abordagens ágeis, influenciadas em especial pelos princípios do Sistema Toyota de Produção (STP), ou Produção Enxuta, desenvolvidos por Taiichi Ohno, que, por sua vez, tiveram influência das ideias de Drucker, além de outros professores norte-americanos como William Edwards Deming e Joseph Moses Juran.

21.2. Da estratégia à execução por meio do tático

Se as décadas de 60, 70 e 80 foram cruciais para o desenvolvimento das teorias e práticas de planejamento estratégico, as décadas seguintes de 1990, 2000 e 2010 se voltaram mais para o tema de execução da estratégia, com um intenso desenvolvimento das teorias e práticas de gestão em nível tático e operacional, principalmente por pesquisas apontando para a alta taxa de falha nessa execução.

Com a publicação do primeiro artigo sobre o BSC em 1992, empresas em todos os cantos passaram a implantar essa prática, e os autores Kaplan e Norton então passaram a acompanhar essas implantações no mundo todo.

Com isso, puderam aprender ao longo de vários anos como empresas em todo o mundo conseguiram manter alta performance e atingir ótimos resultados através de uma execução eficaz de estratégias bem desenvolvidas.

Ao longo da década de 90, eles iniciaram um estudo que começou com o intuito de melhorar a medição de desempenho e acabou evoluindo para uma das melhores práticas de gestão e execução da estratégia, como relatado em seu segundo livro "The Strategy-Focused Organization" (2000).

Esse aprendizado que culminou com o livro forneceu cinco princípios. Eles são descritos a seguir de forma bem resumida, para que possam ser absorvidos e aplicados nas organizações que pretendem amadurecer sua governança tática e realizar uma execução eficiente da estratégia.

Figura 21.3. Princípios das organizações orientadas para a estratégia.
Fonte: adaptado de Kaplan; Norton (2000).

21.2.1. Princípio 1: traduzir a estratégia em termos operacionais

Este princípio reitera a importância de tornar a estratégia clara, específica e mensurável para todos os níveis da organização. A estratégia não pode ser apenas um texto bonito, inspirador e poético dentro das organizações; ela precisa ser traduzida em termos operacionais, em objetivos claros, indicadores mensuráveis, metas desafiadoras e atingíveis, e em iniciativas com responsável e um cronograma detalhado.

Esse processo deve ser feito para todos na organização, tornando claro em todos os níveis como a estratégia deverá ser executada. O Mapa Estratégico e o *Balanced Scorecard* são as ferramentas ideais para essa tarefa. Eles foram desenvolvidos e aprimorados ao longo de vários anos pelas melhores organizações do mundo, tornando-as boas práticas maduras, consolidadas e confiáveis.

21.2.2. Princípio 2: alinhar a organização à estratégia

As organizações possuem unidades, departamentos, processos, tecnologia, culturas e pessoas diferentes, e muitas vezes até conflitantes. Quem nunca deparou com conflitos de gerações (fundadores *versus* sucessores) ou de departamentos (comercial *versus* produção) dentro das empresas?

O sucessor quer implantar novas tecnologias e uma cultura inovadora, enquanto os fundadores querem manter as coisas como sempre foram, afinal foi o que levou o negócio a crescer e a se consolidar no mercado.

Por isso, é fundamental alinhar toda a organização à estratégia – suas diferentes unidades, departamentos, processos, tecnologia, culturas e pessoas – para que todos estejam engajados nos mesmos objetivos da organização.

21.2.3. Princípio 3: transformar a estratégia em tarefa de todos

Este princípio é fundamental, uma vez que geralmente a estratégia é concebida e desenvolvida no topo, mas é executada pelas pessoas no nível tático e operacional.

A missão da Disney é "fazer as pessoas felizes". E quem faz as pessoas felizes na Disney? Certamente a liderança executiva é importante nesse processo, mas quem mete a mão na massa mesmo são as pessoas na ponta do negócio: a equipe que vai receber as pessoas; os atores que vão interpretar os personagens; a equipe de manutenção que vai cuidar dos brinquedos; enfim, todas as pessoas nos níveis tático e operacional.

Se essas pessoas não souberem seu papel na estratégia da organização (seu objetivo, seu indicador, sua meta e sua iniciativa), se não estiverem capacitadas e engajadas para manter uma alta performance, certamente a empresa falhará ao executar a estratégia, que deve ser uma tarefa de todos. Esse é um dos maiores papéis do RH como *business partner* nas organizações.

21.2.4. Princípio 4: converter a estratégia em processo contínuo

A estratégia não pode ser um *workshop* que os gestores fazem uma vez por ano, ou uma vez a cada três anos, e logo depois é esquecida ou engavetada.

As organizações que se destacam cuidam para converter a estratégia em um processo contínuo. Elas estão constantemente monitorando, revisando, revisitando e aprendendo com a estratégia.

Cuidam também para que esse aprendizado gere novas estratégias e uma melhoria contínua na organização e nos resultados. A liderança deve se comprometer com a disciplina, o ritmo e a constância no monitoramento.

21.2.5. Princípio 5: mobilizar a mudança por meio da liderança executiva

Este é provavelmente o princípio mais básico de todas as organizações. Significa que a participação ativa e o engajamento total da liderança executiva, ou seja, dos principais líderes (sócios, conselho, CEOs, diretores) são fundamentais para a execução da estratégia.

Se os principais líderes da organização não estão nem um pouco interessados na estratégia, ou a deixam em segundo plano, imediatamente todas as equipes entenderão que a estratégia não é importante.

Logo, darão prioridade para qualquer outra atividade, resultando em baixa performance na execução da estratégia e na obtenção de bons resultados, especialmente no longo prazo.

Somente a liderança executiva tem a autoridade, o respeito, o poder e a influência para conduzir as grandes mudanças que a estratégia requer. Se essa liderança de nível estratégico não compreender isso, colocará em risco não só o bom desempenho, mas até a sobrevivência da organização.

Esses cinco princípios, quando observados, assimilados e aplicados dentro das organizações, possuem o poder de transformar as empresas em *cases* de sucesso na obtenção de ótimos resultados estratégicos.

Se quiser amadurecer a governança tática e a execução da estratégia da sua organização e conquistar ótimos resultados, busque aprender mais sobre esses princípios e implante-os no seu negócio.

21.3. Florescimento da agilidade

Ainda na década de 90, Jeff Sutherland iniciava sua jornada para revolucionar a gestão de projetos na área de desenvolvimento de softwares e sistemas, como ele conta em seu livro "Scrum: the art of doing twice the work in half the time" (2014).

Atuando na alta direção, ele começou a pensar junto com sua equipe uma maneira diferente para desenvolver softwares com mais qualidade e em menos tempo, influenciado por W. Edwards Deming, Nonaka e Takeuchi, pela Produção Enxuta e Taiichi Ohno, além de sua própria experiência no serviço militar no Vietnã.

Sutherland desenvolve o *Scrum* e publica um artigo junto com Ken Schwaber. A partir daí, passa a se dedicar à sua aplicação nas empresas. Em 2001, ele se junta a 16 outros expoentes para publicar o "Manifesto Ágil", popularizando o "ágil" cada vez mais nas organizações.

A importância da agilidade veio se tornando cada vez maior para as organizações, uma vez que a capacidade de se adaptar às mudanças, o *feedback* e o aprendizado, os ciclos curtos de entrega e o foco no valor se tornam imprescindíveis para lidar com esse mundo de constantes, profundas e aceleradas transformações.

Ela favorece um *mindset* que promove maior alinhamento, foco e rápido aprendizado para direcionar suas ações e escalar o negócio, para que esses objetivos sejam atingidos, estabelecendo uma cadência de acompanhamento e controle para que haja eficiência na execução.

Esses aspectos podem e devem ser abraçados para estabelecer uma governança tática mais ágil e alinhada à estratégia da organização, sobretudo se combinados com um sistema de gestão por OKRs, focado nos resultados. O lema de John Doerr traduz muito bem esse espírito: "ideias são fáceis. Execução é tudo".

21.4. Conclusão

Para desenvolver e amadurecer esse domínio do AGF envolvendo organizações de todos os portes e segmentos é possível aproveitar o *benchmark* construído ao longo dessas décadas e se apoiar no ombro dos gigantes da governança, gestão e execução.

Tendo como ponto de partida os cinco princípios de Kaplan e Norton, as empresas podem utilizar os OKRs para garantir o alinhamento e o foco nos objetivos mais importantes da organização e nos meios para alcançá-los.

Para executar essas iniciativas com a velocidade e a agilidade necessárias em um contexto tão complexo e acelerado como o atual, entregando valor de forma antecipada e garantindo um alinhamento à estratégia, abordagens ágeis podem apoiar esse processo.

A governança tática é um dos domínios essenciais nas empresas para que os vários objetivos estratégicos sejam executados em alinhamento por todas as áreas com agilidade e efetividade, garantindo o envolvimento das partes interessadas, a entrega antecipada de valor e um *time to market* adequado.

22. Domínio "Processos"

Priscilla Sobreira dos Santos
Thais Bittencourt de Almeida

Sob a ótica da governança e segundo o BPM CBOK® (ABPMP, 2013), um processo é um conjunto definido de atividades ou comportamentos executados por humanos ou máquinas para alcançar uma ou mais metas.

Processos são disparados por eventos específicos e apresentam um ou mais resultados, isto é, são atividades que se relacionam, transformando a saída de um processo na entrada de outro.

As etapas necessárias para que um objetivo seja alcançado são detalhadas em procedimentos que indicam os papéis, as responsabilidades e os passos a serem executados.

As ações de definir, implantar e melhorar processos devem ser aplicadas com uma abordagem holística, sendo adaptáveis e flexíveis, não tendo seu foco principal nos processos em si, mas nas pessoas envolvidas e principalmente eliminando desperdícios.

Jurgen Appelo (2011) diz que "você precisará validar o que funciona e livrar-se daquilo que não funciona". Dessa forma, a governança ágil vai trazer mais agilidade e fluidez, gerando sinergia entre as pessoas, ao mesmo tempo em que trabalha a cultura, gerando uma criação conjunta de valor.

Mas como é possível garantir que implantar processos dessa forma esteja alinhado com a estratégia do negócio e agregue valor?

22.1. Começar pelo PORQUÊ, com foco nas PESSOAS

Um dos fatores críticos de sucesso para a implantação de processos é, sem dúvidas, o *mindset* de quem vai liderar tal implantação.

"Essa liderança deve liderar pelo exemplo, comunicar continuamente a visão, aceitar recuos, fomentar a experimentação, a inovação, reconhecer os sucessos, monitorar para valer o progresso da jornada, motivar e incentivar a organização e liderar a mudança da cultura" (FERNANDES; DINIZ; ABREU, 2019). Esse líder deve manter as pessoas alinhadas e garantir que todos trabalhem pelo mesmo objetivo.

Sinek (2018) percebeu que todos os líderes inspiradores e organizações do mundo pensam, agem e se comunicam da mesma forma. A partir dessa conclusão, desenvolveu o que chama de Círculo Dourado (do inglês *Golden Circle*). Adaptando o conceito para a realidade de processos de governança ágil, temos o que segue:

- ✓ ***Why***: explica POR QUE é necessário implantar ou mudar determinado processo, seu(s) verdadeiro(s) propósito(s). Por que o processo existe? Para que ele serve?
- ✓ ***How***: diz respeito a COMO iremos garantir a entrega dos objetivos, ou seja, as ações práticas e concretas que tornarão possível alcançar o propósito. Inclui determinar indicadores.
- ✓ ***What***: é o QUE será realizado. Garantir que 100% das pessoas saibam o que será feito, quem irá fazer e o que é necessário para executar o processo com excelência. Portanto, essa pergunta acaba sendo fácil de ser respondida.

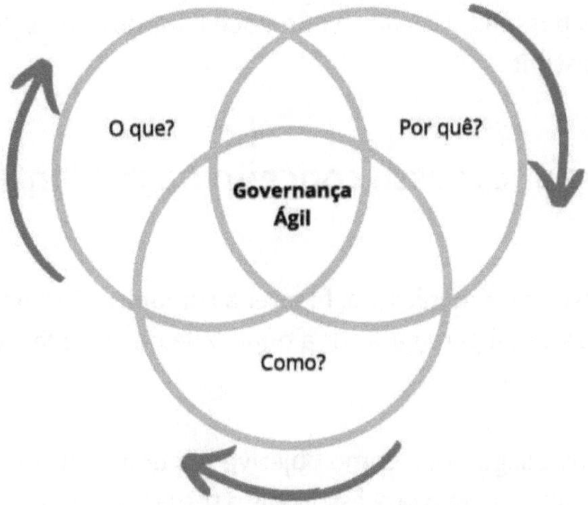

Figura 22.1. Governança ágil com propósito.
Fonte: as autoras.

A figura anterior mostra a governança ágil no centro do *Golden Circle*, sendo retroalimentada e atualizada pelos demais círculos. Dessa forma, conforme a evolução acontece, temos uma governança estabelecida com propósito e estratégia bem definidos.

22.2. Por que aplicar esse conceito na implantação de processos?

Ao criar um processo, é normal que exista resistência das pessoas para a mudança. Muitas vezes processos são vistos como burocracias que tomam tempo, porém as pessoas na verdade desconhecem o motivo de executá-los da forma como foram definidos.

É importante criar um clima de aprendizagem e engajar as pessoas para que toda a construção seja realizada de forma coletiva, que seja construído COM o time e não PARA o time, deixando claro que todos possuem espaço para criar e participar de forma ativa.

Carnegie (2019) sugere que é normal acreditarmos muito mais nas ideias que desenvolvemos do que naquelas que os outros nos entregam prontas. Afirma também que é muito mais fácil que as pessoas cheguem às conclusões por si próprias do que tentarmos convencê-las de que devem executar da forma que está sendo proposta.

Em seu livro "Como Mudar o Mundo: Gestão de Mudanças 3.0" (2012), Jurgen Appelo cita a importância de valorizar todas as discussões, tanto as boas quanto as ruins, porque quando as pessoas criticam o que você está fazendo significa que elas se importam com o assunto.

22.3. Como aplicar esse conceito na implantação de processos?

A raiz do sucesso está na comunicação. Manter a comunicação e o alinhamento entre as pessoas é fundamental para garantir a qualidade da entrega e o alinhamento de expectativas.

As etapas propostas a seguir têm como objetivo trazer benefícios significativos para o ambiente de trabalho e para o processo, pois o torna mais fluido, prático e alinhado aos objetivos do negócio, colaborando para o aumento da transparência entre as pessoas envolvidas.

De forma prática, a proposta do AGF (*Agile Governance Framework*) é apresentar um modelo de implantação de processos em sete etapas, bem como um roteiro de controle eficiente:

Tabela 22.1. PDCA do AGF.
Fonte: as autoras.

Etapas	Detalhes
1. (*Plan*) Identificar o processo de maior valor e iniciar por ele. Este trará mais benefícios para o negócio.	• Conhecer o relacionamento entre os processos para entender o impacto que a mudança vai gerar no negócio. • Identificar atividades e potenciais oportunidades de melhorias.
2. (*Plan*) Diagnosticar: entender como o processo funciona do início ao fim (o fluxo do processo).	• Mapear todas as etapas do processo (*as is*), entradas e saídas, identificar papéis e responsabilidades, principais dores, equipes envolvidas, ferramentas e capacidades. • Questionar os motivos pelos quais o processo está sendo executado da forma apresentada. • Questionar os cenários, os contextos e as políticas. Se alguém disser "funciona assim", é necessário questionar "por que funciona assim?" "Desde quando?" e contestar os plurais, como, por exemplo: "nós definimos assim". Nós quem e por qual motivo? • Identificar todas as atividades que não agregam valor para eliminá-las.
3. (*Plan*) Planejar: nesta etapa será determinado o que pode ser corrigido ou melhorado ao longo do fluxo de valor do processo. É importante manter o fluxo simples e prático e descartar tudo o que for desnecessário, utilizando o menor número de etapas possível para chegar ao objetivo. A simplicidade é o melhor caminho para implantar um processo eficiente.	• Criar o novo desenho do processo (*to be*), eliminando os desperdícios e os *handovers* desnecessários. • Avaliar os riscos associados para minimizar ou eliminar a possibilidade de impactos negativos sobre os objetivos ou resultados pretendidos. • Criar o plano de ação, com responsáveis e prazos, bem como determinar a DOD *(Definition Of Done)*, ou seja, qual é a definição de pronto? • Definir as rotinas e os controles. • Definir papéis e responsabilidades. • Definir quais serão os indicadores de desempenho.
4. (*Do*) Executar piloto: a execução do piloto deve ser realizada por um determinado tempo, onde será possível medir e coletar *feedbacks*. Nesse período as pessoas se acostumarão com as mudanças e será possível iniciar análises que contribuam para a evolução do processo.	• Usar esta etapa como um início da experimentação da "contramedida" para a melhoria do processo. • Implementar as ferramentas necessárias e capacitar as equipes (treinamentos, *workshops*). • Engajar as pessoas para a execução. • Implantar rotinas e garantir que elas sejam executadas.
5. (*Check*) Medir e coletar *feedback*: o acompanhamento servirá de insumo para avaliar se as mudanças aplicadas estão gerando o resultado esperado e se não existem novos gargalos ou impactos.	• Mensurar os indicadores. • Coletar *feedbacks*.
6. (*Act*) Adaptar e melhorar: com base nos resultados obtidos através dos experimentos do piloto e de *feedbacks* recebidos, passamos a pensar nas adaptações necessárias para garantir a aplicação das melhorias.	• Identificar ajustes no percurso, melhorias, correções. • Identificar as lições aprendidas ao longo do percurso.
7. (*Act*) Documentar e escalar: tendo o piloto atingido os objetivos, devemos escalar o método para os demais processos. É nesse momento que o conhecimento organizacional é criado. Com base na afirmação de que a criação do conhecimento organizacional ocorre através da interação dos conhecimentos tácitos e explícitos (NONAKA; TAKEUCHI, 1997), nesta etapa trabalha-se além da documentação do processo: aplicam-se as lições aprendidas e trabalha-se na divulgação e disseminação do conhecimento em formato de treinamento para todas as partes envolvidas.	• Criar documentações (procedimentos), modelos/ *templates*, matriz de responsabilidades. • Organizar as documentações em uma base de conhecimento, disponível a todos os interessados. • Criar rotinas de treinamentos e *onboarding* para novos integrantes da equipe.

22.4. Rotinas são importantes?

Elas existem para garantir que o processo entregue o resultado esperado. Criar rotinas de *feedback* ajuda a lidar com a mudança, ajusta a forma com que o time trabalha e mantém abertura para melhoria contínua e colaboração entre os times.

Em qualquer processo empírico, ciclos de *feedback* são períodos curtos recorrentes onde uma quantidade limitada de trabalho é processada. Ao final de cada ciclo, é permitido inspecionar o trabalho e melhorar o processo para o próximo ciclo.

O método empírico serve para testar hipóteses em um contexto de experiência e gera evidências, uma vez que aprendemos fatos através do que foi vivido e presenciado e obtemos conclusões.

Um exemplo típico é o ciclo de qualidade de Deming: *Plan-Do-Check-Act* (PDCA). Em resumo, são atividades ou procedimentos que visam manter o processo em perfeito estado de funcionamento, isto é, entregando os resultados e objetivos que deram origem à sua implantação.

Mensurar indicadores, enviar *status report* para garantir a comunicação e fazer reuniões periódicas são exemplos de rotinas.

22.5. O que governar e como garantir resultados?

É importante considerar que a estrutura deste domínio, baseada em processos, precisa obter resultados. A melhor forma de controlar o caminho e medir esses resultados é por meio de dados. Considerar métricas e KPIs para o acompanhamento do AGF é essencial para a tomada de decisões. Em outras palavras, é a cultura ***data-driven***.

Cada segmento de negócio possui particularidades que acabam muitas vezes direcionando o foco de gestão dessa governança, para gerar um negócio sustentável.

Todas as práticas devem ser guiadas pensando no que de fato irá gerar valor para o negócio se for monitorado de perto. De modo geral, podemos citar quatro exemplos importantes de indicadores: fluxo de entregas, riscos, plano de sucessão e melhoria contínua.

Definir indicadores permite tomar decisões baseadas em dados, melhora o aprendizado, aprimora o alinhamento entre tático e operacional e mantém o foco nos resultados ao identificar problemas e *gaps* e principalmente ao nos mostrar se estamos no caminho certo.

Jurgen Appelo (2012) diz que mudar pode ser difícil para muitas pessoas. É necessário não tornar esse caminho ainda mais difícil, evitando exigir grandes passos em um território desconhecido. É necessário apresentar o lugar onde se quer chegar, mostrando que se trata de um bom lugar para se estar.

Criar acordos com as pessoas em relação aos primeiros passos pode ser uma boa estratégia para demonstrar que o caminho é simples. Não basta simplesmente mostrar a visão geral, é também necessário apresentar metas de curto prazo que sejam claras e realistas.

É importante sistematizar o monitoramento dos resultados, para acompanhar em tempo real e entender se a estratégia está funcionando e como ela pode ser melhorada.

A tabela a seguir orienta na criação de métricas para acompanhamento da evolução dos processos:

Tabela 22.2. Métricas para o AGF.
Fonte: as autoras.

O que?	Como?
1. Definir questões a serem respondidas	• Deve ser definido de forma clara **por quê** e **para que** essa métrica/indicador existe. • Toda métrica/indicador deve responder a uma pergunta específica e direta. • Se já for possível determinar metas, elas devem ser estabelecidas.
2. Dados	• É necessário definir qual a fonte dos dados (registros de uma ferramenta?), como eles serão obtidos e com qual frequência. • Devem ser realizadas uma "higienização" da base de dados e uma classificação que torne possível agrupar dados com o objetivo de facilitar análises e interpretações.
3. Mensuração	• Deve ser definido de forma clara **o que** está sendo medido, **como** está sendo medido e como esses dados serão representados.
4. Utilização da métrica	• Definir quando a métrica será utilizada (rotinas) e quando não será. • Definir também quem irá usar (quem irá medir, o que será controlado por essa métrica, para quem a métrica será apresentada e com qual objetivo). • Verificar quais tendências serão identificadas com essa métrica.
5. Cuidados	• Definir métricas reais e mensuráveis. Evitar aquelas que não reflitam a realidade (verde melancia: indicadores que não apresentam a realidade e cuja medição não agrega valor). • Definir os cuidados ao utilizar a métrica e mapear a possibilidade de alguém "trapacear" para mascarar os dados.

Jurgen Appelo (2012) fala que agentes de mudança medem as coisas para que possam correlacionar resultados com ideias. O que nós fizemos para causar uma mudança significativa? O resultado foi bom? Se não foi, será que podemos tentar algo diferente? No livro "A Startup Enxuta" (2019), Eric Ries chama isso de "aprendizado validado". Trata-se de medir quais intervenções de fato produzem os efeitos certos (e quais não).

22.6. A governança deveria abranger métodos?

Um dos principais erros cometidos por empresas que trabalham com agilidade – ou implantando agilidade em algum nível – é controlar a taxa de uso ou aderência ao modelo proposto.

Usar tais critérios como métrica de sucesso da agilidade na organização pode ser ilusório.

Isso porque usar um método ou processo na sua exatidão, conforme descrito em um guia ou manual, não implica nele estar trazendo os resultados necessários, já que esses resultados dependem muito mais das decisões das pessoas do que dos métodos em si.

A governança ágil e o modelo proposto neste livro implicam no controle de processos? Sim! Mas esse tipo de controle não implica em garantir que o processo aconteça conforme prescrito, mas, sim, que ele esteja evoluindo frequentemente, atingindo seus objetivos e atendendo às necessidades do público que recebe suas "saídas", sem que haja desperdício durante sua execução e seu planejamento.

22.7. Alguns fatores importantes para o sucesso

- ✓ É vital deixar claro qual é o problema a ser resolvido, o motivo de estar revisitando aquele processo e o que você quer realizar: determine um objetivo e torne-o claro para todos.
- ✓ Entender as redes formais e informais, reconhecer as estruturas e os comportamentos latentes e em que condições os comportamentos se apresentam para poder administrar melhor as expectativas e mudanças.
- ✓ Lembrar que quando falamos de processos não estamos nos referindo a "recursos" e sim a **pessoas**.
- ✓ Trabalhar a escuta ativa para que todos tenham o direito de contribuir.
- ✓ Construir um ambiente seguro e criar espaço para ideias e experimentações.
- ✓ Ter flexibilidade e adaptabilidade, pois muitas vezes é necessário ceder um pouco sem perder o que é essencial.

- ✓ Foco na comunicação em todos os níveis.
- ✓ Entender que pessoas certas nos lugares certos agregam valor a qualquer processo.
- ✓ Torne o processo simples, não simplista.
- ✓ Sejamos evolucionários. Processos são apenas ferramentas de trabalho; se estas mudam e se adaptam constantemente à realidade é porque estão evoluindo.

22.8. Usar a tecnologia como aliada para trazer velocidade!

Diversas atividades de controle de processos podem ser automatizadas. Podemos citar como exemplo o processo de fechar indicadores e métricas mensalmente: crie meios para que os *reports* sejam construídos de forma automática.

Ferramentas como o próprio Excel e suas macros ou o Power BI podem colaborar para trazer agilidade à criação de *dashboards* e *views* que se atualizam em tempo real ou com poucos cliques.

Disponibilizar esses relatórios por meio de uma intranet também facilita o processo e otimiza recursos, evitando lotar a caixa de e-mails das pessoas com arquivos pesados.

22.9. Governança não é burocracia!

A proposta tem o foco em pessoas e traz exatamente o ponto de que é necessário ouvir todos os lados, entender as necessidades e encontrar meios para facilitar e ajudar as pessoas a conduzir suas atividades por dentro da governança, fornecendo alternativas e meios que atendam à necessidade do negócio.

Muitas vezes a governança cria padrões que acabam ficando engessados e não atendem a todas as realidades. Nosso modelo é completamente adaptável e deve prever e tratar exceções, sempre com o cuidado de garantir os controles necessários.

Implantar processos é uma jornada de aprendizado contínuo, e para isso é essencial a tolerância ao erro.

No final das contas, tudo é relacionado às pessoas. Se for possível construir processos eficientes com os quais as pessoas estejam satisfeitas e felizes, os excelentes resultados serão apenas consequência, pois pessoas felizes trabalhando no lugar certo geram resultados impressionantes. Construção de forma colaborativa é o caminho! E não esqueça: comece pelo PORQUÊ!

23. Domínio "Pessoas"

Thais Bittencourt de Almeida
Priscilla Sobreira dos Santos

Liderança envolve confiança, respeito e autoridade reconhecida pelos seus liderados, e não apenas a partir da percepção de uma pessoa. Ou seja, você pode ter uma equipe, mas não exercer liderança sobre ela! Liderança está ligada a uma mentalidade e não a um cargo. É uma conexão bilateral: líder e liderado entendem que é uma via de mão dupla e ambos aceitam esse formato. Sinek (2018) sabiamente cita:

> *(...) Existem muitos executivos talentosos com aptidão para gerenciar operações, mas uma grande liderança não se baseia apenas em grande habilidade operacional. Ter um cargo de liderança significa que você tem o posto na hierarquia, seja por tê-lo conquistado, por sorte ou por ter manobrado na política interna. Liderar, no entanto, significa que outros o seguem voluntariamente – não porque sejam obrigados, não porque são pagos para isso, mas porque querem.*

Brené Brown (2019), em seu livro "A coragem para liderar", complementa o pensamento dizendo que precisamos desesperadamente de mais líderes comprometidos com uma liderança corajosa e plena e com autoconsciência suficiente para comandar com o coração, em vez de líderes ultrapassados que comandam à base de mágoa e medo.

Cockerell (2017) sugere, em seu livro "Criando Magia", dentro das "10 estratégias de liderança desenvolvidas ao longo de uma vida na Disney", que a "ótima liderança conduz à excelência dos funcionários, que gera a satisfação dos clientes e sólidos resultados financeiros".

Dessa forma, os líderes também são responsáveis pelo resultado da empresa, exercendo um papel fundamental na condução das suas equipes, mantendo-as engajadas e motivadas para alcançar os objetivos estratégicos.

Então o que fica de aprendizado para liderar e gerir pessoas em uma era cada vez mais complexa?

O Domínio "Pessoas" é detalhado a seguir na forma de roteiro prático com destaque para técnicas de liderança.

23.1. Conhecendo as pessoas

As pessoas são importantes. Pode parecer uma frase óbvia, mas às vezes o óbvio precisa ser dito. Uma liderança que não conhece as pessoas de sua equipe pode perder boas oportunidades de prover direcionamentos estratégicos para otimizar e potencializar os pontos fortes delas.

Isto é: saber lidar com cada pessoa e suas particularidades, seja na forma de se comunicar com elas ou de compreender melhor como elas se comunicam. O fato é que as pessoas são diferentes umas das outras e merecem tratamentos distintos. Dois pontos importantes podem proporcionar um melhor conhecimento de cada indivíduo:

- ✓ **Escuta ativa:** Stephen R. Covey (2015), em seu livro "Os 7 Hábitos das Pessoas Altamente Eficazes", relata que a maioria das pessoas não ouve com o intuito de entender. Elas ouvem com o intuito de responder. Sendo assim, a escuta ativa tornou-se uma técnica importante para estabelecer conversas produtivas e de significado. É uma oportunidade para melhorar relacionamentos e o desempenho do time, esclarecer dúvidas e minimizar conflitos diários. Ponto importante que deve ser esclarecido é que escuta ativa não quer dizer que o ouvinte deve receber inúmeras informações passivamente, mas, sim, que ele deve demonstrar interesse genuíno pela fala do interlocutor e estabelecer vínculos que façam com que a pessoa se sinta compreendida. Saber ouvir e buscar entender o que foi dito, portanto, é o primeiro passo para uma escuta ativa. Significa que, mesmo não concordando com tudo o que foi dito, existiu interesse e houve respeito pelo outro. O interlocutor se sentirá valorizado e se tornará mais flexível e aberto às mudanças.
- ✓ **Comunicação com empatia:** Marshall Rosenberg (2006), em seu livro "Comunicação não violenta", fala sobre o poder da empatia. Dentre vários fatores relevantes abordados pelo autor, ele cita o quanto é espantoso como os problemas que parecem insolúveis se tornam solúveis quando alguém escuta. Quando escutamos os sentimentos e necessidades das pessoas, paramos de vê-las como monstros. Quando comunicamos com a intenção de compreender, estabelecemos vínculo seguro e ambiente propício para liberdade de expressão. Com isso, geramos relacionamentos fortes e clima de colaboração mútua – muitas vezes é a diferença entre o fracasso e o sucesso de uma equipe.

Sobre conhecer as pessoas, na prática:

1. Garanta que, em conversas com seus liderados, você esteja presente, isto é, evite atividades paralelas e dedique o momento a eles. Demonstre interesse, evite interrupções e distrações durante a conversa (celular, e-mail etc.), mantenha o contato visual, não julgue nem tire conclusões precipitadas e entenda suas necessidades, suas motivações e seus valores. Ao responder, estabeleça condições favoráveis para que o outro possa dizer se concorda ou não.
2. Trate cada pessoa de forma única, com base no que você conhece sobre ela. Evite julgamentos e se esforce para encontrar os pontos fortes de cada um.
3. Esteja disponível e ofereça condições seguras para que seus liderados se sintam ouvidos.
4. Seja autêntico e permita que sua equipe conheça você.
5. Caso você, leitor(a), seja responsável por avaliar e garantir o sucesso de tais práticas, é aconselhável fazer uso de alguns indicadores para determinar a qualidade dos processos de desenvolvimento de pessoas, como:
   - NPS do processo de *feedback*.
   - Avaliação geral do processo de desenvolvimento.
   - Cumprimento dos PDIs (Planos de Desenvolvimento Individual) x qualidade dos encontros individuais "one-on-one".

23.2. Estruturando equipes

A organização de uma equipe está amplamente relacionada aos resultados que se quer obter. Essa estrutura cria uma rede de conexão onde as pessoas podem se conhecer melhor, compartilhar conhecimento, além de gerar visibilidade para que os líderes possam dar o suporte necessário. É com base nessa estrutura que podem surgir novas ideias e oportunidades de melhoria de desempenho.

Formação de times colaborativos: as equipes de melhor desempenho são as que se sentem seguras a respeito do que fazem. Portanto, é muito importante o líder trazer clareza sobre a missão daquele time, o motivo da sua existência, o que precisa ser feito naquele momento e o que se espera para o futuro.

A base para um ambiente colaborativo está em um gestor atento e disponível, que percebe o momento certo de trabalhar o sentimento de pertencimento e de criar identidade, algo único para aquele grupo.

Consequentemente, proporcionar atividades que geram respeito uns pelos outros produz cuidado! É crucial ensinar a cuidar uns dos outros, gerar momentos em que as pessoas possam se conhecer, se escutar, acolhendo assim as similaridades e não as diferenças.

Por trás da falta de integração sempre existe a falta de confiança – e confiança leva tempo. Não é algo que possamos pedir aos times imediatamente. A qualidade das relações diárias é que será o pilar para essa conquista.

O comprometimento está totalmente relacionado com confiança e é uma construção que requer paciência, carinho e resiliência. Como diz Brené Brown em seu livro "Coragem de ser imperfeito" (2013), estamos aqui para criar vínculos com as pessoas e fomos concebidos para nos conectar uns com os outros. Esse contato é o que dá propósito e sentido à nossa vida.

Estabelecer papéis e responsabilidades: basicamente estamos falando de direcionamento, que não é só importante para ter produtividade, mas principalmente para que haja transparência sobre qual a função e a importância de cada membro do time.

As pessoas precisam entender o sentido do que fazem e qual o seu papel na missão do time como um todo. Estabelecer esse rumo diminui conflitos improdutivos e elimina dúvidas sobre os papéis dentro da equipe.

Inteligência coletiva e criatividade: nascemos com a capacidade de guardar memórias e de imaginar – memória vem com a experiência e imaginação é a capacidade de criar o diferente; é ela que nos puxa para adiante, que nos impulsiona. Imaginar é pensar diferente – e, para criar, precisamos experimentar e ter uma cultura onde as pessoas não tenham medo de errar.

Quando não existe tolerância ao erro, o medo das suas consequências se prolifera, gerando uma limitação nas possibilidades de criação, o que impacta também na criação de inteligência coletiva, pois o indivíduo não se sente seguro em expor suas ideias, com medo da falha e de possíveis retaliações.

Em ambientes de competições tóxicas temos o contrário, diminuindo a segurança psicológica das pessoas

É importante destacar que inteligência coletiva também se faz com diversidade, acolhendo o diferente e não apenas 'tolerando'. Diversidade é uma mudança que gera complementaridade e colaboração. O somatório de diferentes saberes e o aprendizado com erros produzem um grupo forte e capacitado.

Sobre estruturar equipes, na prática:

1. Deixe claras as responsabilidades das pessoas e faça com que todos os papéis sejam importantes da mesma forma, dando autonomia para que todos atuem em melhorias e proponham novas formas de trabalho.
2. Faça com que todos conheçam as atividades uns dos outros. Dessa forma, é possível ter uma equipe alinhada e preparada para atuar em forças-tarefa para impulsionar as entregas.
3. Estabeleça momentos de *brainstorming*, para que a equipe contribua com ideias e sugestões. Reconheça e incentive as boas ideias geradas por esses momentos. Cada pessoa possui experiências e aprendizados diferentes que podem contribuir para a evolução e para o aumento da qualidade das entregas do time.
4. Pense em criar uma identidade e uma marca registrada para o time: isso favorece o *mindset* de equipe e impulsiona os membros para o jogo.
5. Pense em criar indicadores comuns entre os times para poder reconhecer oportunidades de melhoria na sua integração e sinergia.

23.3. Fortalecendo pessoas e equipes

Conforme falado anteriormente, o papel da liderança é iluminar o caminho, mostrar as alternativas para que a pessoa chegue aonde deseja, trazendo perspectivas de futuro. Se o liderado sente que possui poucas alternativas na empresa, ele está mais propício a buscar oportunidades em outros lugares para evoluir e se realizar profissionalmente.

Ciclos de *feedback*: resumidamente, são momentos periódicos de alinhamento de expectativas, para comunicar se o caminho percorrido está correto, planejar o desenvolvimento profissional e principalmente escutar com a intenção de entender as individualidades e percepções de cada um.

O objetivo desse tipo de momento, seja ele de *feedback* ou *one-on-one* (1:1), como muitas empresas já batizaram, não é falar sobre operação e progresso das tarefas do dia a dia. É um momento individual e específico entre o líder e seu liderado, para que este seja ouvido, podendo expor suas ideias, preocupações, aflições e opiniões sobre os projetos e processos de trabalho e como estes o afetam.

É o momento de criar um vínculo de confiança, e para isso é necessário existir coerência na conversa – esta deve ser uma troca e ambos os lados devem estar preparados para ela. A preparação faz com que a ocasião se torne mais proveitosa e produtiva.

Ponto importante: reconhecer o desempenho das pessoas pode ser o primeiro passo para potencializar a sua evolução. O *feedback* é uma oportunidade para compartilhar com sinceridade todos os pontos de contribuição daquele indivíduo com a equipe, utilizando o espaço para comunicar no que e por qual motivo aquela pessoa é valiosa. As pessoas sentem orgulho de pertencer a lugares onde são valorizados.

Conversas difíceis: o que torna uma conversa difícil? Conflitos e confrontos. Pensamentos e ideias diferentes normalmente dão origem a conflitos. Um conflito pode se tornar um confronto quando ambos os lados entendem que existe uma ameaça iminente na relação com o time ou a pessoa.

Segundo Kahneman em seu livro "Rápido e devagar" (2012), possuímos dois sistemas: o sistema 1 é focado na nossa sobrevivência e, em situações de combate, as pessoas lutam ou fogem; já o sistema 2 está focado na racionalidade, na empatia, na reflexão e, sob as mesmas situações de combate, favorece a colaboração.

Relações de confiança baseadas em transparência e comunicação objetiva facilitam as conversas difíceis. Comunicação ineficaz pode trazer diversos impactos problemáticos para uma organização, e a chave pode ser uma abordagem mais humanizada, dispondo-se a conhecer verdadeiramente as pessoas.

Certificar-se de que tudo foi entendido também é importante, e cabe perguntar à pessoa o que ela compreendeu daquilo que foi falado. Precisamos cada vez mais de transparência e de conversas com significado. Conversas difíceis são libertadoras e todos crescem com essa experiência.

Tratar as disfunções: Patrick Lencioni (2009) apresenta cinco disfunções em times: falta de confiança, medo do conflito, falta de comprometimento, fuga da responsabilidade e desatenção aos resultados.

Essas disfunções impactam diretamente no rendimento, na eficiência e no trabalho em equipe, criando obstáculos para a inteligência coletiva. Nesse cenário, reconhecer tais disfunções é o primeiro passo para iniciar o tratamento.

Todas se conectam de alguma forma, por isso é importante construir uma base sólida de confiança, incentivar conflitos saudáveis, definir objetivos claros e garantir uma comunicação clara e transparente.

Sobre fortalecer pessoas e equipes, na prática:

1. Prepare seus líderes, deixando claro quais são os valores que fazem parte da cultura da empresa. Desenvolver as pessoas também envolve a gestão da expectativa dos profissionais, conhecendo a distância entre a sua realidade e o objetivo definido. Mostre a todos o que se espera de cada função em sua organização.
2. Um líder que se propõe a desenvolver dezenas de pessoas sob a sua responsabilidade está subestimando a carga de trabalho, então estabeleça rotinas de apoio, diretrizes e ferramentas para auxiliá-lo nessa jornada.
3. Procure ferramentas que possibilitem conhecer melhor seu time e dedique tempo para identificar as disfunções.

23.4. Criando excelência

George Patton, general americano, teria dito durante a Segunda Guerra que "um bom plano executado rigorosamente agora é melhor que um plano perfeito executado na próxima semana". Essa frase originou diversas variações ao longo do tempo e deu origem à mais popular delas: "feito é melhor que perfeito".

Porém, até que ponto conseguimos gerar boas experiências se essa for a base da qualidade de todo trabalho entregue e não considerarmos que é necessário dedicarmos tempo para melhorar, lapidar e planejar criativamente os diferenciais sobre COMO gerar impacto positivo nas pessoas e surpreendê-las com aquilo que está sendo entregue?

Como gerar excelência: fator importante é estar atento aos detalhes e ao planejamento, estimulando seus liderados para que criem soluções em conjunto com base em novas ideias e colaborem para identificar pontos importantes que gerem benefícios ou aprimorem processos de forma interdependente.

Isso facilita o direcionamento para que eles possam permanecer engajados no objetivo, desempenhando o melhor dos seus potenciais e executando o melhor trabalho que puderem fazer. Assim, o líder consegue extrair o melhor dos seus liderados, elevando o nível da qualidade das entregas da sua equipe.

Estimular uma cultura de confiança e colaboração traz o conceito de liderança servidora. James C. Hunter (2010) diz que ser servidor significa identificar e atender às necessidades legítimas dos demais.

Não se trata de ser um escravo e fazer tudo o que os outros quiserem, mas de fazer aquilo de que as pessoas realmente precisam. A partir do momento em que o líder tem cuidado com as pessoas, é possível surpreender nas entregas e deixar mais simples o processo de entendimento do que pode ser melhorado para quem vai receber a entrega da equipe.

> *Não é com mágica que se faz um bom trabalho; é com um bom trabalho que se faz mágica. (COCKERELL, 2017)*

Sobre criar excelência, na prática:

- ✓ Inicie garantindo que "feito é melhor que perfeito" e durante o percurso estimule o pensamento: "o que eu posso melhorar nesta entrega?".
- ✓ Una as pessoas em torno de um propósito comum e trate-as com respeito.
- ✓ Elimine rotinas e atividades desnecessárias para a equipe. Foque no que é importante e no que agrega valor.
- ✓ Estimule o desenvolvimento individual, crie planos, defina objetivos e acompanhe as ações.
- ✓ Estimule o compartilhamento de conhecimento sobre temas relacionados.
- ✓ Procure estimular o time a superar as expectativas, seja com a criatividade ou com o encorajamento para propor novas ideias.
- ✓ Dê visibilidade ao trabalho e crie formas de proporcionar *feedbacks* rápidos e úteis.
- ✓ Uma prática interessante, baseada em show de comédia para improvisação e muito utilizada em equipes teatrais, é a técnica do "Sim, e". Trata-se de um processo criativo para construção colaborativa de ideias ou solução de problemas. Em caso de discordância, os membros se obrigam a contribuir com a solução, isto é, com base na ideia inicial, concorda-se sugerindo uma nova ideia. Exemplo: "Sim, poderíamos fazer dessa forma e poderíamos fazer também...". A lógica não é concordar com tudo que está sendo trazido, e sim transformar esse entendimento em algo construtivo. Retira-se a expressão: **"sim, mas..."** e coloca-se o "**Sim, e...** qual a sua sugestão???".
- ✓ Prepare a equipe para atuar em situações inesperadas.

23.5. Formando sucessores

O tema sucessão deve ser tratado como um tópico estratégico não somente pela área corporativa de gestão de pessoas, mas primeiramente pelo próprio líder. É um ato natural e não pode estar atrelado à forma de gestão do líder, precisa fazer parte da cultura.

Sendo assim, na estratégia da empresa deve estar claro o processo de sucessão de lideranças, quais as habilidades que os futuros líderes devem ter e ações voltadas à capacitação e ao desenvolvimento das competências necessárias. Mas é por intermédio do líder que deve nascer essa preocupação em identificar o futuro sucessor.

Identificando novos líderes: um bom líder se preocupa com a sua evolução, não é centralizador. Ele delega com responsabilidade, não se alimenta da própria comodidade nem tem medo de se mostrar frágil ou de ser substituído.

Ele vibra com a evolução das pessoas com quem trabalha, dedica-se para que isso aconteça e tem orgulho de formar novos líderes. Trata-se de trabalho artesanal, pois é preciso lidar com a individualidade e subjetividade das pessoas.

A ideia não é formar seguidores que executem sem pensar ou contestar, ao contrário: é importante formar novos líderes capazes de questionar e principalmente de serem questionados, atuando com o modelo de liberdade com responsabilidade.

Para isso, além de saber identificar novos talentos, é preciso trabalhar a autonomia. As pessoas que estão recebendo essa formação precisam saber até onde vai a sua autonomia, para ter oportunidade de aprender e errar.

Ser líder nem sempre precisa ser um caminho solitário. Uma boa prática de formação é compartilhar as tomadas de decisões, gerando assim oportunidade de troca e de aprendizado na prática.

Sobre formar sucessores, na prática:

- ✓ As atividades devem fluir sem a necessidade de microgerenciamento, ou seja, a roda deve permanecer girando, mesmo na sua ausência.
- ✓ Estimule a autonomia de cada indivíduo e proponha atividades onde eles possam exercitar características de liderança. Observe e contribua para a evolução dos talentos.

- ✓ Treine as pessoas para que elas sejam tão boas quanto você. Não tenha receio de compartilhar seu conhecimento e de ser substituído. Isso vai apoiar o trabalho e permitir que existam pessoas preparadas para atuar na sua ausência.
- ✓ Promova o desenvolvimento contínuo das pessoas e sua evolução como profissionais e como indivíduos na organização.

Falar de liderança é tratar de uma imensidão de questões psicológicas, comportamentais e organizacionais.

O principal objetivo deste domínio é trazer alguns conceitos relevantes que impactam diretamente no atingimento dos objetivos da empresa. Isso significa que é necessário se esforçar para aplicar esses conceitos no dia a dia e refletir sobre eles, para tornar possível a formação de líderes humanos, humildes e pensantes.

Não basta ser excelente no que você estiver fazendo; seres humanos precisam de cuidado, de apoio, de respeito, e você deve se dedicar a compreender como extrair o melhor de si próprio e de cada membro de sua equipe.

O líder é um propagador de vínculos estabelecidos no conviver, é um relacionamento emocional e emocionante! Ensine o que sabe, pratique o que ensina e aprenda com todos ao seu redor.

Uma forma de aprendizado coletivo com viés de inovação, necessária para o modelo de governança ágil é a experimentação – processo contínuo que deve ser tratado como uma filosofia, conforme descrito no próximo Domínio do AGF.

24. Domínio "Experimentação"

Vanessa Genaro

24.1. Contexto sobre governança e processos

A governança é peça fundamental para o estabelecimento de estratégias sólidas nas organizações, seja no direcionamento de políticas e processos, na avaliação ou no monitoramento (GENARO, 2021). Assim, a governança é um importante mecanismo de proteção dos negócios – e ela pode e deve ser ágil em um cenário de transformação digital.

Desse modo, é relevante um domínio que fomente a governança através de incentivos à cultura e que priorize processos baseados em pessoas. Recomenda-se estimular as pessoas a usarem o processo sem ter uma visão crítica, mas com o entendimento de que não há processos perfeitos. Se for possível entregar inicialmente o básico de valor esperado, sugere-se a experimentação através da definição de um "mínimo processo viável" (analogamente ao original MVP – *Minimum Viable Product*), proporcionando maior aderência e engajamento das pessoas e, naturalmente, criando um cenário de melhoria contínua.

No decorrer deste Domínio-AGF será apresentada uma maneira prática de construir processos enxutos com essa visão.

24.2. Construindo processos enxutos

Conforme experiência da autora, a construção de processos enxutos pode ser baseada em três fases: imersão, experimentação e otimização.

A fase 1, **imersão**, refere-se a conhecer os *stakeholders* e, conforme Eisner (2011) entender as expectativas dos nossos clientes. Por isso, recomenda-se utilizar entrevistas para mapear dores vividas, estratégias e oportunidades. Também é acompanhada a execução do processo e é feita a análise dos dados obtidos. A Figura 24.1 exibe as tarefas contempladas nesta fase.

Figura 24.1. Etapas da fase de imersão.
Fonte: adaptado de Blokdyk (2021).

Para obter engajamento com as entrevistas, propõe-se a definição antecipada de **guardiões da governança**. Esse papel é composto por colaboradores-chave em cada processo, que representem a governança dentro da organização. Recomenda-se que atendam aos seguintes requisitos:

- ✓ Capacidade de influência no grupo do qual fazem parte.
- ✓ Não pertencerem à estrutura de governança.
- ✓ Não representarem um comitê executivo que influencie as demandas estratégicas.
- ✓ Terem visão holística do funcionamento organizacional.
- ✓ Serem agentes de transformação de mudanças.
- ✓ Apontarem melhorias e validarem entregas.

Nesta etapa, sugerimos um questionário padrão como um guia, podendo ter as perguntas alteradas e revisadas ao longo da entrevista.

A seguir, com base na experiência da autora, segue uma relação de perguntas vistas como indispensáveis:

Tabela 24.1. Perguntas – Fase 1 – Imersão.
Fonte: a autora.

1 – O processo tem um propósito claro para existir?
2 – Qual é o objetivo a se atingir?
3 – A organização tem uma imagem clara de como seus colaboradores consumirão seu processo?
4 – Qual valor você espera que a organização seja reconhecida por entregar?
5 – Você identifica que existem processos, políticas e ferramentas que possam ser otimizadas?
6 – Você precisa começar do zero para criar um novo valor?
7 – Você coleta *feedback* iterativamente? Sempre tem ao final uma entrega esperada?
8 – A colaboração é por consenso?
9 – Estamos usando a ferramenta correta para nos comunicarmos?
10 – As decisões são baseadas em dados?
11 – As equipes estão focadas em *quick wins*?
12 – Existe simplificação e depois automação de atividades?
13 – Quais as métricas definidas?

Durante esta etapa exercita-se a observação, não apenas com base nos apontamentos coletados nas entrevistas, mas também nas dores dos clientes. Para isso, a análise dos dados históricos e o acompanhamento da execução do processo são fundamentais para um diagnóstico preciso.

Após a execução desta etapa, teremos um mapeamento de como funciona o processo e quais atividades estão tendo maior desperdício de tempo, recursos e os pontos que precisam de melhoria. Ou seja, temos um mapa de fluxo de valor (*value stream map*), sendo ideal realizar uma representação visual desse diagnóstico com o estado atual, o estado proposto e duas saídas: definição do MVP de processo e criação do *backlog* de processos.

Adiante, um exemplo conectado a um processo de gestão de incidentes de TI, com a visão gráfica do estado atual e do estado proposto (Figura 24.2).

O *backlog* é composto por atividades de melhorias e correções, executadas ao longo da vida do processo. Também pode-se chamar de histórias, uma vez que para chegar em tal detalhamento são necessários um refinamento e um desdobramento em toda a organização. Nesta fase se analisa a existência de um consenso sobre o objetivo e o valor deste processo para todos.

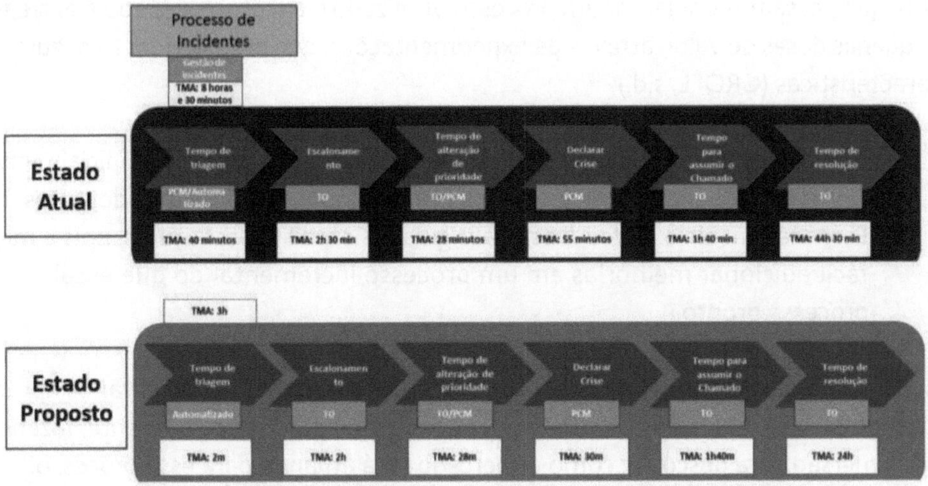

Figura 24.2. Exemplo de estado atual e proposto de um mapa de fluxo de valor.
Fonte: a autora.

Com a definição do *backlog* de processos e os guardiões da governança, inicia-se a fase 2 – **experimentação**, que abordará as seguintes atividades:

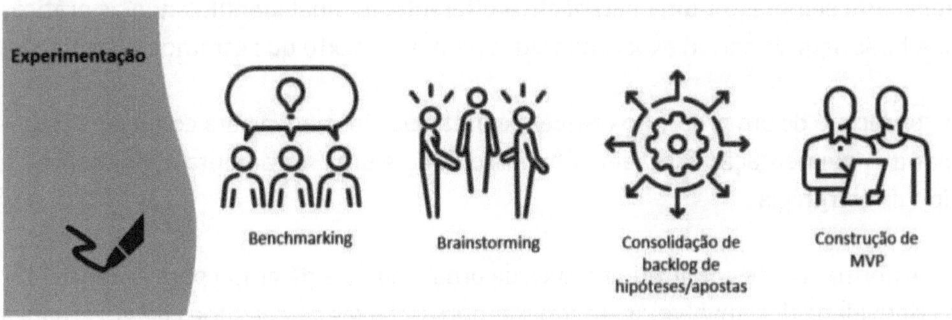

Figura 24.3. Etapas da fase de experimentação.
Fonte: a autora.

É de extrema importância começar! Para isso a mentalidade de crescimento deve ser trabalhada no grupo. Segundo Dweck (2016), existem dois tipos de mentalidade: a de crescimento e a fixa.

Pessoas com mentalidade fixa veem sua inteligência e suas habilidades como "certezas" estáticas, que não podem ser significativamente modificadas. Em vez disso, queremos encorajar o aprendizado, promovendo um ambiente seguro para testar hipóteses e soluções alternativas.

Para que possamos implantar um processo otimizado e enxuto, o segredo é entregar pequenas doses de valor, através de experimentações, que precisam ter as seguintes características (GROLL, s.d.):

- ✓ Ter valor suficiente para que as pessoas estejam dispostas a usá-lo inicialmente.
- ✓ Demonstrar benefício futuro suficiente para reter os primeiros adotantes.
- ✓ Fornecer um ciclo de *feedback* para guiar as capacidades futuras, pois é mais fácil adicionar melhorias em um processo incremental do que escalar um processo pronto.

A utilização de uma abordagem de exploração externa permite observar os aprendizados e o que realmente está funcionando em um ecossistema diferente, fazendo uma imersão para descobrir como o mercado está atuando para esse processo.

O *benchmarking* permite coletar esse tipo de informação. Uma premissa a ser adotada é efetuá-lo em um negócio diferente e de preferência em um ambiente que tenha uma performance reconhecida como superior ao seu contexto.

Esse tipo de abordagem nos permite analisar resultados que já foram testados e aplicados, sempre por uma perspectiva diferente, ao final identificando as práticas que farão sentido serem experimentadas para o contexto que estamos vivenciando.

A concepção de um protótipo também é uma boa alternativa para começar a trabalhar a implementação faseada. O *brainstorming* é uma ferramenta alinhada a esse tipo de estratégia.

Ele é normalmente conduzido através de uma dinâmica de grupo para potencializar a criatividade dos envolvidos, sendo membros-chaves os guardiões da governança e o cliente.

A estratégia é potencializar em cima de todo *backlog* do processo as soluções alternativas para entregar mais valor através da cocriação, e o objetivo é ao final conseguirmos ter a definição de um protótipo.

Mediante a adoção de todas essas abordagens para entregar um processo que se mantenha evoluindo através da iteração, recomenda-se a utilização de uma abordagem MVP, pois garante que os principais elementos do processo sejam projetados e introduzidos primeiro, representando 80% do valor que o processo precisa entregar.

De acordo com Jeff Sutherland (2014), o mais importante é entregar o mais rápido possível de forma iterativa, pois, conforme as pessoas utilizam os processos, elas expressam o que valorizam e, assim, é possível incrementar o *backlog* e efetuar novas entregas.

Diante disso, o processo não precisa estar perfeito, mas ter a mínima condição de gerar valor logo que disponibilizado. A prioridade é exercitar a experimentação, pois teremos condição de evoluir em cima dos *feedbacks*.

De acordo com a experiência da autora, o usuário é a parte mais importante do processo de construção. Significa que o foco visa exclusivamente a definição de um processo no qual o cliente perceba valor.

Por isso, teremos espaço para entregar algo que não seja perfeito, mas que entregue benefícios aos usuários. É importante trazer resultados que nos apoiem para avaliarmos se as próximas atividades previstas estão de acordo com o valor definido – caso não estejam, teremos tempo hábil para ajustar.

Como consequência dessa definição estimulamos o *feedback*, pois aumenta-se consideravelmente o volume de novas necessidades a serem incrementadas no processo (por isso é importante priorizar o *backlog*).

Ao iniciarmos um novo ciclo de entrega, antes de começar a executar a melhoria ou construção do processo, faz-se necessário um melhor entendimento da demanda, para confirmar se trará o valor esperado. Chamamos essa fase de refinamento.

É aceito pelo mercado a escolha de atividades que se implantem numa *Sprint* que pode variar de 15 a 30 dias. Vale destacar que um dos objetivos é que a entrega de valor se torne mais contínua. Além disso, é necessário definir um propósito claro de trabalho para a equipe nesse período de entrega, o que permite um melhor planejamento do trabalho e foco.

Se não for o suficiente para finalizar uma atividade do *backlog*, não há problema, podemos quebrá-la em várias atividades. Dessa forma, com o conceito de guardião da governança apresentado anteriormente, vislumbramos na Figura 24.4 um fluxo de transformação do processo.

Figura 24.4. Fluxo iterativo da governança para processos.
Fonte: adaptado de Groll (s.d.).

Conforme a imagem, teremos um fluxo contínuo e iterativo que é retroalimentado com base nos *feedbacks* coletados tanto de quem utiliza o processo como também do guardião da governança. Eles servem de base para alimentarmos o *backlog* do processo.

Assim começamos a fase 3, **otimização**. Nela vamos abordar as seguintes atividades:

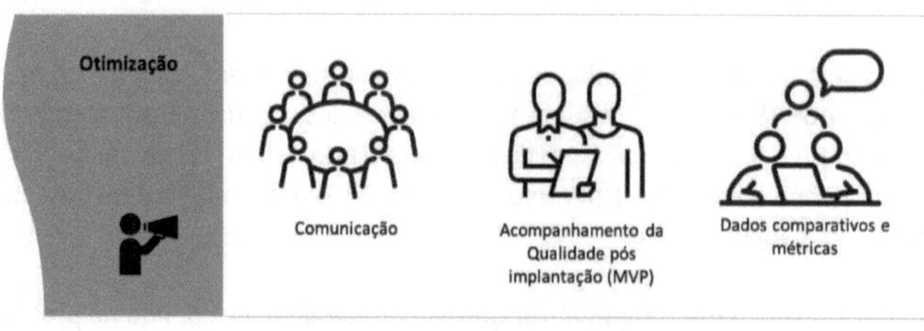

Figura 24.5. Etapas da fase de otimização.
Fonte: a autora.

Dentro da governança precisamos estabelecer uma comunicação clara, fluida e rápida – essa é a base da disseminação e disciplina das melhorias e modificações dos processos. Podemos classificá-las em três tipos:

- ✓ **Treinamentos:** deve habilitar as pessoas a usar o processo. Ao final de cada entrega, se esta modificar muito o processo, é importante utilizar esse método. Gravações podem auxiliar, caso o público não esteja disponível.
- ✓ **Desempenho:** deve-se haver um autosserviço que demonstre a eficiência do processo por área na organização. Recomenda-se um encontro mensal, no mínimo, para falar sobre evolução e planos.
- ✓ **Novidades:** estas podem ser assíncronas; são dicas e notas disponibilizadas para reforçar ou lembrar as pessoas sobre pontos relevantes dos processos.

Como a construção dos processos é colaborativa, através de incremento, trazer os usuários e os guardiões da governança para falarem de suas experiências na utilização gera mais engajamento corporativo e minimiza a resistência aos controles.

A governança também precisa medir a qualidade dos processos após a sua implantação. Por isso, conforme os usuários e guardiões da governança forem se valendo do processo, os respectivos *feedbacks* gerados devem resultar em dados.

O *feedback*, como vimos anteriormente, pode ser tanto qualitativo (por exemplo, o que gostam ou não) como quantitativo (por exemplo, quantas pessoas utilizam o processo e consideram que ele tem valor). Conforme Eric Ries (2019) apresenta, podemos visualizar esse processo em um ciclo composto de três etapas simples:

Figura 24.6. Ciclo de *feedback* de governança.
Fonte: adaptado de Ries (2019).

Construir, medir e aprender é o ciclo base para estimular a concepção de um processo enxuto, flexível e expansível que, agregado à governança, pode ampliar a melhoria contínua diariamente.

Através desse modelo priorizam-se dados: somente podemos melhorar aquilo que medimos e testamos. Do contrário, sem os dados, faríamos modificações em cima de percepções, ou seja, seriam resultados enganosos.

Para isso, é importante ter um time de atuação qualitativa dentro da governança, para saber se o processo está gerando progresso. Esse grupo especial tem como objetivo não analisar apenas os dados de saída do processo, mas também apoiar/influenciar o processo e averiguar as seguintes visões:

- ✓ **O processo está gerando valor:** foco em entender se a expectativa dos clientes está sendo cumprida e se o MVP está sendo entregue e definido.
- ✓ **O processo está aderente aos pontos de controles internos:** refere-se às questões legais e normativas que devem estar previstas na construção do processo.
- ✓ **O processo definido está sendo cumprido:** trata-se de analisar a "definição de pronto" preestabelecida, ou seja, se o que está escrito é realmente executado dentro dos papéis e responsabilidades definidos.
- ✓ **Os indicadores estão atingindo o alvo:** avaliar se os indicadores estão atingindo as metas predefinidas e, em caso negativo, o que falta para tal.

Como saída temos as seguintes ações: treinamentos direcionados e definição de ações para a próxima iteração de melhoria.

Essas atividades possuem prioridade maior que as demais incluídas no *backlog*, pois são demandadas pela governança. O fluxo de aprendizado possibilitará que possamos aprender, revisar e melhorar o processo continuamente. A chave do sucesso está em estabelecermos uma cultura *blameless*, onde não procuramos culpados e temos como missão tornar o nosso resultado melhor.

Conforme Beyer *et al.* (2016), o fracasso acontece e não há como contornar isso; então pare de apontar dedos, uma vez que aceitar as falhas ajudará a melhorar as métricas. E esse é o objetivo: tornar o processo cada vez mais eficiente.

24.3. Conclusão

No texto foram elencadas sugestões de abordagens experimentais como entrevistas, *benchmarking*, *brainstorming*, MVP e protótipos. Essas ações permitem processos enxutos e ágeis que se tornem mais eficientes para termos redução de custos, segurança e eficiência operacional. Claramente outras técnicas podem ser adotadas, incluindo a visão de *startups* e produtos, podendo variar conforme a maturidade das equipes e o ramo de atuação da empresa.

Ao repensarmos os processos e colocarmos o usuário e o conceito de cadeia de valor no centro das discussões com as equipes, promoveremos o engajamento e o empoderamento nas organizações.

Paralelamente, quando estimulamos um ambiente onde há experimentação, forçamos os profissionais a aprenderem e não a buscarem soluções perfeitas ou meras entregas em curto prazo.

Logo, como a construção final é definida conforme as entregas vão se consolidando, é fundamental estimular novos comportamentos e a consciência de que sempre podemos superar a última entrega para geração de valor.

A adoção de uma postura adaptativa através das abordagens citadas neste domínio permite o protagonismo da governança, incentivando a cocriação nesta jornada de transformação – com autonomia, mas mantendo os controles – e assim se tornando verdadeiramente ágil e estratégica.

25. Domínio "Tecnologias"

Rosangela Riccotta

A denominada governança de TI sempre foi percebida por todos como uma área burocrática e muitas vezes operacional. Essa percepção é geralmente atribuída ao domínio de tecnologia por conta do seu escopo e objetivos. Segundo Fernandes, Diniz e Abreu (2019), a governa de tecnologia deve estar voltada para atender às necessidades do negócio avaliando o cenário atual e futuro, dirigindo e orientando a preparação e implementação de planos e políticas, bem como o monitoramento e o desempenho destes, como apresentado na Figura 25.1:

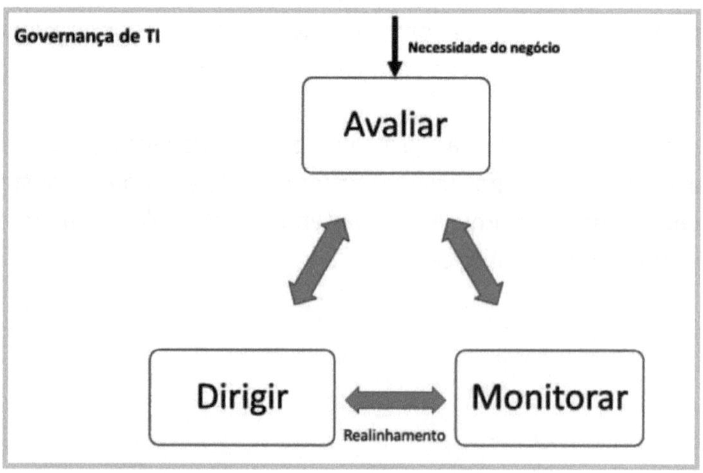

Figura 25.1. Visão da governança e gestão de TI.
Fonte: adaptado de Fernandes; Diniz; Abreu (2019).

As necessidades do negócio sempre direcionam a tomada de decisão dos executivos. Esse é o princípio que rege a agilidade: o cliente no centro de todas as motivações da companhia.

O desafio atual das empresas que possuem governança de TI é adequar todo esse controle e monitoramento para que possa ocorrer de forma ágil.

Importante ressaltar que muitas políticas ou normas são para toda a organização, direcionadas pela governança corporativa. As organizações precisam de um olhar ágil para tudo que é consumido ou alimentado pela governança de TI, conforme apresentado na Figura 25.2.

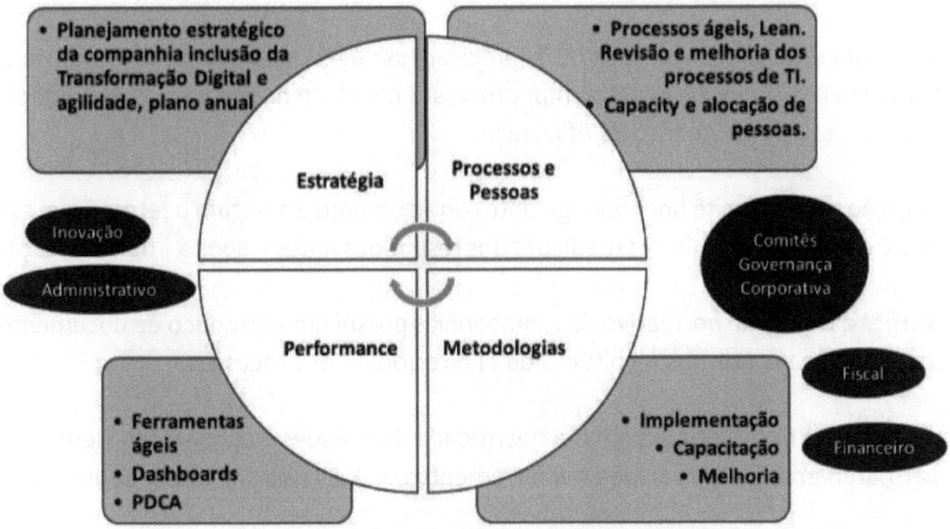

Figura 25.2. Entradas e saídas na governança de TI.
Fonte: a autora.

Cada companhia possui uma organização de governança corporativa e seus comitês. Independentemente da estrutura, é imprescindível que haja uma posição de inovação ou agente de transformação que tenha uma visão de cada assunto discutido nos comitês para endereçá-los em suas respectivas áreas. Esse papel, muitas vezes ainda inexistente, pode ser considerado um *Agile Master*, no entanto, independentemente da nomenclatura, o que é realmente importante é que esse profissional tenha uma visão ágil e ampla da organização.

25.1. Pilares da governança de TI

Estratégia: para que este pilar seja alimentado com as ações ágeis pertinentes à governança de TI, faz-se necessário o alinhamento com a estratégia da companhia.

Algumas empresas possuem planejamento estratégico para longos períodos (5-10 anos), dependendo do mercado em que atuam. Nesse cenário, o mais indicado seria criar separadamente um planejamento estratégico ágil de no máximo um ano, período mais curto, onde as adequações à velocidade do mercado possam ser incorporadas sem prejuízo às demais frentes.

Pode-se associar, dependendo da estrutura dos comitês da companhia, o comitê estratégico.

Processos: todos os processos de TI precisam ser ágeis. A implementação do *Lean* possibilita reescrever ou implementar processos com foco na redução de desperdícios e no consequente aumento da eficiência.

A ligação com o comitê financeiro garante o investimento e assegura o retorno que essa frente apresenta através das medições dos resultados antes e após a implementação.

Políticas: o sistema normativo das companhias possui um arcabouço de documentos corporativos. As normas e políticas de TI direcionam os processos.

Neste pilar é necessário eliminar a quantidade de revisões e aprovações, bem como o armazenamento das versões em ferramentas de fácil uso por todos os usuários.

Recomenda-se seguir uma estrutura documental onde a diretriz da companhia direciona a escrita da política de TI com informações simplificadas – apenas com as diretrizes imprescindíveis para a companhia. Recomenda-se o uso de vídeos ou *podcasts* para os procedimentos dessas políticas.

Um olhar simplificado e ágil em uma área que há muitos anos trabalha da mesma forma pode ser estabelecido pelo comitê regulatório ou qualquer outra estrutura similar para direcionar e impulsionar as ações necessárias.

Pessoas: o maior bem de qualquer companhia precisa ser muito bem cuidado. Ferramentas e processos de *capacity* de TI são essenciais, não somente para garantir entregas no prazo e com qualidade, mas para balizar a vida pessoal e profissional das pessoas.

Todo processo de *capacity* exige um mapeamento de perfil e uma análise entre sua atribuição. Nesse sentido, é possível identificar possíveis *gaps* ou divergências de *skills*, fato este que direciona para programas de qualificação, reenquadramento, readequação de atividades, promoções e trilhas de conhecimento necessárias para cada cargo, função e pessoa.

Pode estar associado ao Comitê de Gestão de Pessoas ou Recursos Humanos.

Performance: a performance da TI é constituída por indicadores sobre disponibilidade, velocidade, qualidade, valor de entrega ao negócio, satisfação do cliente etc.

É necessário que as áreas de serviços de TI (como infraestrutura, segurança da informação, arquitetura de TI) possuam estrutura processual e ferramentas para executar seus serviços e coletar as informações utilizadas nos cálculos dos indicadores. Comitês que visam a satisfação do cliente ou a expansão do negócio devem direcionar as metas específicas para esses indicadores.

Metodologia: o arcabouço metodológico para o desenvolvimento de produtos e serviços da companhia precisa ser revisto.

Avaliar o que cada time entrega e como entrega define qual metodologia deve ser executada em cada cenário. O comitê de inovação suporta e informa para a companhia quais são os novos produtos e serviços.

O diagnóstico dos times e as informações do comitê de inovação são insumos para elaboração de implementação ou de um plano de melhorias de metodologias ou *frameworks* ágeis, bem como *dashboards* de suporte à gestão.

As informações coletadas através de ferramentas ágeis permitem a medição de maturidade dos times, fator essencial para suportar a implementação de melhoria contínua nessas estruturas.

25.2. Como estamos hoje?

A recomendação para o Domínio "Tecnologia" é que as empresas façam um exercício de análise de como estão hoje para que possam entender o caminho que precisarão percorrer para a implementação da governança ágil de TI. Como proposta, a autora do capítulo realizou uma pesquisa informal com empresas no mercado nacional durante novembro e dezembro de 2021 – tal verificação pode ser espelhada pelo leitor para a sua empresa alvo ou de seu interesse. As perguntas buscavam informações pertinentes para os principais pilares descritos. Os dados foram coletados através do Google Forms.

Cabe aqui ressaltar que a transformação digital necessita da inovação; e, no mundo digital, as organizações precisam ser ágeis (FERNANDES; DINIZ; ABREU, 2019). Por esse motivo, agilidade, inovação e transformação digital sempre estão relacionados.

Estratégia: podemos observar que a agilidade ou transformação digital está no planejamento estratégico em apenas 66% das organizações (Figura 25.3).

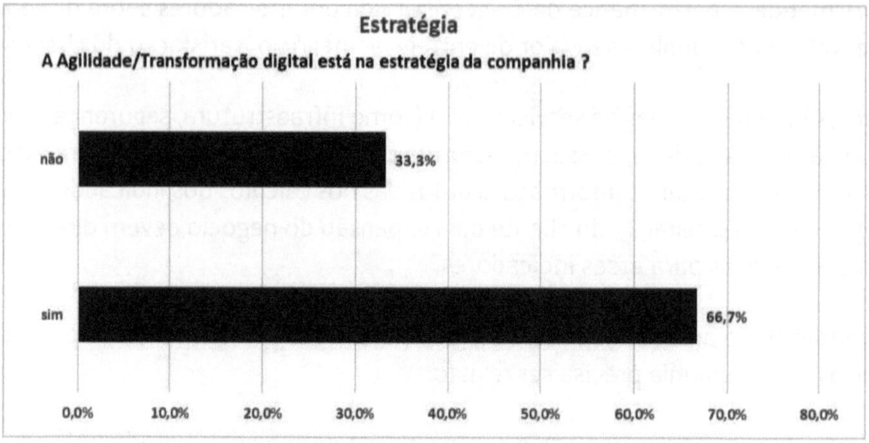

Figura 25.3. Resultado da pesquisa sobre planejamento estratégico. Fonte: a autora.

Esse resultado é preocupante. Se não está na estratégia da companhia, toda e qualquer ação de agilidade na governança de TI, ou em qualquer outra área, tende ao fracasso. Peter Drucker (1999) afirma que todas as organizações, independentemente de seu ramo de atuação no mercado, precisam de uma competência organizacional fundamental: a inovação.

Tabrizi *et al.* (2019) afirmam que aproximadamente 70% de iniciativas nesse assunto fracassam se a organização não estiver pronta para mudar. O resultado da pesquisa com relação aos comitês de governança corporativa apresenta o mesmo percentual. Isso não é uma coincidência, é o reflexo do cenário (Figura 25.4).

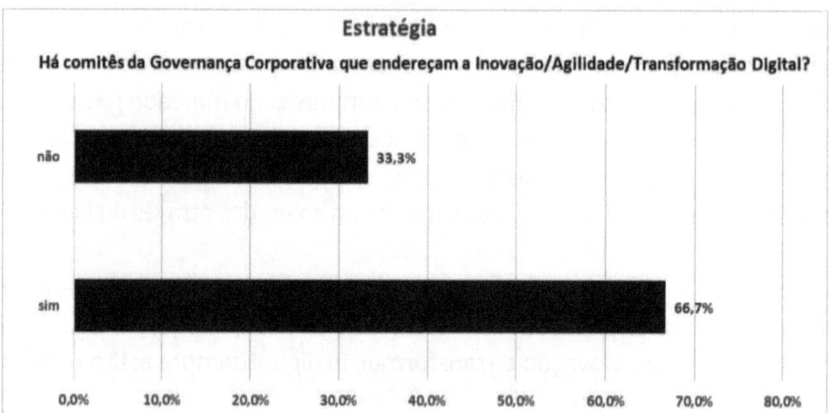

Figura 25.4. Resultado da pesquisa sobre comitês de governança. Fonte: a autora.

A estratégia da companhia também é responsável por impulsionar a cultura. Uma cultura tradicional não permite erros; já em uma cultura ágil todo erro é uma oportunidade de acerto, o que motiva todas as pessoas, independentemente de sua cadeira ou posição. É possível ousar, criar e testar.

Processos: segundo a pesquisa da autora, 66% das organizações possuem processos elaborados ou melhorados com a metodologia *Lean* (Figura 25.5). Para que possamos ter uma governança de TI ágil, esse percentual precisa estar mais robusto, o que conclui a necessidade de um plano de ação nesse sentido, incluindo processos de TI efetivamente ágeis.

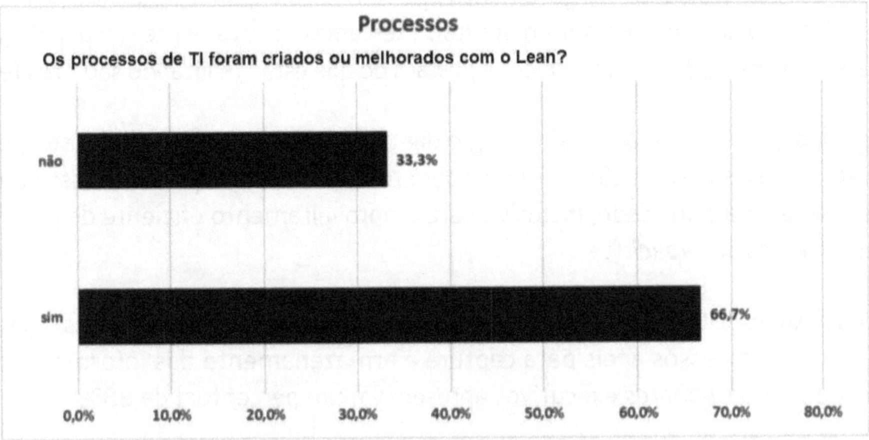

Figura 25.5. Resultado da pesquisa sobre processos *Lean*.
Fonte: a autora.

Políticas: as políticas ainda são vistas como um processo burocrático para 83% dos respondentes, consumindo em sua maioria de três a cinco meses para sua implementação. Um resultado interessante diante dos 66% das organizações que utilizam ferramentas ágeis para a implementação das políticas.

Diante desse cenário, concluímos que só a implementação de uma ferramenta ágil para um assunto não é suficiente. Para a governança ágil de TI, é necessário combinar a ferramenta e o processo. Aprovações com alçadas elevadíssimas e revisões detalhadas contribuem para essa percepção quando o assunto é política de TI ou política corporativa.

A mudança cultural também é realizada à medida que mudamos processos ou o sistema de metas pelo qual as pessoas e áreas são avaliadas. A proposta sugerida é a realização de *workshops* ou ações para disseminar o pensamento ágil nas áreas que desenvolvem ou aprovam esse documento; e juntamente com os executivos propor um fluxo de aprovação enxuto.

Pessoas: Apenas 50% dos respondentes confirmam que a área de Recursos Humanos atua em conjunto com a governança de TI para mapear e auxiliar o enquadramento dos colaboradores em funções x *skill*, papéis e cargos.

Os mesmos 50% aparecem como resposta afirmativa à existência de trilhas de capacitação e desenvolvimento profissional. Nesse cenário, apenas 67% dos respondentes utilizam ferramentas e processos de *capacity*.

O pilar das pessoas dentro da governança ágil de TI exerce grande influência no resultado da TI como um todo. Pessoas que estão exercendo corretamente seu papel, que se encaixam no perfil de suas atividades e gostam do que estão realizando são mais felizes.

A agilidade, bem como a transformação digital, é sobre pessoas, sobre o seu pensamento, sobre a sua sensação de dono, sobre trabalhar feliz. Importante ressaltar que este pilar é uma prioridade, inclusive para o aproveitamento eficiente de processos e ferramentas de *capacity*.

Performance: 100% das organizações pesquisadas utilizam ferramentas ágeis. No entanto, os processos ágeis para captura e armazenamento das informações que compõem os *dashboards* executivos apresentam um percentual de 83%.

O fato mais relevante neste pilar foi a resposta sobre metas e planos de melhoria dos indicadores de performance – apenas 66% aplicam essa prática (Figura 25.6). Diante desse cenário, como evoluir?

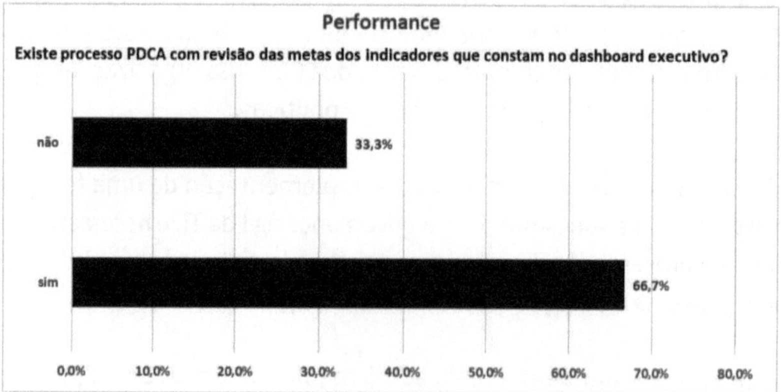

Figura 25.6. Resultado da pesquisa sobre metas e PDCA.
Fonte: a autora.

Metodologia: a pesquisa aponta um percentual de 83% para o desenvolvimento híbrido, 33% para o desenvolvimento ágil e apenas 1% para o desenvolvimento tradicional.

Todas as organizações, ou seja, 100%, possuem plano de expansão da agilidade; no entanto, apenas 83% possuem capacitação dos times de desenvolvimento e de negócio. Importante ressaltar que o desenvolvimento híbrido deve possuir critérios bem definidos, para decisão entre o tradicional ou ágil.

A governança ágil de TI pode lançar mão de *frameworks* como Cynefin ou modelos adaptados que embasem matematicamente seus critérios, abstendo-se de intercorrências substanciais ou políticas em comitês de decisão.

Importante ressaltar: se a sua organização tem plano de expansão de agilidade, ela precisa capacitar as pessoas – não apenas um percentual, mas todas! A agilidade não está só nos times, precisa estar na organização toda.

Portanto, há oportunidade para a criação de um novo modelo específico de governança ágil.

25.3. Considerações finais

O domínio de tecnologia visa auxiliar a área de TI a ser mais estratégica, flexível, adaptativa e menos operacional.

A governança ágil precisa reformular seus pilares tecnológicos, ser uma facilitadora para as ações organizacionais e estratégicas; deve indicar os caminhos, as ferramentas e disseminar o conhecimento necessário para que cada área possa controlar e melhorar o resultado de seus processos; zelar pela segurança das informações organizacionais; e por último e mais importante: deve utilizar o melhor de cada recurso de TI, seja ele uma ferramenta, um processo, um investimento ou uma pessoa.

Por fim, como complemento à Tecnologia, demais mecanismos podem ser aplicados, como descritos nos próximos capítulos.

26. Mecanismo "Decisões de governança"

Irene Nagase
João Emmanuel Anacleto Pessoa

Vimos neste livro que a governança ágil pode ser implementada mesmo em iniciativas que não utilizam a agilidade, como processos tradicionais e híbridos. Esse modelo de governança enfatiza a rapidez na tomada de decisões com foco nos valores e princípios ágeis.

Um dos seus principais desafios é responder rapidamente às mudanças, entregar valor aos clientes e ser responsável por fatores sociais e ambientais sem perder a direção, o monitoramento, o controle, a conformidade e a padronização, que são itens básicos para uma boa governança.

Por isso, é imprescindível criar uma sistemática de tomada de decisões para a governança ágil. Segundo Parker, Alstyne e Choudary (2018), "organizações que interagem sem regras, restrições ou salvaguardas nem sempre são dignas de confiança para produzir resultados justos e satisfatórios para os envolvidos". É importante enfatizar que esse modelo deve ser simples e flexível para verdadeiramente alcançar a agilidade.

Nesse momento você deve estar se perguntando: como criar mecanismos de tomada de decisões que atendam a diversas organizações com diferentes estruturas, composições de capital, portes e negócios? Realmente não é possível criar um modelo de tomada de decisões que seja prescritivo. Por isso, a sugestão é utilizar um roteiro para orientar a criação e a implementação de mecanismo com base na observação prática.

26.1. Roteiro para tomada de decisões da governança ágil

Este passo a passo foi estruturado com base na observação de mercado e no estudo de referências sobre governança e abordagens ágeis. Os diversos níveis e iniciativas de governança devem adicionar suas próprias características e implementações, resultando em práticas específicas para as suas necessidades.

26.1.1. Passo 1: identificar o ecossistema

Na criação de uma mecânica para tomada de decisão, é imprescindível conhecer o ecossistema, ou seja, todas as partes que interagem com o negócio em que a organização está inserida, para identificar os impactos e as incertezas das decisões.

Ecossistema externo à organização

Para iniciar o mapeamento do ecossistema do negócio da organização, a sugestão é utilizar como referência o modelo clássico das cinco forças de Porter (PORTER, 1992) e incluir mais duas novas dimensões, sugeridas por Myers (2020), que são: "plataformas digitais" e "complementares".

Essas duas dimensões devem ser consideradas mesmo que não sejam reconhecidas oficialmente no modelo original, pois trazem uma atualização para o contexto do mercado atual e, por conseguinte, para a proposta de governança desta obra.

Além dessas dimensões, na perspectiva da governança nas corporações, é importante considerar questões ambientais e sociais em conjunto com a governança – ESG (sigla em inglês para *Environmental, Social and Governance*).

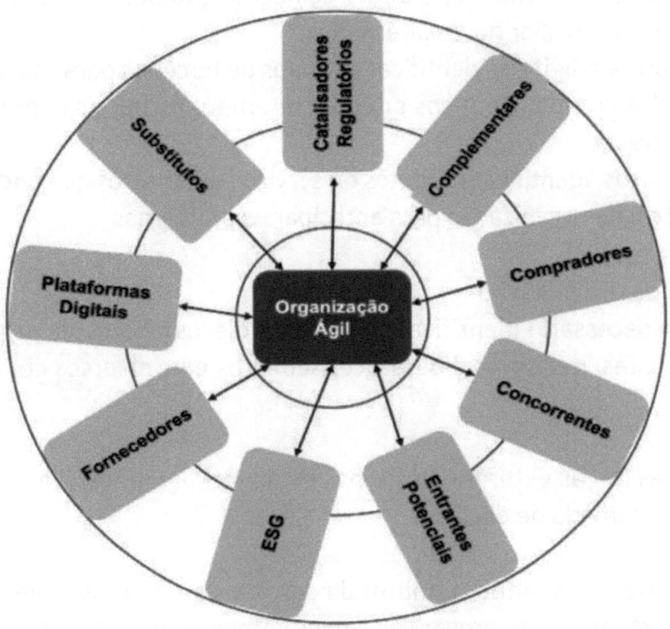

Figura 26.1. As dimensões do ecossistema das organizações atuais.
Fonte: adaptado de Porter (1992) e Myers (2020).

Cada uma dessas dimensões pode se relacionar com as outras em redes de interações.

Na sequência, segue a definição de cada dimensão, para início do mapeamento do processo de tomada de decisão proposto:

- ✓ **Catalisadores/Regulatórios:** identificar os catalisadores/regulatórios (governo, fiscalização e legislação) que a governança deve seguir e aos quais deve estar aderente para não sofrer penalizações.
- ✓ **Complementares:** identificar os produtos e serviços complementares que podem ser vendidos juntos para trazer maior satisfação ao cliente.
- ✓ **Compradores:** identificar o poder de negociação dos compradores para não ser obrigado a deflacionar os preços dos seus produtos e serviços. Diferenciar os seus serviços e produtos para trazer mais valor ao cliente.
- ✓ **Concorrentes:** identificar os concorrentes para melhorar a satisfação do cliente através de entrega contínua de valor.
- ✓ **Entrantes potenciais:** identificar os novos entrantes potenciais (concorrentes) para diferenciar os seus produtos e serviços e criar mais valor ao cliente com base na experiência adquirida.
- ✓ **ESG:** identificar os fatores ambientais e sociais com os quais a governança deve se conscientizar de forma coletiva e pelos quais deve se responsabilizar.
- ✓ **Fornecedores:** identificar o poder de negociação dos fornecedores para não ficar refém e avaliar novas alternativas.
- ✓ **Plataformas digitais:** identificar os ativos de terceiros para escalar o negócio, atingindo grandes públicos em pouco tempo. Incluir as comunidades e as redes sociais.
- ✓ **Substitutos:** identificar produtos ou serviços substitutos que podem impactar o negócio da organização para antecipar os problemas.

Ecossistema da organização

Além disso, é necessário identificar claramente o ecossistema da organização, ou seja, os acionistas, decisores, líderes, conselheiros e os diversos colaboradores e funcionários.

As análises das forças externas e internas estão intimamente relacionadas com a mecânica para tomada de decisões.

A dinâmica externa, quando monitorada corretamente, pode exigir tomadas de decisões importantes para prover vantagens competitivas para a organização. Por exemplo: parcerias entre duas empresas com produtos complementares podem ameaçar os negócios da organização.

Internamente, a dinâmica operacional e tática pode levar a tomadas de decisões para além do ecossistema principal. Por exemplo: falta de manutenção ou troca de equipamentos pode trazer consequências ao meio ambiente e social.

26.1.2. Passo 2: identificar os objetivos estratégicos

O foco deste passo é identificar os objetivos estratégicos da organização, que devem estar definidos e alinhados com todos os colaboradores, porque são eles que vão nortear as soluções e tomadas de decisão.

Se não existem processos estratégicos de planejamento e governança definidos na organização, é necessário voltar uma etapa.

Para a organização criar um mecanismo para tomada de decisões é necessário conseguir rastrear os objetivos estratégicos e seus indicadores de resultados para analisar os impactos de cada decisão de forma rápida e precisa.

A tomada de decisões deve ser baseada em métricas próprias para governança ágil. Para Belling (2020), os executivos devem esperar atualizações frequentes de vários projetos, produtos e esforços de fluxo de valor em suas organizações. As equipes ágeis trabalham a partir de roteiros definidos por estratégias e objetivos organizacionais estipulados pela liderança executiva.

O caminho para progredir em direção a esses objetivos é mapeado em planos de lançamento executados pelas várias equipes em suas *Sprints*. A equipe de liderança executiva traz informações e perspectivas importantes para o processo de governança.

Se a organização não usa nenhum método, uma sugestão é utilizar OKRs e KPIs, muito empregados nas abordagens ágeis.

Segundo Massari e Vidal (2018), "OKR (*Objective and Key Results*) é um processo de planejamento estratégico onde objetivos e resultados esperados para o negócio são definidos". Depois devem ser estabelecidos os indicadores de performance (*KPIs* em inglês) e as ações para alcançar tais objetivos. Esses objetivos estratégicos (OKRs) e indicadores de performance (KPIs) podem ser desmembrados em dois ou três níveis, dependendo do porte da organização, tais como: estratégico, tático e operacional ou somente estratégico e tático.

Para definir as alçadas e os escalonamentos na mecânica de tomada de decisões, é necessário identificar os limites de desvios permitidos para cada indicador de performance (KPI) em cada nível da organização (estratégico, tático e operacional).

26.1.3. Passo 3: classificar as decisões, definir as alçadas e os escalonamentos

O objetivo desta etapa é combinar os passos anteriores para classificar as decisões e definir as alçadas e os escalonamentos. Dessa forma, cria-se um mecanismo sistemático para tomada de decisão ágil, simples e flexível que não está centralizado nos níveis seniores da organização.

Classificar as decisões

Para classificar as decisões, sugerimos a utilização de um quadrante.

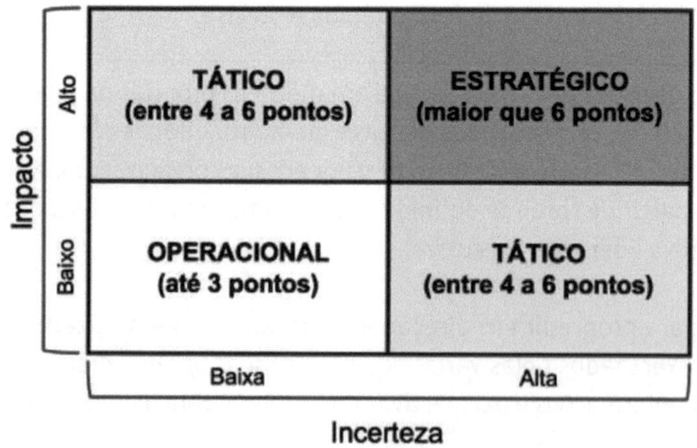

Figura 26.2. Quadrante para classificação das decisões.
Fonte: a autora.

O quadrante foi estruturado em duas dimensões, com o eixo horizontal representando a incerteza e o eixo vertical representando o impacto das decisões.

Os critérios utilizados a seguir podem variar de uma organização para outra. Nesse ponto a governança tem papel fundamental, devendo adicionar sua própria implementação individual, resultando em critérios específicos para as suas necessidades.

Tabela 26.1. Eixo horizontal: incerteza da decisão.
Fonte: a autora.

Incerteza	Critério	Pontuação
Alta	A decisão é inovadora e envolve incerteza significativa.	**3**
Média	A decisão é comum, ocorre eventualmente e é possível prever o resultado parcialmente.	**2**
Baixa	A decisão é comum, ocorre frequentemente e é possível prever o resultado.	**1**

Tabela 26.2. Eixo vertical: impacto da decisão.
Fonte: a autora.

Impacto	Critério	Pontuação
Alta	A decisão impacta áreas do ecossistema e externamente. A decisão impacta os OKRs e KPIs fora dos limites definidos. A decisão não permite a reversibilidade.	**3**
Média	A decisão impacta várias áreas do ecossistema (transversal). A decisão impacta os KPIs de várias áreas envolvidas (transversais) dentro dos limites definidos. A decisão permite a reversibilidade parcial se algo der errado.	**2**
Baixa	A decisão impacta somente uma área do ecossistema envolvido. A decisão impacta os KPIs da área envolvida dentro dos limites definidos. A decisão permite a reversibilidade se algo der errado.	**1**

As pontuações das duas dimensões devem ser multiplicadas para definir as alçadas e os escalonamentos.

Definir as alçadas e os escalonamentos

- ✓ **Estratégico:** por lidar com incertezas e impactos altos, essas decisões devem pertencer à alçada do *C-Level* ou liderança estratégica de negócios.
- ✓ **Tático:** por envolver um equilíbrio entre incertezas e impactos, estas decisões podem pertencer à alçada das lideranças envolvidas.
- ✓ **Operacional:** como abrangem incertezas e impactos baixos, essas decisões podem pertencer à alçada do time ágil mais próximo do processo de execução.

Apesar das decisões pertencerem a uma determinada alçada, estas poderão ser escalonadas para o nível superior quando os responsáveis não se sentirem confortáveis. A governança ágil pode experimentar atribuir níveis de responsabilidade maiores a equipes que apresentarem diferenciado grau de autogerenciamento e maturidade na sistemática de decisões.

26.1.4. Passo 4: implementar e melhorar continuamente

Para a governança definir seu modelo ágil de tomada de decisões, ela pode seguir os passos descritos anteriormente com base nas suas necessidades e especificidades.

Para uma boa governança, tomar uma decisão executiva significa examinar minuciosamente o portfólio de projetos e produtos, que no contexto ágil ocorre em ciclos curtos (a cada duas ou quatro semanas). Contudo, isso requer um processo estruturado de governança capaz de rever decisões, caso novas condições ou alterações se justifiquem. Ainda que não seja uma abordagem perfeita, pode ser factível, desde que colocada em prática com o devido treinamento para suportá-la e operá-la (BELLING, 2020).

Igualmente, é importante destacar que nenhum sistema de tomada de decisões é perfeito; ele sempre pode apresentar falhas, mesmo utilizando as melhores práticas de governança e de abordagens ágeis, uma vez que existem muitas variáveis envolvidas.

Por isso, o ideal é utilizar o processo de melhoria contínua, ou seja, a governança ágil precisa definir, implementar e melhorar continuamente o seu modelo de tomada de decisões. Após a implementação ou a cada adição de melhorias no sistema de tomada de decisões, é primordial que a governança acompanhe e monitore de perto os resultados para ajustar rapidamente o que for necessário.

No dia a dia surgirão decisões que não se enquadram em nenhum dos critérios de classificação definidos anteriormente. Assim, segundo a visão da autora, essa é uma oportunidade para a governança revisitar os critérios e ajustá-los, bem como:

- ✓ Promover revisões periódicas para refletir como as técnicas e interações podem ficar mais efetivas e dessa forma ajustar e otimizar todo o processo de decisões.
- ✓ Seguindo os princípios ágeis da auto-organização e da melhoria contínua, quanto mais a equipe for se tornando madura no processo de tomada de decisões, maior será a flexibilidade nos critérios e a quebra dos limites das alçadas (estratégico, tático e operacional). A sugestão é que a governança dê mais autonomia às equipes no processo decisório, de forma incremental e com base no histórico positivo, implementando mecanismos leves de supervisão.
- ✓ Proporcionar mais autonomia às equipes é possível ao quebrar os limites das alçadas operacional e tática e, posteriormente, tática e estratégica. Dar autonomia é diferente de não ter controle. Por isso, é importante a evolução constante dos mecanismos de supervisão, que podem ser baseados em OKRs e KPIs da organização. Dessa forma, é possível ter uma governança dinâmica e ágil que

apoie e supervisione sem intervir diretamente na tomada de decisão – enquanto os níveis de riscos estiverem governados e excetuando-se os casos em que o peso da decisão de governança seja percebido como estratégico para o negócio.

Por fim, a governança ágil sempre deve encorajar todos os envolvidos a participar das decisões livremente, sem medo e restrições, atualizando as regras do seu modelo e os mecanismos de supervisão conforme as necessidades.

26.2. Considerações finais

Desenvolvidos os passos para a tomada de decisões com agilidade e governança, é importante ratificar um tripé que será vital para o sucesso dessa sistemática: **a transparência, a participação e a colaboração.** Pela experiência da autora, esses três preceitos são fundamentais em qualquer organização e podem ser vistos como:

- ✓ A transparência interna deve funcionar em todos os sentidos nos níveis da organização, com autonomia para tomada de decisões alinhada com o propósito (*top-down, bottom-up, sideways*). Isso implica em todas as tomadas de decisões operacionais e táticas estarem disponíveis, com acesso fácil e rápido, aos *C-Levels* ou às lideranças estratégicas, para acompanhamento e participação com opiniões e sugestões. Da mesma forma, as outras lideranças e todos os membros dos times ágeis devem ter acesso às informações, principalmente aos objetivos estratégicos (OKRs) e indicadores de performance (KPIs), para poderem tomar as decisões competentes.
- ✓ Outros dois preceitos que se complementam é a participação e a colaboração entre todos os envolvidos no ecossistema. Por exemplo: muitos líderes ou membros do time ágil podem ser relutantes ou ter dificuldades para fazer escolhas difíceis. Nesse momento, é importante a participação dos *C-Levels*, da liderança estratégica de negócios ou do próprio time de governança para dar suporte e apoio a essa tomada de decisão. Outro exemplo: participação de parceiros e públicos interessados na tomada de decisões internas via plataformas digitais ou redes sociais.
- ✓ Esses três princípios podem ser suportados por uma plataforma de serviços que armazene, busque e comunique dados compartilhados e de uso obrigatório por todos da organização.

Desejamos que o conhecimento apresentado aqui seja útil e possa ser adaptado, refinado, experimentado e aperfeiçoado de acordo com a realidade de cada organização.

27. Mecanismo "Gestão de metas e resultados"

Israel Christof
Júnior Rodrigues

Entregar valor com agilidade demanda abdicar de processos organizados, de *compliance*, de indicadores e padrões mínimos normatizados? Muitos irão dizer que uma cultura ágil não combina com governança, concorda?

É possível que um grande contingente de profissionais e empresas confirme o exposto. Porém, é importante mostrar que governança não corresponde a retirar autonomia ou a voltar ao tempo do comando e controle.

Pelo contrário, ela está totalmente relacionada a empresas e seus respectivos times que norteiam seus objetivos de forma normatizada, acompanhando projetos de maneira alinhada com os objetivos propostos, com processos homogêneos e que possibilitem ao *board* monitorar a evolução dos projetos, bem como a adoção eficaz da agilidade.

Fazendo uma analogia com programação, pode-se comparar a tendência das organizações no desenvolvimento de soluções ao uso da estrutura de microsserviços, ou seja, uma componentização que demandará que cada vertical da empresa trabalhe alinhada e seguindo uma bússola similar a todas as estruturas.

Analisando, por exemplo, as equipes dentro das verticais de negócio, onde toda a dinâmica de operação deve ser resguardada, quais sinalizações estratégicas serão disponibilizadas? Qual documentação será gerada? Como será o processo de homologação de produtos? O processo de integração de uma esteira *DevOps* ocorrerá de que forma?

27.1. Estrutura de governança ágil e leve

Em síntese, a governança unifica e dá consistência, seja em nível micro ou corporativo, mas precisa de ingredientes que possibilitem o acompanhamento e a efetividade das ações, sem que estas sejam engessadas ou estranguladas por uma estrutura pesada e rígida.

Os Domínios-AGF podem ser fomentados pela implementação de uma estrutura específica, por exemplo um AMO (*Agile Management Office*, ou um escritório de gestão ágil, em português) ou outra área que possa ter uma visão corporativa e chegar até o nível dos times, atuando com respaldo dos níveis estratégicos e tático da organização, como na Figura 27.1:

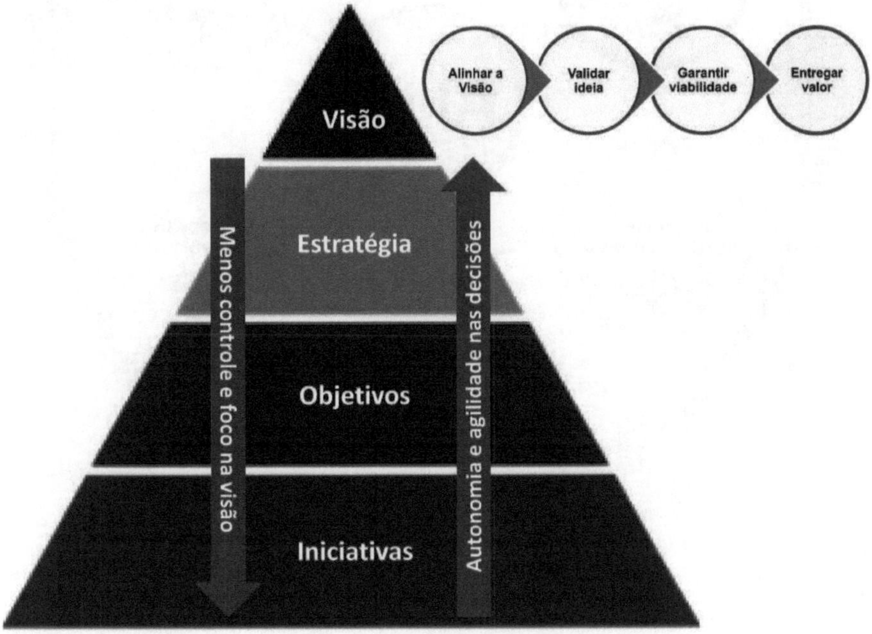

Figura 27.1. Da visão às iniciativas.
Fonte: Rodrigues (2018).

O caminho é a adoção de uma governança ágil e leve, onde se busca um foco maior na visão da organização e de seus objetivos, fornecendo mais autonomia e agilidade para a tomada de decisões, garantindo que as iniciativas possam entregar valor.

Aliás, um escritório de gestão pode ampliar a capacidade de enxergar o todo, tendo uma visão holística da organização e do portfólio das iniciativas, integrando-as e direcionando o foco organizacional para os objetivos de longo prazo e o planejamento adaptativo para atingi-los (Figura 27.2):

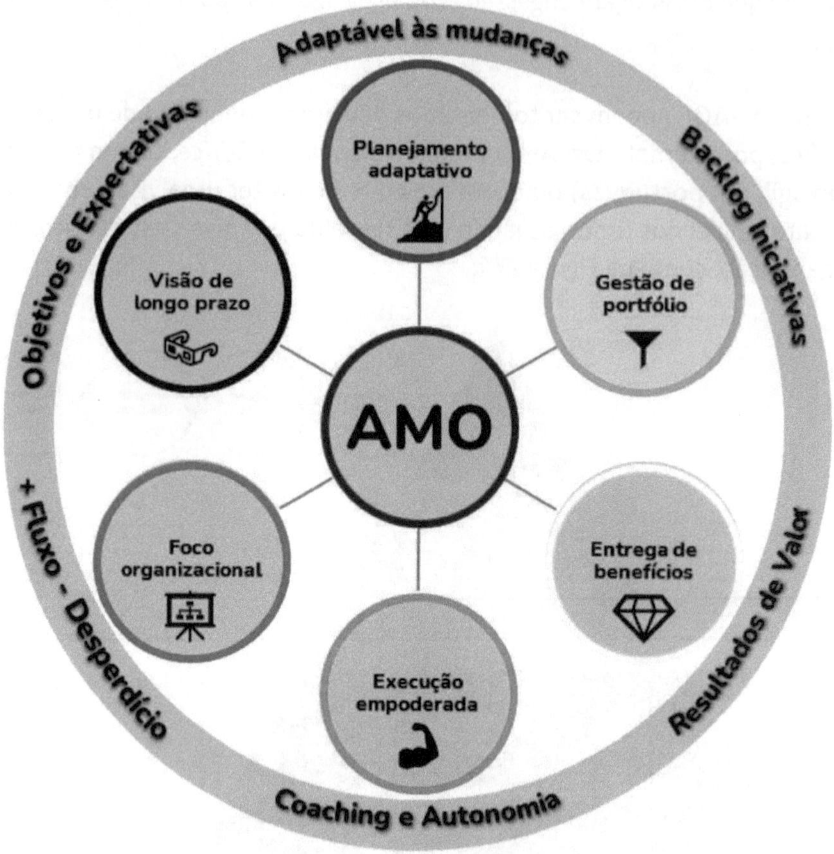

Figura 27.2. *Agile Management Office*.
Fonte: Rodrigues (2018).

Dessa forma, são estabelecidos meios para que as ações realizadas no nível tático possam ser direcionadas para atingir os objetivos estratégicos e garantir os benefícios esperados, além de estreitar cada vez mais a distância entre esses níveis com o uso de um sistema de gestão de metas mais efetivo.

27.2. Gestão de metas e resultados

Deve ser possível medir não somente aspectos quantitativos, como o atingimento de um dado volume de vendas ou um percentual de redução de custos, mas também elementos qualitativos, que reflitam a moral dos colaboradores ou o nível de maturidade em agilidade, por exemplo.

Os KPIs (*Key Performance Indicators*) normalmente são mais voltados a aspectos operacionais, que focam na eficiência e no desempenho da organização, e os OKRs (*Objective and key results*) medem resultados que mostram se a empresa está no caminho certo, ou seja, operando de forma eficaz.

O OKR é uma excelente ferramenta popularizada por John Doerr (2018) para apoiar no planejamento estratégico da organização, promover seus desdobramentos ao longo da estrutura organizacional e fazer a ponte com a operação, onde a governança pode realizar seus ciclos de acompanhamento, normalmente trimestrais e anuais.

De acordo com Muniz *et al.* (2020), OKR é um sistema de gestão com metas estruturadas e um valor para orientar as ações.

É composto de **objetivos** (significativo, concreto, orientado à ação e inspirador) ligados à estratégia, **resultados-chave** (específicos e delimitados no tempo) que medem o progresso e ainda **iniciativas** (projetos, produtos, unidades de negócio ou tarefas) para chegar aos resultados.

A governança ágil estabelecerá uma trilha para que todos tenham uma visão clara sobre onde se quer chegar, vejam os sinalizadores e sigam a mesma bússola, promovendo uma melhor cumplicidade estratégico-organizacional.

Outro aspecto relevante são os controles financeiros de cada iniciativa, pois é preciso aferir constantemente o planejado *versus* o realizado. Os times devem fazer a aferição e realizar *reports* em linguagem acessível, considerando aspectos como ROI (retorno do investimento), Taxa Interna de Retorno (TIR), Valor Presente Líquido (VPL) e *payback* (prazo para retorno).

A governança, dentro do seu escopo de atuação, garantirá que, independentemente do conjunto de metas utilizado, haja um cascateamento ou um alinhamento entre as áreas (no caso dos OKRs), mas dentro de uma dinâmica ágil e leve.

Esse cascateamento, conhecido em inglês como *cascading goals*, é a forma como esse alinhamento organizacional é criado. E não é fácil obter e manter todos alinhados.

Desenvolvido por Robert Kaplan e David Norton, esse sistema em cascata fornece uma forma de conectar a visão às metas em toda a organização, considerando (TOWNSEND, 2010):

- ✓ Visão descreve o futuro que se quer criar. É uma meta audaciosa.
- ✓ Prioridades estratégicas decorrem de decisões sobre a melhor forma de alcançar a visão.
- ✓ Iniciativas descrevem os esforços específicos que a empresa empreenderá para atingir os objetivos estratégicos.
- ✓ Metas são as conquistas específicas que os indivíduos trabalham para atingir a fim de concluir as iniciativas e alcançar a visão, usando a abordagem SMART (específico, mensurável, alcançável, relevante e com prazo definido).

Dessa forma, não importa a abordagem usada para realizar as iniciativas, pois a governança permeará qualquer uma delas para garantir a aderência à estratégia, permitindo alta coesão entre os times. Atitudes e formas ágeis de pensar são o caminho sólido para o alcance dos objetivos estratégicos.

28. Mecanismo "DevGovOps"

Daniela Toledo Santana
João Emmanuel Anacleto Pessoa

DevOps corresponde à junção do termo em inglês "Dev" (que se refere a "Development" - desenvolvimento, em português) com a palavra "Ops" (relativo a "Operations" - Operações). O *DevOps* é uma cultura que permite a criação de novas abordagens de trabalho entre esses times e os de planejamento e que contribui diretamente para a evolução da eficiência do desenvolvimento de software (KIM *et al.*, 2020).

Esse mecanismo é importante para a governança ágil, não apenas no âmbito de tecnologia, mas também para uma cultura orientada à simplicidade, comunicação e automatização por garantir um gerenciamento de lançamento de novas versões mais alinhado com os objetivos de negócio.

A sua adoção traz benefícios como: aumento na velocidade do desenvolvimento, na qualidade do software e redução dos erros de implantação e custos operacionais - assim tornando a empresa mais competitiva. Essas mudanças contribuíram para criar processos mais eficientes e reduzir o desperdício de tempo e recursos (seguindo o pensamento *Lean*).

Todavia, para que uma corporação ou área se intitule praticante do *DevOps*, ela precisará ter um fluxo contínuo e automatizado de entregas: todos os processos que envolvam desenvolvimento (planejamento, codificação, construção, teste) e operação (empacotamento, implantação, administração da produção, monitoração) devem estar integrados e ser realmente congruentes. A Figura 28.1 evidencia os conceitos atrelados à cultura *DevOps*.

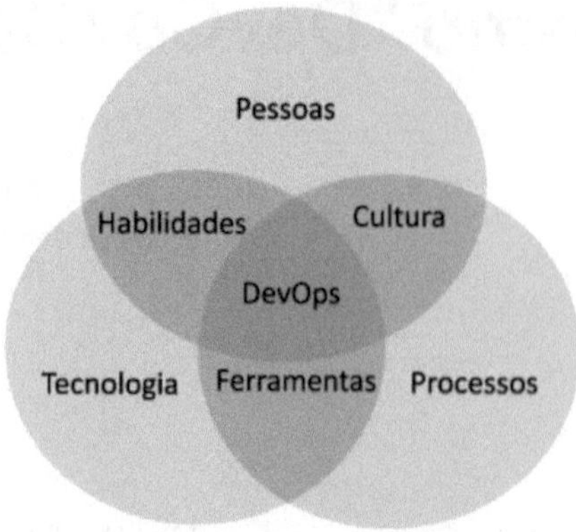

Figura 28.1. Conceitos da cultura *DevOps*.
Fonte: adaptado de Gripp (2019).

No âmbito do *DevOps*, os processos automatizados são conhecidos como *pipelines* (fluxos de trabalho), sendo os mais conhecidos (KIM *et al.*, 2020):

✓ ***Continuous Integration* (CI) – Integração contínua:** permite que os desenvolvedores possam construir software de forma mais rápida e em paralelo.
✓ ***Continuous Delivery* (CD) – Entrega contínua:** permite que as versões do software e/ou correções de *bugs* possam ser feitas de forma mais rápida e eficiente, sem a necessidade de interação humana durante o processo de instalação.
✓ ***Infrastructure as Code* (IaC) – Infraestrutura como código:** permite que recursos de infraestrutura possam ser criados de forma eficiente e, principalmente, que possam ser testados e replicados.

Em empresas sem uma cultura *DevOps* é muito comum fazer as coisas de forma manual (quase que artesanal) para o desenvolvimento e a implantação de sistemas. Essa abordagem ocasiona grandes desperdícios e erros.

Os erros de implantação impactam diretamente os indicadores e a qualidade do produto, gerando profundos problemas de comunicação entre as equipes de desenvolvimento, planejamento e operações.

A grande vantagem na adoção do *DevOps* é a eficiência e o controle do processo de gestão do ciclo de desenvolvimento de software, contribuindo diretamente para uma governança ágil mais efetiva, uma vez que é possível: identificar rapidamente quais são os problemas com base no processo automatizado; coletar e avaliar métricas de eficiência em cada etapa, bem como possibilitar a adaptação a vários tipos de cenários e clientes.

28.1. Afinal, como o *DevOps* se integra à agilidade e à governança?

Na Tabela 28.1 listamos os principais elementos correlacionados entre "*DevOps*" e "ágil", para então verificarmos como o *DevOps* pode ajudar efetivamente na governança ágil.

Tabela 28.1. Comparação ágil x *DevOps*.
Fonte: adaptado de Bhardwaj (s.d.).

Parâmetro	Ágil	*DevOps*
Filosofia	Mentalidade *fail-fast* – centrada na adaptabilidade.	Raiz na estabilidade/consistência/planejamento.
Metodologia	Foco no desenvolvimento.	Desenvolvimento e operações.
Área de foco	Ágil se concentra na velocidade	*DevOps* se concentra em velocidade e automação.
Principal preocupação	Reduzir desperdício/*Lean*.	Corte de custos.
Manifestações	*Scrum*, *Kanban*, XP, DSDM, desenvolvimento controlado por recursos	Integração contínua, entrega contínua e implantação contínua
Estágios	Ágil considera principalmente três etapas: implantação, teste e desenvolvimento.	*DevOps* inclui operações e monitoramento, além do desenvolvimento.
Feedback	O *feedback* é obtido do cliente.	O *feedback* é obtido de si mesmo.
Automação	Menos favorável.	Mais favorável.
Ciclos de lançamento	O produto é construído em ciclos de lançamento menores.	O produto é construído em ciclos de lançamento menores e com *feedback* imediato.

Cada vez mais se percebe o uso do *DevOps* como mecanismo para a agilidade dentro das empresas, pois seus conceitos são aplicáveis em qualquer contexto, visto que quase a totalidade das empresas possui a necessidade de recursos e sistemas tecnológicos.

Todavia, muitos equívocos podem atrapalhar o uso dessas práticas sob a ótica da governança. Por isso, é importante superar os paradigmas exemplificados por Prince K. (2021):

Equívocos de *DevOps*:

✓ ***DevOps* precisa do ágil para existir.** *DevOps* não precisa de metodologia ágil, é todo um processo particular. *DevOps* e ágil têm maneiras diferentes de trabalhar e desenvolver software. O primeiro é um processo que integra a equipe de desenvolvimento e operações para permitir desenvolvimento e entrega contínuos, enquanto o segundo enfatiza a iteração de desenvolvimento e teste no processo SDLC (o que significa que divide o produto em partes menores e as integra para construção, testes finais e prontidão para uso). Para uma governança ágil, não são requeridos ambos simultaneamente, mas certamente essa união trará resultados mais interessantes para todos, valendo-se do foco em entregas menores, disciplinadas, integradas e automatizadas para fluxo contínuo.

✓ ***DevOps* não funciona para sistemas grandes e complexos.** No passado foi dito que o modelo em cascata seria melhor para sistemas grandes e complexos, mas não é verdade. O *DevOps* remove todas as vulnerabilidades que os modelos mais antigos tinham no processo de desenvolvimento, seja para um sistema grande ou complexo. Isso acontece porque o *DevOps* usa métodos modernos para facilitar as tarefas e melhorar o dia a dia. A associação das boas práticas ágeis e de *DevOps* contribuirá para a adoção de padronização e monitoramento, inclusive em sistemas grandes e complexos – cenário em que se faz necessária uma governança ágil.

✓ ***DevOps* é apenas para entrega contínua.** O *DevOps* não é apenas para entrega contínua, mas também para operações contínuas, com dever de garantir o desenvolvimento contínuo, a entrega e a implantação no mercado para que a organização possa atingir o objetivo desejado. Mesmo após a implantação, as equipes de *DevOps* monitoram o desempenho também para enviar as atualizações. Portanto, os trabalhos de *DevOps* são muito mais do que apenas entrega contínua de software. *DevOps*, portanto, é um impulsionador de governança ágil, na medida em que trata todo o ciclo de gestão de entregas e serviços.

Equívocos ágeis

✓ **Modelos ágeis não podem funcionar com outros modelos.** A metodologia ágil oferece mais flexibilidade para incluir vários aspectos de outros métodos, como o tradicional ou o próprio *DevOps*. As etapas dos ciclos de desenvolvimento de produtos são mais curtas e múltiplas, mas podemos trazer conceitos relevantes dos métodos tradicionais para dentro da agilidade, como: gestão de riscos, gestão de custos, gestão de qualidade, entre outros. Dessa forma, os métodos ágeis são compatíveis com processos de outros métodos.

✓ **Ágil significa *DevOps*.** Ambos são diferentes um do outro. O ágil é baseado no desenvolvimento iterativo e o *DevOps* trabalha com a integração entre as equipes *Dev* e *Ops* para entrega e desenvolvimento contínuos de software. Ainda que com suas particularidades, a governança ágil irá se favorecer tanto da agilidade quanto do *DevOps*.

Entendendo que a governança compreende todos os processos de direção, ou seja, todas as ações, normas, regras e fluxos organizados para manter uma empresa a mais produtiva possível, então se valer da agilidade para tal só irá promover esse processo. Ter isso associado ao *DevOps* influenciará exponencialmente a obtenção de resultados. Considerando que ambos prezam pelo mesmo objetivo de ter fluxos, processos, ferramentas e pessoas trabalhando com foco em entregas menores e com a mentalidade adaptável e enxuta.

Então, olhando de fora em uma visão sistêmica, o *DevOps* terá muito mais resultado com o apoio da governança ágil.

O casamento dos dois fomenta a efetividade procurada em uma corporação, com a possibilidade de ter o desenvolvimento e as operações unidos à mentalidade ágil, com fluxos contínuos e automatizados, proporcionando de fato aquilo que se espera de uma empresa ágil.

Ainda que *DevOps* seja aplicável a software, todas as empresas tendem a depender ou se valer de soluções SaaS (*Software as a Service*), agora ou em um futuro próximo.

Logo, ainda que não sejam nativas de TI, cada vez mais as empresas caminharão para usar a tecnologia como elemento relevante do seu negócio, não meramente apoio. Isso acarreta diretamente no *DevOps* devendo fazer parte da estratégia de governança ágil.

28.2. Convergindo *DevOps* e governança ágil?

Para entendermos melhor os ganhos, vale ressaltar que a sinergia entre times multidisciplinares/autônomos (base da agilidade, com foco em entregas e ciclos menores, testes de hipóteses e *feedbacks*) associados à automatização de testes e entrega contínua (provocadas pelo *DevOps*) resultará em uma estrutura robusta de desenvolvimento e operação.

Mais do que automatizar *templates* e criar *dashboards*, a governança ágil deve efetivamente agir na detecção e correção de não conformidades no código e, sobretudo, mapear e atrelar a cadeia de valor ao ciclo de desenvolvimento dos produtos.

No entanto, um dos principais desafios para alcançar uma governança eficaz é estabelecer a cultura colaborativa correta, sendo árduo conseguir que pessoas com interesses distintos (e muitas vezes conflitantes), cooperem.

Capacitar as pessoas (não processos ou ferramentas) em uma visão comum exige tempo, esforço e confiança. Esta última é criada somente a partir da demonstração de benefícios transversais entre as equipes (BIRNFELD, 2018).

Em grandes empresas com áreas de governança ágil e *DevOps*, é importante criar uma cultura e fomentar uma mentalidade forte de colaboração entre as áreas e de não concorrência, pois é exatamente este o ponto que fará com que o resultado final seja muito mais interessante. O ponto-chave de sucesso para a empresa é quebrar a mentalidade competitiva de que *DevOps* é melhor ou a governança ágil é quem traz mais resultado.

Ainda que sua empresa não tenha uma área de governança estruturada, é possível implantar boas práticas de governança, usando como alavanca a própria estrutura já existente. Para praticar a governança ágil sustentada pela cultura *DevOps*, é possível começar com o que se tem hoje, trazendo algumas boas práticas e iniciar um trabalho progressivo.

Como exemplo, é possível propor experimentações por meio de POCs (provas de conceito) com times menores e focar nas práticas mais adequadas ao cenário da empresa, da equipe e do negócio.

28.3. Segurança e governança contínua

Um outro aspecto de governança a ser considerado fortemente é a segurança – apenas utilizar novas técnicas e ferramentas aplicáveis já não é mais suficiente. A governança ágil deve tratar o tema de segurança de modo compartilhado entre os membros das equipes.

Não falamos apenas de segurança da informação, mas da segurança enraizada no *design* dos produtos de software, resultando no denominado *DevSecOps*.

Nesse ambiente de entrega acelerada, sobretudo no digital, se fazem necessárias não apenas novas arquiteturas abarcando microsserviços, contêineres e ferramentas de segurança na nuvem, mas também a criação de toda uma cultura que integre processos de segurança dentro desse escopo de agilidade, acompanhando as entregas com resiliência e confiabilidade (AGARWAL, 2021).

Para construir um ambiente de *DevOps* próspero, você precisa reconsiderar como seus produtos são financiados e governados, e se estão em conformidade com todas as políticas internas e externas. Ao mesmo tempo, apenas transformar a governança de tecnologia não deve ser o objetivo, e sim pensarmos em uma governança contínua, uma vez que o progresso é menos sobre velocidade e mais sobre direção.

Derivada do paradigma contínuo, ou seja, dos pilares da cultura *DevOps*, a **governança contínua** é a habilitação de controles automatizados que promovam o código entre os estágios de um *pipeline* (ANOCHIE, 2019).

Assim, podemos vislumbrar ***DevGovOps*** como a incorporação da governança de tamanho adequado ao *DevOps*, sob medida para a organização e o cenário do setor, analisando as entregas, iterações e a evolução das áreas de governança, em especial de TI. Em suma, melhorar a governança para garantir que implementamos apenas a governança suficiente no momento certo (ANOCHIE, 2019).

Todos esses desdobramentos da governança ágil permitem o lançamento frequente de produtos de alta qualidade e seguros para os clientes em um ambiente verdadeiramente *DevOps*.

28.4. Conclusão

A governança, assim como as demais áreas das empresas, pode se beneficiar da própria agilidade no trato de seus processos e rotinas. Neste capítulo, pudemos constatar que a mudança de mentalidade do *DevOps*, valendo-se das aplicáveis práticas de agilidade, pode ser de grande contribuição para atingir a governança ágil.

Não para o futuro, mas já para o presente, diversas novas empresas estão se valendo de soluções *low code/no code*, que trazem novos participantes e demandas para as áreas de desenvolvimento e operações.

Oportunizar e impulsionar a mudança de cultura para um ambiente de colaboração onde a governança entende e apoia a mentalidade ágil integrada ao *DevOps* pode ser alavanca para a entrega contínua de valor, inovação e qualidade.

Por fim, o respeito e a colaboração de cada área dentro de seus focos e capacidades pavimentarão o caminho para os resultados aqui propostos.

PARTE V. IMPULSIONADORES DA GOVERNANÇA ÁGIL

29. Diagnóstico automatizado de governança ágil

Werther Krause

Vivemos em uma época na qual a velocidade de resposta a modelos de negócios em rápida mudança é mais importante do que nunca. Todavia, em vez de organizados em rede, os procedimentos envolvidos tendem a ser hierárquicos, cautelosos e burocráticos por natureza (WEF, s.d.).

As empresas que estão passando por transformação digital e ágil vêm migrando muitas das suas iniciativas para uma abordagem direcionada a cadeias de valor e orientadas ao desenvolvimento de produtos, em ciclos contínuos e iterativos.

Reconhecidamente, estratégias corporativas são implementadas através de projetos e programas. Segundo Pessoa (2009), a governança pode ser estratégica para a melhoria do desempenho corporativo. Assim, a boa governança deve garantir que a capacidade de produção organizacional seja suficientemente ágil para implementar a estratégia e as iniciativas como planejado.

A governança é usualmente compreendida também na perspectiva de tomada de decisões baseadas na abordagem Avaliar-Dirigir-Monitorar. Em nível de gestão, para que se obtenha agilidade, práticas e roteiros simples podem ser usados sem a necessidade de procedimentos complexos (FERNANDES; DINIZ; ABREU, 2019).

No âmbito governamental, o *World Economic Forum* (2021) destaca que são observadas proposições de diversas ferramentas de governança ágil: ao redor do mundo, governos estão usando a tecnologia para fazer *crowdsourcing* de políticas; laboratórios de políticas crescem rapidamente para inovar a governança; e *sandboxes* regulatórias são criadas para permitir que inovadores conduzam experimentos ao vivo em um ambiente controlado.

E à medida que governos e formuladores de políticas se veem cada vez mais constrangidos a reagir rapidamente diante da velocidade da inovação tecnológica, a sociedade também enxerga um novo papel para o setor privado e a academia trabalharem ao lado de funcionários públicos fornecendo conhecimentos sobre a governança das tecnologias que eles estão desenvolvendo por meio da adoção de padrões da indústria ou regulamentação baseada em desempenho.

Naturalmente, essas mudanças impactam profundamente como a governança corporativa atua nas diversas organizações (públicas ou privadas) – e, portanto, a governança ágil precisa acompanhar essas mudanças.

Ainda que a agilidade em governança esteja em sua infância, muito pode ser aprendido com as práticas à medida que são exploradas em todo o mundo. Mais do que um conjunto de perguntas orientadoras de diagnóstico e ferramentas a serem usadas, o ágil requer uma mudança nos sistemas.

29.1. Perspectivas de diagnóstico de governança ágil

Como diagnosticar o estágio de prontidão ou mesmo de maturidade em termos de governança ágil? Como estabelecer um processo sistêmico de melhoria contínua? Em Digital.ai (s.d.), é apresentado que mais de 86% das organizações adotaram práticas ágeis, e cerca de dois terços estão envolvidas na implementação de modelos de gestão baseados em cadeia de valor (VSM – *Value Stream Management*). Com base nesses dados, podemos considerar as seguintes perspectivas:

- ✓ A empresa avançou bastante em sua transformação digital e ágil, mas a governança corporativa ficou para trás com seus mecanismos anteriores a essas mudanças.
- ✓ A empresa ainda explora a agilidade em iniciativas isoladas, com times ágeis em diversos graus de maturidade (não ágil, iniciante, intermediário, avançado, especialista).
- ✓ A empresa já adota o ágil escalado (por exemplo, SAFe®), mas ainda encontra múltiplos times em diferentes estágios de maturidade.

Quando a transformação ágil envolver toda a organização, deverá ser abrangente e iterativa. Abrangente por envolver estratégia, estrutura, processos, pessoas e tecnologias. Iterativa porque o processo deve ser incremental e adaptável, à medida que evolui e o aprendizado é inserido no processo de transformação.

A realização de um diagnóstico de governança ágil é certamente um passo relevante para que se possa avaliar o nível de prontidão da organização para implementar e escalar a agilidade ou identificar *gaps* para o desenvolvimento da governança em estágios mais avançados.

Este capítulo traz algumas ferramentas que podem acelerar o diagnóstico e propor caminhos para a transformação, para a agilidade ou para o incremento da maturidade.

29.2. O primeiro passo de uma transformação ágil

Sladecek (2017) descreve que são inúmeras as razões pelas quais as organizações decidem recorrer à agilidade, seja para melhorar a qualidade e eficiência das equipes, quebrar silos, aumentar o comprometimento, regularizar as entregas ou então garantir que as equipes lidem com as solicitações com maior valor para o cliente. Mas por onde devemos começar?

Existem muitos aspectos que podem impactar sua transição ou transformação ágil, como a estrutura corporativa, os processos em vigor, a clareza dos objetivos ou o entendimento da agilidade. Assim, é importante saber se a transição para a agilidade se destina a uma ou várias equipes ou se é para toda a organização. Se você deseja que suas equipes de desenvolvimento sejam ágeis, qual será o impacto nas outras equipes da empresa? Há muitas perguntas a serem feitas ao mudar para a agilidade, mas certamente um ponto comum é o de que um diagnóstico do cenário geral será de grande ajuda nesse processo.

Para a governança ágil, um diagnóstico deve permitir avaliar o ambiente da organização, suas características e lacunas de agilidade e as oportunidades em governança. Isso facilitará a implementação da agilidade e de níveis maiores de governança onde a organização desejar. O diagnóstico, mesmo apoiado por ferramentas, deve ser liderado por profissional experiente em agilidade, mas também com vivência em temas correlatos à governança.

O diagnóstico de governança ágil pode ser o primeiro passo da transição ágil, permitindo ter uma boa estratégia, compreensão da situação atual e concentrando-se rapidamente em melhorias de alto valor, além de garantir o entendimento comum das abordagens ágeis e de governança em toda a organização.

Composto por pesquisas, observações e entrevistas individuais e em equipe, o diagnóstico destaca as condições favoráveis para suas equipes e para a organização incorporarem a filosofia ágil e enxuta. E também destaca os problemas e desafios a serem monitorados, para que as transformações sejam mais tranquilas.

Vale lembrar que a governança ágil impacta quatro dimensões de uma empresa: **negócios, cultura, estrutura organizacional e tecnologia**. Se alguma delas não for observada, a governança terá de lidar com muitos conflitos, gargalos e impedimentos. É por isso que as métricas consideradas sejam relevantes e possibilitem recomendações de melhorias de modo continuado.

29.3. Radares de agilidade

Existem ferramentas que permitem conhecer não só o seu nível de maturidade em agilidade e governança, mas também o seu progresso, ao mesmo tempo que destacam os principais aspectos a resolver (gargalos) e os que mais contribuirão para o seu crescimento. Contudo, cada empresa é responsável pelos diagnósticos e deve proceder com a customização do modelo com base em suas características e condições específicas.

Um diagnóstico de governança ágil deve:

- ✓ medir e visualizar a prontidão da organização visando a transformação ágil e de governança (implementar ou escalar);
- ✓ medir e visualizar a prontidão do departamento visando a transformação ágil e de governança (implementar ou escalar);
- ✓ medir e visualizar a prontidão das equipes visando a transformação ágil e de governança (implementar ou escalar).

Ainda que no mercado um enfoque maior possa ser dado para a agilidade, um diagnóstico customizado com os conceitos aqui dispostos se apresentará como uma ferramenta importante para sistematicamente verificar a governança ágil, identificando oportunidades de desenvolvimento, seja no âmbito organizacional, de equipes ou mesmo de liderança e membros do time. Por exemplo, baixa cultura orientada a produtos, falta de consistência nas práticas ágeis nos times, carência de integração e colaboração, procedimentos burocráticos e não seguidos por todos etc.

Ao fazer isso, a ferramenta usará perguntas para descobrir o *status quo*, os desenvolvimentos e mudanças importantes e, como efeito, poderão as equipes assumir o controle de seu próprio desenvolvimento. Usualmente, os resultados são apresentados na forma de radar (Figura 29.1), conforme as dimensões de cada pesquisa adotada.

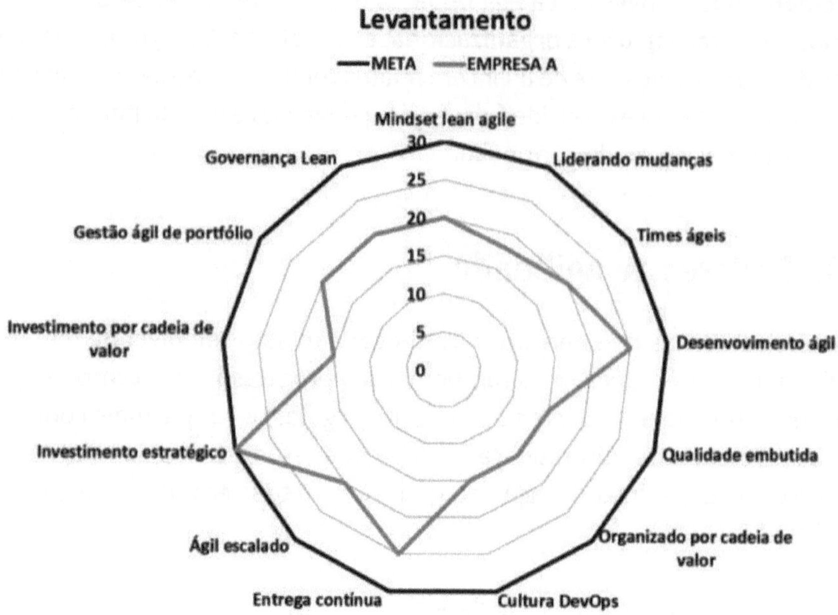

Figura 29.1. Exemplo de levantamento (*assessment*) na forma de radar.
Fonte: o autor.

Nesse formato, identificam-se rapidamente quais são os principais *gaps* e onde focar as ações. Com certeza existem dezenas de avaliações no mercado, com novas alternativas surgindo a todo momento. Neste capítulo, ilustramos algumas ferramentas e fazemos uma breve introdução sobre cada uma delas, atualizando a análise feita por Heidemeyer (2021) e adaptando-a para o cenário nacional. Qual a melhor? Deixaremos a critério do leitor, pois depende muito do contexto específico, da preferência de cada um e, principalmente, do nível de entendimento acerca dos temas de governança e de agilidade.

29.3.1. *Agile Governance Navigator*

O *Agile Governance Navigator* (WORLD ECONOMIC FORUM FUTURE COUNCIL ON AGILE GOVERNANCE, s.d.), através de ferramentas (*regulatory sandbox, policy lab, performance base regulation, crowdsourcing policy, self-regulation*) pergunta aos formuladores de políticas se eles concordam ou discordam das seguintes declarações:

- ✓ **Antecipatório:** a forma e o impacto da inovação podem ser facilmente definidos.

- ✓ **Orientação para os objetivos:** os objetivos e o uso pretendido da inovação são claros para todas as partes interessadas.
- ✓ **Inclusivo:** os *stakeholders* entendem e são a favor da inovação e sua implementação.
- ✓ **Abordagem de aprendizado:** é importante acertar a governança imediatamente, pois iterar e melhorá-la será difícil.
- ✓ **Ética:** implicações éticas importantes estão associadas à inovação.

29.3.2. *Agilometer*

Agilometer trabalha com seis áreas-chaves para as quais os funcionários atribuem notas de 1 (ruim) a 5 (perfeito). As áreas-chaves são divididas em flexibilidade, colaboração, comunicação, capacidade de iteratividade/entrega incremental, condições ambientais e aceitação do ágil (RAD, s.d.).

As organizações podem avaliar o quanto seu ambiente está pronto para adotar métodos de entrega ágeis. Esta ferramenta, embora não atue diretamente na governança ágil, pode levantar *gaps* importantes no nível de prontidão dos times.

29.3.3. *Agile Health Check*

O *Agile Health Check* é uma métrica que as organizações podem adaptar às suas necessidades para impulsionar melhorias orgânicas e sistemáticas em equipes e organizações (LEAN AGILE INTELLIGENCE, s.d.).

Em sua estrutura e design, traz elementos de diversos modelos, dentre eles o *Squad Health Check* e a pesquisa comparativa de agilidade (detalhados posteriormente), utilizando perguntas e teses sobre comportamentos, interações, valores e motivações.

29.3.4. *Agile Fluency® Model*

O modelo do *Agile Fluency Project* (s.d.) descreve uma prática rotineira e deliberada que resulta em "domínio" que persiste sob estresse. O *Agile Fluency® Model* foi desenvolvido para ajudar as equipes a determinar qual nível de fluência melhor se adapta às necessidades de sua organização. Os chamados "diagnósticos de fluência ágil" ajudam a avaliar a si próprios e a responder à pergunta "onde estamos?". Os facilitadores podem demonstrar um percurso de melhoria contínua da equipe – implicitamente contribuindo para a governança ágil ao levantar pontos importantes para o plano de desenvolvimento dos times.

29.3.5. *Comparative Agile Survey*

O *Comparative Agile Survey* é uma avaliação de monitoramento de saúde da agilidade que as empresas podem usar para desenvolver sua organização e seus colaboradores. Para fazer isso, compara-se sua maneira ágil de trabalhar com a de outros (COMPARATIVE AGILITY, s.d.).

É um instrumento interessante para desenvolver *benchmarking* em governança ágil. Dessa forma, são obtidos *insights* importantes para melhorar sua própria abordagem. O módulo "Melhoria Pessoal" fornece recomendações individuais e mantém a confidencialidade.

29.3.6. PAQ

O PAQ (*Project Approach Questionnaire*), do *Agile Business Consortium* (2014), é uma pesquisa sobre saúde da agilidade que utiliza 17 testes. Os funcionários respondem em categorias como "concordo totalmente", "concordo", "neutro", "discordo" e "discordo totalmente". Especialmente no caso de avaliações negativas, eles podem adicionar um comentário para explicar sua avaliação.

O PAQ refere-se aos riscos que podem causar problemas na execução de projetos com a abordagem ágil DSDM (*Dynamic Systems Development Method*, em inglês).

29.3.7. *Agility Health Radar*

O *Agility Health Radar* (s.d.) é um dos mais abrangentes, utilizando formulários *on-line* para avaliar as dimensões de "desempenho", "liderança ágil", "cultura ágil", "valores essenciais" e "clareza nas equipes". Apresenta radares no âmbito de indivíduos, times e organização, implementação, crescimento e escala etc. A avaliação ocorre automaticamente, com disponibilização dos resultados em arquivos PDF. As empresas devem ser capazes de usar a ferramenta principalmente para descobrir o potencial das equipes.

29.3.8. Roda Ágil

O modelo de Roda Ágil foca na avaliação de estágios, ou *assessments*, do time, divididos nas dimensões **negócio, cultura, engenharia/arquitetura** e **time/organização**. Como os atributos de cada nível são bem definidos, o plano para atingir o próximo patamar torna-se claro. A proposta de aceleração da maturidade do processo ajuda a enxergar os *gaps* de controle e liderança da organização, orientando a empresa para onde olhar no que tange à governança e conectando todas as visões da organização.

29.3.9. *Squad Health Check*

O *Squad Health Check* é um *workshop* no qual as equipes fazem uma retrospectiva do trabalho que executaram até agora. Os funcionários usam um sistema de semáforos (vermelho, amarelo e verde) para avaliar 11 dimensões diferentes de seu trabalho, incluindo geração de valor, aprendizado, diversão, missão e velocidade (KNIBERG, 2014).

É uma forma participativa de avaliar, entre outros aspectos, o próprio nível de maturidade em governança ágil.

29.4. Críticas/Conclusões

A crítica comum é quanto ao tamanho dos questionários. Em alguns casos, são feitas de 20 a 40 perguntas trimestralmente. Isso leva ao descontentamento, especialmente do lado dos funcionários. Infelizmente, a experiência tem mostrado que há uma grande quantidade de "fadiga de pesquisa" entre os funcionários. Sem contar que os resultados das pesquisas às vezes não são compartilhados com os funcionários – ou compartilhados com muita demora. A "transparência" como valor basal de governança é desconsiderada e a gestão discretamente apresenta medidas baseadas nos resultados (HEIDEMEYER, 2021).

Critérios científicos como objetividade, confiabilidade e validade dos modelos de medição muitas vezes não são atendidos e geram dúvidas quanto à objetividade dos resultados e sua implicação nos planos de ação.

A despeito das ressalvas às avaliações dessa natureza, o diagnóstico é um passo muito importante no processo de transformação para a governança ágil. De todo modo, vale reforçar que cada empresa deve customizar a abordagem para a sua realidade.

O diagnóstico de governança ágil ajuda a entender o estágio atual da organização e permite traçar planos mais objetivos de migração para um novo modelo de governança. Com base em levantamentos periódicos, identifica oportunidades de melhorias contínuas e pode acelerar o nível de maturidade organizacional.

O seu resultado deve ser comunicado aos responsáveis e envolvidos, para transparência e confiança. Pode ser aplicado em vários momentos: durante o processo de transformação ou no início, e aplicando indicadores que ajudarão a monitorar a evolução.

Como resultado, costuma apenas trazer os sintomas dos problemas organizacionais. Mais do que automatizar o diagnóstico, será necessário aprofundar as causas, para que se possa estabelecer um plano de transformação bem-sucedido.

Mas como sustentar esse movimento de mudanças? No próximo capítulo ("Mecanismos para manter a governança ágil"), apresentaremos dinâmicas para manter a área de governança relevante e atualizada.

30. Dinâmicas para manter a governança ágil

Milton Dias de Freitas Jr.

A governança ágil apresentada neste livro é sintetizada como a "aplicação da filosofia ágil a uma governança dinâmica e enxuta que, pela antecipação e inclusão, inspeção e adaptação, seja diligentemente capaz de preparar as empresas para o futuro, podendo ser utilizada em organizações, produtos, projetos e equipes, sejam eles ágeis ou não".

Tendo em mente esse conceito e entendendo que um dos objetivos para estabelecer uma governança é garantir que a estratégia da empresa esteja sendo cumprida, uma abordagem possível para manter a governança ágil funcionando bem é estabelecer dinâmicas que possam gerar evidências e pontos de controle de maneira fluida.

Elencamos a seguir seis principais dinâmicas para manter a governança ágil atualizada em uma organização.

30.1. Diálogo

A governança é a forma como uma organização se estrutura e se direciona. Isso se dá através das interações entre diferentes *stakeholders*. Os autores Robert Monks e Nell Minow (2011) definem governança como "a relação entre vários participantes na determinação da direção e performance das corporações". Considerando essa perspectiva e entendendo que isso precisa acontecer com agilidade, o diálogo é uma dinâmica preciosa para facilitar a relação entre os diversos envolvidos. Um bom diálogo estabelece:

- ✓ Inclusão das pessoas.
- ✓ Um canal de conhecimento, compartilhamento e interações.
- ✓ Incentivo e abertura para trocas de experiências.
- ✓ Geração de novas ideias e *insights*.

Além do diálogo na dimensão dos participantes, é importante construir diálogo entre a governança e a gestão. Um dos principais objetivos da governança ágil é direcionar a estratégia da empresa para que as áreas executoras façam a gestão de produtos, projetos e serviços de maneira a agregar maior valor com agilidade.

Na Figura 30.1 temos uma ilustração do ciclo de governança, que consiste em direcionar, avaliar e monitorar a estratégia da empresa para que a gestão seja executada de maneira alinhada à governança estabelecida.

A gestão foi representada com um ciclo PDCA, entendendo que tanto na gestão tradicional como na ágil o conceito de "planejar", "desenvolver", "checar" e "agir" existe no cerne, diferenciado basicamente pelo período de tempo estabelecido, sendo mais curto para a gestão ágil. Assim, podemos compreender o diálogo entre governança e gestão como uma dinâmica importante para constatar se os resultados gerados estão alinhados com o que a empresa busca.

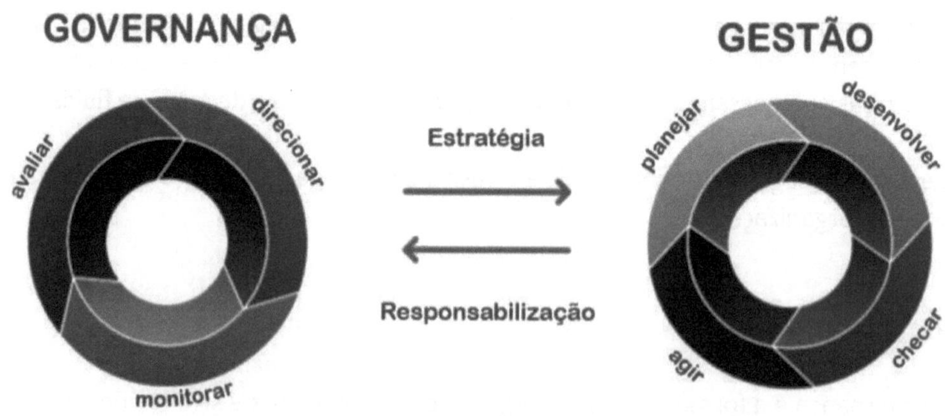

Figura 30.1. Diálogo entre governança e gestão.
Fonte: adaptado de TCU (2014).

Ressalta-se que o diálogo entre a governança nos níveis estratégico e tático é fundamental para o sucesso dessas iniciativas, sobretudo no cenário de agilidade proposto neste livro.

30.2. Transparência

A transparência é uma dinâmica essencial para promover a eficiência e a responsabilidade na conversão dos princípios estabelecidos pela governança ágil no longo prazo. Para que a transparência seja efetiva, a divulgação de informações deve ser relevante, acessível, oportuna e precisa.

Para serem relevantes e acessíveis, as informações devem ser apresentadas em linguagem simples e em formatos apropriados para as várias partes interessadas. Para serem oportunas e precisas, as informações devem ser fornecidas de forma que permita aos envolvidos compreenderem e se conectarem com a sua atuação diária.

Sabemos que a transparência não é um fim em si mesma, mas um meio de alcançar a responsabilidade, garantindo que as organizações se estabeleçam de maneira sustentável. As empresas vêm percebendo o valor que a transparência gera aos seus negócios – algumas já possuem esse fundamento enraizado na sua cultura, enquanto outras buscam incorporá-lo.

Existem alguns fatores externos que podem catalisar o processo de transparência, como, por exemplo, a Lei Geral de Proteção de Dados (LGPD), recente legislação brasileira que tem como objetivo principal dar maior proteção aos dados de pessoas físicas.

Além do seu objetivo principal, ela é uma forma de acelerar as empresas no aprimoramento dos seus processos e, com isso, gerar maior transparência e consequentemente elevar o nível de governança.

30.3. Métricas – conhecer o que está funcionando

O monitoramento de métricas é fundamental para a governança ágil. Com base na experiência do autor, alguns fatores podem auxiliar na definição de métricas para avaliação, consistindo em:

- ✓ Compreensão dos indicadores de negócios relevantes para os diferentes níveis organizacionais.
- ✓ Monitoração dos indicadores de forma sistêmica e em períodos mais curtos.
- ✓ Consolidação e avaliação dos resultados.
- ✓ Direcionamento de eventuais adequações.
- ✓ Estabelecimento de momentos periódicos para revisão e controle das métricas.

Com o ciclo de avaliação e monitoramento funcionando, podemos mais facilmente avaliar o progresso da governança ágil, tendo elementos concretos para orientar o replanejamento e mostrar a eficácia dos processos e resultados.

Mas para além das métricas já estabelecidas, ter uma escuta atenta ao *feedback* da equipe durante as retrospectivas é uma prática que aumenta a confiança do time no desenvolvimento dos seus serviços ou produtos. Fique atento ao *feedback* quantitativo e qualitativo para ampliar a visão de oportunidades de melhorias nos ciclos ágeis.

30.4. Processos e ferramentas como mecanismo de mudança

Os processos também são instrumentos importantes para que a governança se mantenha ágil, estabelecendo atividades, padrões, controles, papéis e responsabilidades para melhorar o desempenho e garantir o alinhamento com a governança. As ferramentas, por sua vez, são fundamentais para orientar, sistematizar, automatizar e ganhar escala nos processos.

A tomada de decisão é um elemento central quando falamos desse tema. Para que os processos de tomada de decisão sejam de fato ágeis, é preciso que a governança dê autonomia às pessoas que estão diretamente envolvidas na rotina dos processos.

Assim, a governança ágil busca estabelecer esse *trade-off* entre autonomia e direcionamento estratégico para empoderar as pessoas. Uma forma de estruturar isso organicamente é incorporar a avaliação de risco aos processos de tomada de decisão, não como um pensamento de limitação, mas como uma ferramenta de qualidade nos diferentes níveis que a tomada de decisão acontece.

A maneira ágil pode ser também complementada por ferramentas de fluxo de trabalho que facilitam a padronização, bem como a automatização e sistematização da avaliação de riscos na tomada de decisão.

Conjuntamente, para viabilizar a agilidade e a adaptabilidade, podemos aproveitar ferramentas como *Business Process Management Systems* (BPMS), que são sistemas de gestão dos processos de negócio com abordagem BPM (*Business Process Management*).

O BPM é a consolidação de práticas que visam a melhoria dos processos de negócio através da integração da estratégia com centralidade nas necessidades dos clientes, sendo um modo prático e poderoso para promover a mudança e agilidade (SMITH; FINGAR, 2002).

Esses autores propuseram no livro "Business Process Management: the third wave" (2002) uma abordagem que coloca a mudança como premissa no BPM. Afirmam que os processos de negócios devem ser ágeis e precisam ser monitorados e aprimorados continuamente. Contudo, é possível ir além do BPM com uma governança de processos adaptáveis e ágeis.

Por fim, é essencial compreender o nível de maturidade atual da sua organização, para se ter mais consciência das ações direcionadas.

Estabelecer modelos de maturidade ágil possibilita entender suas práticas atuais, identificar melhorias e estabelecer metas para elevar os níveis desejados.

30.5. Inovação aberta

Acompanhar as práticas ágeis em curso é essencial para saber se elas estão sendo efetivas e se geram valor, mas para isso é necessário estar atento às novas tendências, práticas e inovações que podem revolucionar os processos atuais de agilidade.

A inovação incremental é uma dinâmica possível para facilitar essa busca, mas naturalmente menos radical ou disruptiva, por se tratar de melhorias graduais em serviços ou produtos já existentes.

Assim, um caminho a ser perseguido é o da inovação aberta, conforme conceito proposto por Henry Chesbrough (2003). Trata-se de uma abordagem descentralizada e colaborativa, não focando apenas nas ideias internas da organização, mas expandindo a busca por troca de conhecimentos externos visando o avanço no desenvolvimento de novas tecnologias.

Um dos maiores desafios das empresas atualmente é o aprimoramento e a aceleração da capacidade de inovação da governança por meio da agilidade.

A inovação aberta pode auxiliar nas respostas para alguns desses desafios, como, por exemplo:

1. Vantagem estratégica por meio de uma nova perspectiva de gestão de inovação mais dinâmica, conectando de maneira mais orgânica as áreas de gestão e de governança.
2. Melhorias no desenvolvimento de produtos.

3. Aprimoramentos na implementação e sistematização de controles.
4. Melhorias para a criação de novos produtos e segmentos.
5. Mais comprometimento com a organização por parte dos diversos *stakeholders*.

Para alcançar a agilidade, precisamos de estruturas organizacionais flexíveis e alinhadas para viabilizar a permanente atualização da governança, garantindo assim a execução de processos otimizados, gerando mais valor, mitigando riscos e atingindo resultados mais sustentáveis.

30.6. Retroalimentação dos aprendizados gerados

Todas as dinâmicas sugeridas anteriormente geram oportunidade de aprendizado e melhoria nas práticas correntes.

O conhecimento é um dos maiores ativos das organizações. Fazer a gestão do conhecimento de uma forma ágil e que potencialize os resultados é entender que ele muda constantemente.

Consequentemente, as práticas na governança ágil precisam acompanhar essa dinâmica, sendo responsivas às novas ideias e incorporando rapidamente a estratégia com avaliação, direcionamento e monitoramento a fim de obter resultados rápidos e sustentáveis.

Adaptar o pensamento ágil para o que funciona melhor na sua organização é a chave para o sucesso.

30.7. Considerações finais

Uma das questões existenciais da governança é tratar "autonomia *versus* controle" – por um lado, garantir *compliance*, gerenciar riscos e agregar valor e, por outro, ser competitiva e trazer agilidade. Uma forma de evoluir a governança ágil é entender que os conceitos de autonomia e controle não são opostos, e sim complementares: a combinação dos dois gera escalabilidade sustentável.

Para garantir a governança ágil atualizada em uma organização, precisamos atuar com centralidade nas pessoas, tendo o diálogo como dinâmica para incluir e engajar, transparência para promover compreensão e conexão, métricas para sermos mais objetivos e ter uma escuta atenta ao *feedback* da equipe sobre processos e ferramentas para facilitar e orientar as ações. A inovação aberta surge como oportunidade para agregar valor com conhecimentos externos das instituições e a retroalimentação dos aprendizados gerados põe em prática essas dinâmicas.

Para que essas dinâmicas sejam efetivas, funcionais e de fato ágeis, é imprescindível que sejam centradas nas pessoas que irão utilizá-las e que a tecnologia garanta sua viabilidade. Tal combinação resulta em adaptação constante.

31. Destravando o potencial do time de governança ágil

Diego Ciarrocchi
Clovis Bergamo Filho

Novas formas de trabalho têm sido propostas, e arranjos como os expostos neste livro podem favorecer uma governança ágil.

Quais são os princípios que direcionam esse novo poder nas organizações? E, especificamente, qual é o modelo de equipe ideal e como o time de governança pode se adaptar às diversas realidades?

31.1. A evolução do modelo tecnológico e a governança coletiva

O novo contexto mundial deixa a gestão empresarial com mais necessidade de ser ágil, pois os cenários de negócios estão mudando com uma velocidade sem precedentes nas últimas décadas.

A evolução tecnológica gera um novo momento da humanidade que requer uma visão mais integrada das coisas e atenção ao que podemos absorver dessa evolução que está impactando drasticamente o nosso dia a dia.

Esse aspecto da evolução do modelo tecnológico é apresentado na Figura 31.1.

Nossa sociedade está em um momento de ruptura e não se pode contestar o que está acontecendo. Devemos nos adaptar e ser ágeis na gestão empresarial e na concepção dos times. Cada vez mais, observam-se caminhos possíveis e realmente ágeis para que a governança de uma organização influencie resultados positivos e alcance alta performance em suas equipes.

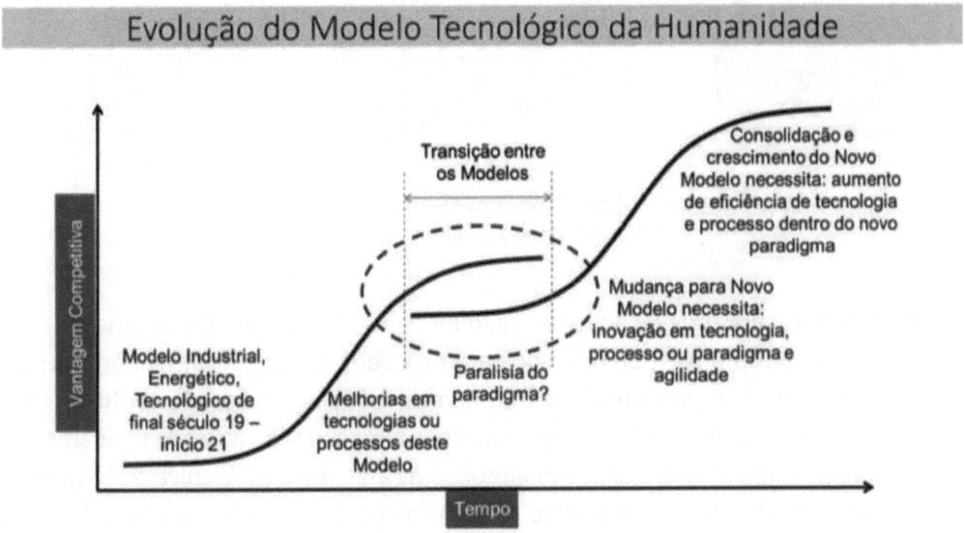

Figura 31.1. Evolução tecnológica.
Fonte: De Souza Junior; Bergamo Filho; Oliveira (2021).

No entanto, consideramos sempre a agilidade pensada sobre equipes, e nunca sobre um destaque individual. Nem mesmo como sendo responsabilidade de um gestor, pois o resultado de um gestor é sempre o resultado da entrega de sua equipe. Nesse sentido, como disse Brecht (1938): "infeliz de um país que precisa de heróis".

O mesmo vale para as organizações que ainda não entenderam que a governança é coletiva, que o novo poder é colaborativo e que as múltiplas inteligências propostas por Gardner (2015) florescem quando o ambiente seguro é proporcionado, fazendo com que a inteligência coletiva se destaque, e não somente um talento específico.

"Inteligência coletiva é uma inteligência distribuída por toda parte, incessantemente valorizada, coordenada em tempo real, que resulta em uma mobilização efetiva das competências" (LÉVY, 1998, p. 28). Somam-se também o reconhecimento e o enriquecimento mútuo das pessoas.

Com essa visão, podemos olhar o time de governança integrado com toda a organização de diversas formas. Na Figura 31.2, adaptada do conceito do livro "Team Topologies" (2019), Matthew Skelton e Manual Pais sugerem três tipos de interações que podem ser usadas pelo time de governança.

Figura 31.2. Tipos de interações.
Fonte: adaptado de Skelton; Pais (2019).

- ✓ **Colaboração:** time de governança, ou um membro, trabalha juntamente com equipes por um período definido para descobrir novos padrões, abordagens e limitações. A responsabilidade é compartilhada e os limites são confusos, mas os problemas são resolvidos rapidamente e a organização aprende rapidamente.
- ✓ **Equipe como serviço:** uma equipe consome algo (serviço, técnica ou ferramenta) fornecido "como um serviço" do time de governança. As responsabilidades são claramente delineadas, e, se o limite for eficaz, a equipe consumidora pode entregar rapidamente. A equipe prestadora do serviço procura tornar tal serviço o mais fácil de consumir possível.
- ✓ **Facilitação:** equipe ou membro do time de governança ajuda outra equipe a aprender ou adotar novas abordagens por um período de tempo definido. A equipe ou membro da governança que fornece a facilitação visa tornar a outra equipe autossuficiente o mais rápido possível, enquanto a equipe que recebe a facilitação tem uma atitude de mente aberta para o aprendizado.

Esse processo pode ser transitório e ágil em cada time, gerando assim escala dentro de uma organização. O time de governança aplica esse conceito em diversos times, ganhando escala e passando de um modelo de colaboração para o de equipe de governança como serviço, conforme figura:

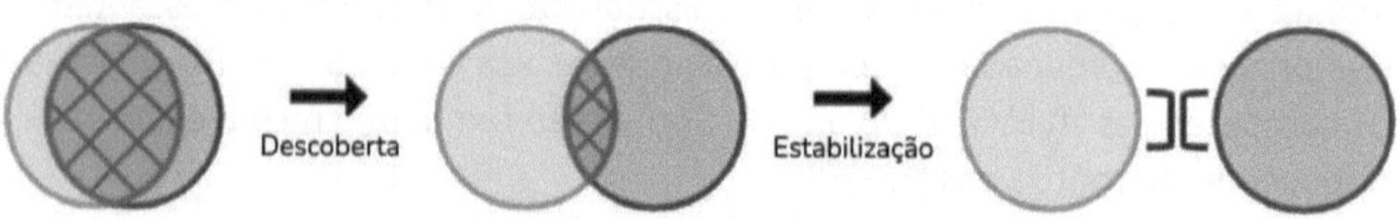

Figura 31.3. Transição de tipos de interações.
Fonte: adaptado de Skelton; Pais (2019).

Dentro desse contexto, falaremos das topologias de times e a influência na governança ágil e vice-versa.

31.2. Topologias de times e a governança ágil

A seguir, um guia com cinco passos para orientar a governança ágil com possíveis modelos de topologias de times.

31.2.1. Passo 1 – Definindo suas dimensões estratégicas

Dentro do contexto ágil, mais do que nunca o propósito precisa ser claro para toda a organização – a clareza favorece a decisão. Em todos os níveis hierárquicos, o planejamento, a estratégia e a direção precisam ser disseminados constantemente, e com todos se tornando responsáveis pela sua implementação.

Um primeiro passo quando pensamos em topologias ágeis é separar a organização em dimensões estratégicas, ou seja, quais são os macrotemas prioritários na organização? Nesse ponto, é essencial olhar para o longo prazo, conectado com a missão e visão da organização. Podemos chamar de programas, portfólio ou perspectivas, porém, dadas as especificidades de cada organização, a melhor prática é entender o negócio e propor as dimensões adequadas.

Em geral, de duas a oito dimensões são suficientes para agrupar temas relacionados. Uma dica é pensar nos pilares que sustentam o seu modelo de negócio.

31.2.2. Passo 2 – Organizando em times menores, cada time uma pequena organização

O próximo passo é pensar nos times e na sua distribuição. As dimensões ajudam a agrupar temas e consequentemente equipes, mas, ainda assim, dentro de cada dimensão objetivos específicos devem ser buscados. Atender aos objetivos específicos de cada equipe levará ao atingimento do objetivo maior da dimensão.

Nesse ponto entra um papel fundamental da governança ágil: ser o elo, a guardiã, para que não se perca o propósito comum da dimensão e todos os times apontem para o mesmo objetivo maior.

Uma das formas de garantir essa conexão é atribuir metas compartilhadas, OKRs, entre os times da mesma dimensão. Assim, mesmo que cada time tenha seus objetivos a alcançar, não perde de vista a coletividade necessária para que a engrenagem organizacional rode.

Uma forma de pensar a topologia dentro de uma mesma dimensão é organizar a dimensão como um grande repositório de iniciativas. A partir desse mesmo repositório, cada time busca tarefas e iniciativas com maior afinidade ou disponibilidade; com isso, garantimos que todo o trabalho empenhado esteja diretamente ligado ao resultado da dimensão trabalhada.

Em casos de empresas extremamente grandes, recomenda-se a criação de uma camada adicional entre a dimensão e os times (com um responsável de cada time) para garantir a integração e sinergia entre as ações coordenadas.

O representante não necessariamente é um cargo hierárquico diferente, mas o responsável por dar visibilidade às tarefas do time e coletar informações. É interessante inclusive que exista uma rotatividade dentro do mesmo time para exercer essa função.

Por fim, se torna essencial pensar inclusive nos espaços físicos e virtuais do time – por exemplo espaços físicos com arquitetura pensada para a troca entre os membros fluir. O mesmo ocorre em ambientes virtuais, com o uso de ferramentas de comunicação e cocriação.

Em cada time existe uma pequena organização. Querendo ou não, a cultura do time é própria e deve ser tratada como uma célula viva, autônoma e auto-organizada.

Essa abordagem se torna bem relevante em organizações muito grandes, espalhadas geograficamente e com topologias muito funcionais ou matriciais. Nesses contextos, se um time não tem o poder de mudar uma organização, deve se concentrar no seu microcosmo. Um líder de time é um micro CEO.

Para que esse modelo tenha agilidade, alguns critérios são essenciais:

- ✓ Tenha uma equipe de no máximo 12 pessoas (se tiver times maiores, recomenda-se quebrar em mais times).
- ✓ Dê autonomia e responsabilidade a todos.
- ✓ Deixe que o time tome as decisões coletivamente.
- ✓ Monitore o clima constantemente.
- ✓ Pratique o *feedback* entre todos os membros.
- ✓ Adapte-se aos desejos do time para o momento atual.
- ✓ Aplique a governança de forma intrínseca e extrínseca.

Nesta etapa, o time também deve definir as metas específicas e organizar a capacidade de execução.

31.2.3. Passo 3 – A comunicação e integração nas redes

Um dos papéis da governança nesse novo modelo é garantir a comunicação e integração entre todos os times. Em um modelo ágil em escala, esse passo se torna essencial para que todos caminhem na mesma direção.

Alguns rituais podem auxiliar, como reuniões entre times, retrospectivas, momentos de revisão de metas, análise do planejamento estratégico e até reuniões individuais entre membros de times diferentes.

Em alguns cenários, é favorável que um membro participe de mais de um time ao mesmo tempo, tendo como responsabilidade conectar as iniciativas, avaliar os impactos e otimizar os recursos organizacionais.

Nos anos 60, um engenheiro polonês chamado Paul Baran criou o conceito de redes distribuídas. Diferentemente do que ocorre nas redes centralizadas e nas redes descentralizadas, onde a informação depende de um ou de poucos pontos para fluir, na distribuída cada ponto se torna protagonista para receber, criar e compartilhar informação.

Dessa forma, a rede (distribuída) toda se torna mais forte, pois, mesmo que um ou alguns pontos falhem, a comunicação continua fluindo. Esse é o conceito da internet e de muitas redes de computadores.

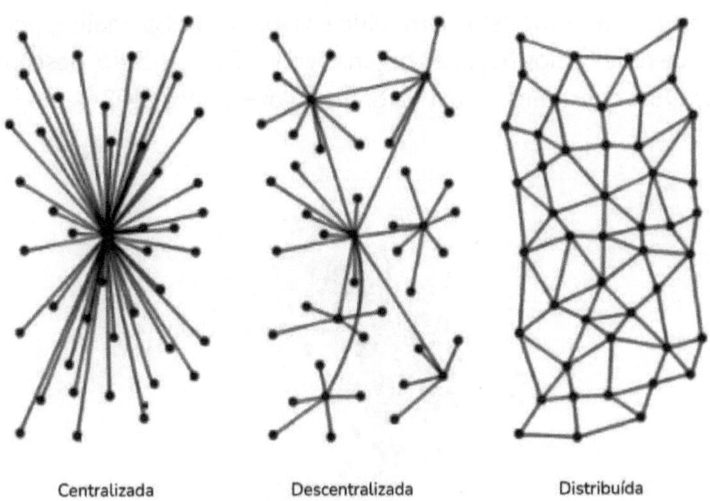

Figura 31.4. Diagrama de redes.
Fonte: adaptado de Paul Baran (1984).

Nas redes distribuídas, segundo o pesquisador Mark Granovetter (1973), existem os "laços fracos" (linhas pontilhadas) e os "laços fortes" (linhas contínuas).

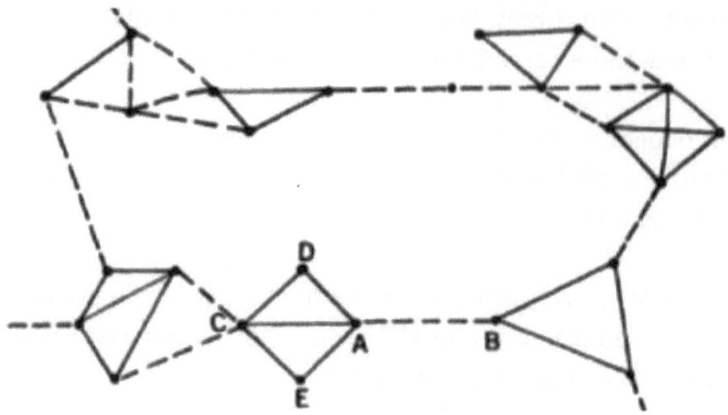

Figura 31.5. Diagrama de laços fracos.
Fonte: Granovetter (1973).

Os laços fracos ganham nesse tipo de rede um papel extremamente importante, transformando-se em protagonistas de transformações entre silos, grupos e redes menores. Esses laços se tornam ainda mais relevantes se lembrarmos que as redes são organismos complexos e vivos, em constante mutação. Dessa forma, o poder e a autonomia para cada ponto são fatores essenciais para manter o sistema em pleno funcionamento.

A seguir, o diagrama de modelo distribuído e vivo. Com essa análise, podemos refletir: que tipo de rede temos hoje nas organizações? Centralizado, descentralizado ou distribuído? Qual queremos e qual favorece a governança ágil?

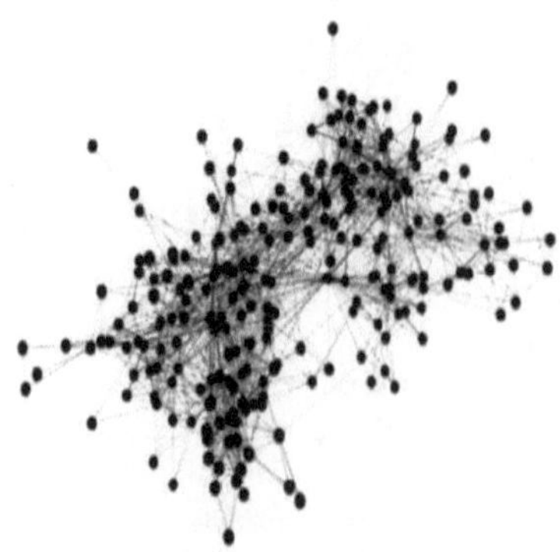

Figura 31.6. Diagrama de redes.
Fonte: adaptado de Laloux (2014).

31.2.4. Passo 4 – Um novo arranjo

Não basta o time estar conectado, é necessário ter a visão do todo. Nesta etapa, a governança ágil assume um papel vital para que as estruturas funcionem adequadamente.

Vemos nesse novo modelo uma governança mais descentralizada e distribuída em todos os times, arranjos e dimensões. A governança assume um papel muito mais agregador e facilitador. Uma vez que cada time é considerado uma célula autônoma, a governança se torna responsabilidade de todos do time.

Dessa forma, cada time tem inclusive a autonomia para pensar e aplicar a governança necessária para atender às suas necessidades. A partir dos resultados obtidos, compartilha o conhecimento com outros times.

Assim, a governança ágil inverte a lógica tradicional e cresce dos times para a organização, e não da liderança, assumindo que as pessoas que estão mais próximas das ações devem tomar a decisão. Quanto mais proximidade com a situação, melhor a tomada de decisão.

Com isso, começa a fazer mais sentido que exista mais diálogo, mais troca e menos regras e diretrizes rígidas. Passamos a enxergar a governança como um organismo vivo, complexo, flexível e autônomo.

Vivo porque está em constante movimento. Isso pressupõe adaptação a cada nova necessidade que surge por fatores internos ou externos. Complexo porque exige diversas conexões, estruturas e possibilidades. Flexível a ponto de ceder e moldar-se para cada parte da estrutura. E, por fim, autônomo por entender que a governança deve ser pensada, executada e medida por todos.

Esse novo arranjo, mais participativo e dinâmico, traz um maior engajamento dos times, fazendo com que todos se sintam parte e moldem a cultura que desejam para a organização, trazendo como consequência resultados positivos exponenciais à medida que todos tenham esse novo olhar sobre seus times, suas carreiras e suas organizações.

31.2.5. Passo 5 – Criando um ambiente seguro nas redes e o estado de *flow*

Por fim, para que os times tenham alta performance, é necessário criar um ambiente seguro – sem isso dificilmente o modelo avança. Deve-se trazer o conceito de segurança psicológica (EDMONDSON, 2018) para que todos consigam se expressar, interagir, aprender e pertencer.

Alguns direcionadores apoiam esse conceito e devem ser usados como guia para medir a segurança psicológica do time:

- ✓ Ao cometer um erro, este não será usado contra você.
- ✓ Os membros da equipe são capazes de apresentar problemas e questões difíceis.
- ✓ É possível assumir riscos.
- ✓ Entender a governança ágil como responsabilidade do time.
- ✓ É fácil pedir e dar ajuda e *feedback* a outros membros da equipe.
- ✓ Assume-se que todos estão trabalhando em prol do benefício coletivo.
- ✓ São feitas mais perguntas.

Soma-se a esse conceito o que Csikszentmihalyi (2020) chama em seu livro de ***flow***, ou seja, o estágio onde desafios e habilidades estão altamente calibrados e colocados na medida correta, onde não há ansiedade, pois existem desafios e não as habilidades necessárias, nem há apatia (onde existem as habilidades, mas não os desafios).

Ao chegar nesse estágio, com segurança psicológica e a correta topologia dos times, alcançamos a alta performance. A seguir, um quadro resumo para auxiliar a aplicação dos cinco passos da governança ágil na topologia de times:

Tabela 31.1. Cinco passos da governança ágil e a topologia de times. Fonte: o autor.

	Passo 1. Definindo suas dimensões estratégicas	**Passo 2. Organizando em times menores, cada time como uma pequena organização**	**Passo 3. A comunicação e integração nas redes**	**Passo 4. Um novo arranjo**	**Passo 5. Criando um ambiente seguro nas redes e o estado de *flow***
Objetivo	Separar a organização em macro temas	Facilidade de gestão e paralelismo de atividades	Times conectados entre si	Promover mais agilidade na organização	Criar times de alta performance
Definições	De dois a oito pilares que sustentam a organização	Organização de times dentro da mesma dimensão estratégica	Membros de times diferentes devem interagir constantemente	A governança nasce a partir do time e é compartilhada com a organização. Distribuída e centrada nas pessoas	Aplicar segurança psicológica nos times
A governança ágil	Alinhar o propósito com as dimensões estratégicas	Garantir sinergia entre os times	Proporcionar rituais para que a comunicação flua	Cada time decide o modelo ideal. O time como protagonista	Favorecer o ambiente seguro
Como medir	Através de análise do mercado, concorrência e *stakeholders*	Através dos objetivos comuns entre os times da mesma dimensão e pesquisa de clima	Atingimento das metas compartilhadas	Clima organizacional e maior engajamento dos membros	Sensação de pertencimento dos membros
Resultados	Garantir a sinergia entre as dimensões e ações implementadas	Pequenos grupos autônomos de trabalho com objetivos específicos claros e definidos	Agilidade na tomada de decisão	Valor estratégico de cada entrega. Times responsáveis pela governança	Melhor performance coletiva
Impacto	Potencializar o propósito da organização	Times focados, sem interferência externa, tomando iniciativas rápidas elevando a performance	Rápida resposta a mudanças	Maior maturidade da organização e senso de propósito claro	Objetivos estratégicos atingidos

31.3. Novo modelo de empresa TEAL

O modelo de empresas TEAL de Frederic Laloux (2014), com base na Teoria Integral do psicólogo Ken Wilber, propicia um olhar diferente sobre o futuro das organizações para conseguirmos mais agilidade e resultado efetivo.

Não conseguiremos implementar uma organização em rede sem criarmos uma base estruturada para todos os atores trabalharem em conjunto e com o mesmo objetivo.

Só conseguiremos evoluir efetivamente na direção desse modelo com a implementação dos conceitos propostos por Laloux (2014), que, combinados com a visão dos autores, resultam em:

- ✓ **Autogestão:** é fundamental os profissionais terem a consciência de seus deveres e obrigações, metas a serem atingidas e, principalmente, o valor agregado que geram. Eles devem coordenar e gerenciar o seu tempo para entregar as suas atividades. Não existe mais espaço para um profissional ser tutelado por outro.
- ✓ **Integridade:** se estamos pressupondo autogestão, está subentendido que essa liberdade só existirá com a integridade interior de ambas as partes, para ter uma fluidez apropriada que passa pelo incentivo de cada um poder demonstrar a totalidade do seu ser.
- ✓ **Evolução:** as mudanças constantes forçam nosso contínuo aprimoramento profissional e organizacional. Precisamos ter muito foco para não desperdiçarmos tempo com modismos que não agregam valor.
- ✓ **Propósito:** lembre-se de que o ser humano é um agente de transformação e sua vida deve ter um propósito claro e definido. Gostamos de falar sobre extinguir a palavra trabalho e vermos acima de tudo um propósito – devendo, sim, refletir claramente no momento que estamos em uma empresa.
- ✓ **Resultado:** não adianta termos modelos acadêmicos excelentes que no final do dia não geram resultado. Lembre-se de que todos nós temos como missão gerar resultados para as nossas organizações.

Não conseguiremos resultado sem utilizarmos o melhor de várias abordagens, adaptando-as ao nosso contexto e à realidade em questão.

Este tópico é fundamental para uma organização criar os fundamentos para a efetiva mudança organizacional de forma perene e sustentável.

Mas como fazer isso na prática nas empresas atuais?

31.4. Novo modelo mental das organizações e governanças ágeis

Agilidade não é ser rápido; é a capacidade e flexibilidade de se adequar rapidamente a novos cenários empresariais – e isso caracteriza as empresas ágeis. Uma boa analogia é um "trem bala", que é muito veloz, porém não é ágil e flexível para mudar de rota conforme novos obstáculos, tendo que ter uma atuação linear e única (DE SOUZA JUNIOR; BERGAMO FILHO; OLIVEIRA, 2021).

Essa mudança cultural exigida passa por uma jornada empresarial onde dois pilares são postos: mudança estrutural para rede TEAL; cultura da empresa com um novo *mindset* de agilidade, lembrando novamente que falamos de flexibilidade.

As redes ganham uma visão hoje que H. Timms e J. Heimans (2018) chamaram de "O Novo Poder". Os pontos anônimos, que antes eram coadjuvantes, se tornam agora protagonistas, com mais liberdade e autonomia.

Com isso, novos valores são propostos e novas formas de trabalho e arranjos surgem e favorecem a governança ágil.

Tabela 31.2. Governança tradicional x governança ágil em times.
Fonte: o autor.

Modelo antigo de governança		Governança ágil
Formal e hierárquica	X	Informal, em rede e auto-organizada
Competição	X	Colaboração
Confidencialidade	X	Transparência radical
Especialização	X	Generalização
Rígido	X	Flexível e adaptativa
Visão de longo prazo	X	Visão de médio e curto prazo

Ressalta-se que este processo não é simples e requer o balanceamento e a priorização das atividades, sobretudo em um cenário com recursos limitados e dinamismo nas mudanças.

Logo, é fundamental uma governança ágil para propiciar uma visão clara do caminho a ser percorrido, que pode passar pelo novo modelo mental apresentado na Figura 31.7.

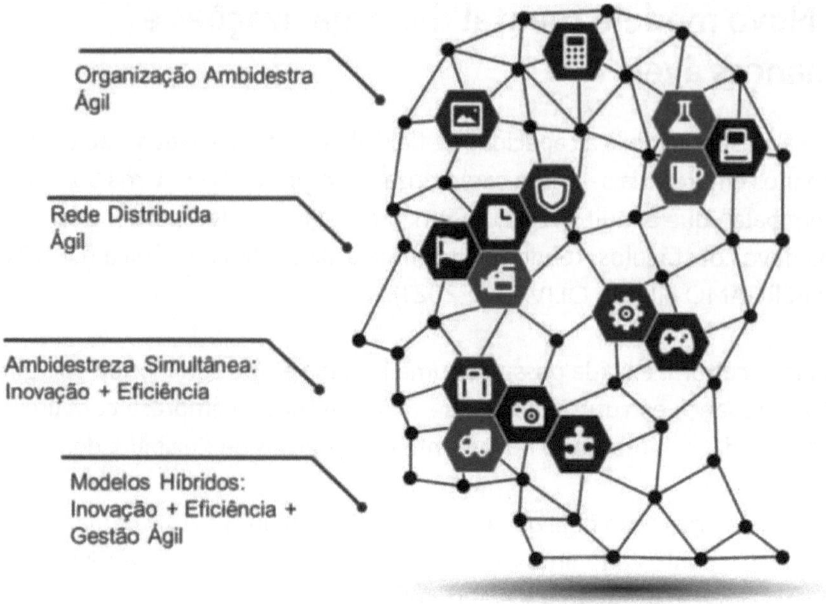

Figura 31.7. Novo modelo mental.
Fonte: adaptado de Laloux (2014); McChrystal; Silverman (2015); Ries (2019); Zabiegalski (2019); De Souza Junior; Bergamo Filho; Oliveira (2021).

A governança hoje tem um novo papel, respondendo às mudanças e necessidades organizacionais, mais integrada com o todo e mais próxima dos times e das pessoas. Todos se tornam protagonistas e pontos ativos para que esse organismo se desenvolva de forma coletiva e colaborativa. Os desafios são muitos, mas os resultados são potentes.

Convidamos a todos a participar dessa jornada que será a próxima fronteira da gestão empresarial, de forma sustentável e com uma governança que seja igualmente ágil. Um grande desafio a ser percorrido por todos nós.

32. Repensando o financiamento e o orçamento para atender à governança ágil

Cristiano Hermogenio Heringer

No cenário atual, diante de uma aguda e acelerada transformação digital, a gestão de orçamento e financiamento passa a ser de suma importância para as empresas, desde *startups* até as maiores em seus segmentos.

A governança bem estruturada e alinhada à estratégia, no que tange a orçamentos e financiamentos de projetos e produtos cada vez mais baseados em tecnologia, se mostra essencial e pode definir não só as respostas às questões atuais, como também a competitividade em produtos e serviços.

Neste capítulo iremos observar que, apesar das mudanças geradas por metodologias, tecnologias e necessidades estratégicas, os orçamentos e investimentos, com planejamentos de custos baseados em entrega de valor, se mostram importantes e decisivos para o sucesso (SEBRAE, 2016).

32.1. Os entraves da visão clássica de planejamento de orçamentos (*budgets*)

São diversas as formas, modelos e soluções (incluindo software) para planejar, gerenciar e controlar um orçamento de projeto ou serviço. Para exemplificação, abordaremos neste tópico o cenário envolvendo projetos de tecnologia.

Em uma pesquisa recente da Bain & Company com 300 executivos globais, mais de dois terços disseram que o planejamento anual resulta em uma estratégia fraca, com pouca capacidade de execução e pouca adaptabilidade às mudanças (JUDAH *et al.*, 2016).

Ainda assim, a maioria das organizações está acostumada com o processo de planejamento anual mais tradicional que analisa o orçamento do período anterior e o ajusta com base no que é esperado para o subsequente.

A *Harvard Business Review* (SULL; HOMKES; SULL, 2015), em estudo com 262 empresas, identificou que mais de 80% adotavam sistemas formais para gerenciar compromissos entre silos, incluindo comitês multifuncionais, acordos de nível de serviço e escritórios centralizados de gerenciamento de projetos. Porém, apenas 20% dos executivos acreditavam que esses sistemas funcionavam bem o tempo todo ou a maior parte do tempo.

Isso significa que duas em cada três organizações não sabem como vão entregar sua estratégia de forma eficaz, embora gastem muito com processos ou sistemas e tempo planejando.

Com base nessa conceituação dos entraves e alguns problemas já conhecidos nos modelos clássicos, nossa análise terá foco em uma abordagem prática e evolutiva, permitindo a liberdade de escolha entre elaborar o seu próprio plano ou, a partir de alguma base ou modelo, de forma incremental, aplicar as ferramentas aqui citadas, evoluindo para a sua necessidade.

32.2. Governança ágil – visão de planejamento de investimentos incremental

Figura 32.1. Etapas de investimento e planejamento orçamentário.
Fonte: o autor.

32.2.1. Etapa 1 – Organizar um planejamento de custos e investimentos dos projetos

Nossa abordagem em governança ágil sugere um planejamento, porém a organização pode gastar menos tempo nele, criando ciclos de planejamento mais adaptáveis, considerando de oito a 12 semanas, com uma perspectiva mais ampla e que realmente conecte o planejamento ao desempenho (entrega de valor).

Focar na estratégia e na entrega de valor, sendo este o caminho mais adequado para empresas onde tudo ao seu redor está em constante mudança, pode exigir uma mudança cultural.

Como referência, nas etapas a seguir, traremos processos de governança orçamentária incremental com foco na redução de desperdício e destinados a articular os resultados esperados de uma iniciativa, bem como o que será necessário para alcançar esses resultados.

A adoção de uma metodologia como o *Lean Budgeting Incremental Funding* (financiamento por fluxo de valor com base no *Lean-Agile*) – onde o fluxo de valor é definido como um processo de negócios de ponta a ponta – permite a flexibilização do orçamento, que deixa de ter somente uma visão anual.

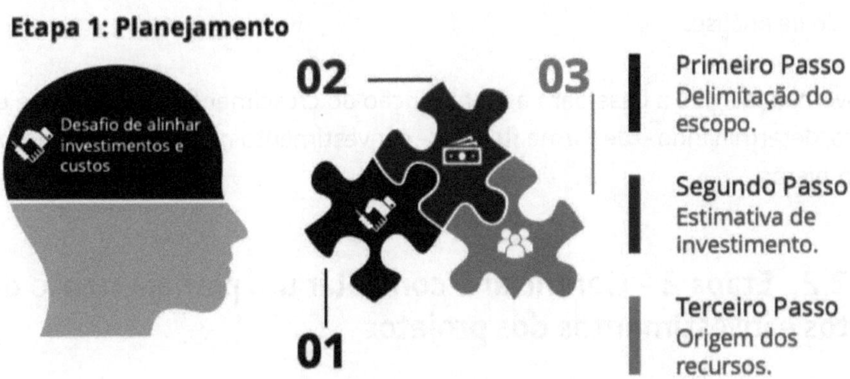

Figura 32.2. Etapa 1 – Organizar um planejamento de custos e investimentos dos projetos. Fonte: o autor.

Primeiro passo: delimitação do escopo

Trata-se de entender e definir o escopo dos projetos a serem considerados, alinhando-os à visão estratégica, pensando sempre na entrega de valor que eles representam.

É o passo mais pertinente da etapa, determinante para o seguimento ou não do projeto e sua viabilidade. A criação de orçamentos de portfólio alinhados à estratégia corporativa é a base para a análise dos resultados e o devido acompanhamento dentro da governança ágil.

Segundo passo: estimativa de investimento
São diversas as formas de estimar um projeto, e muitas vezes isso gera até controvérsias entre os times. Uma visão ágil de governança é capaz de compreender que esse item nunca gerará unanimidade – e nem deveria gerar.

Nesta etapa são abordadas de forma estruturada e conjunta as principais informações para a tomada de decisão, tais como: projeto, benefícios esperados (qualitativo), resultados esperados (quantitativo), épicos definidos e priorizados já escritos, definição de um Mínimo Produto Viável (MVP), além de qualquer informação que seja importante para a escolha dos investimentos.

Terceiro passo: origem dos recursos
O detalhamento ou mapeamento inteligente dos recursos necessários, tais como mão de obra, infraestrutura, materiais necessários, investimento da empresa, entre outras necessidades do projeto como um todo, pode permitir, por exemplo, múltiplos projetos simultâneos, além de gerar previsibilidade, incluindo saúde e alocação financeira conforme crescimento esperado em comparação ao resultado apurado no ciclo de análise.

A governança ágil é a base para a manutenção do crescimento sustentável e estratégico, determinando – de forma flexível – o investimento necessário e a priorização dos projetos.

32.2.2. Etapa 2 – Gerenciar e controlar um planejamento de custos e investimentos dos projetos

A governança ágil tem papel ativo e muito importante nesta etapa do processo, não focado apenas na entrega de projetos dentro do prazo e do orçamento, como nos modelos anteriores, mas devendo se concentrar de fato na velocidade das mudanças, na visibilidade das iniciativas, na melhoria contínua, na otimização de resultados e na necessidade da empresa de inovar e aumentar sua eficiência competitiva.

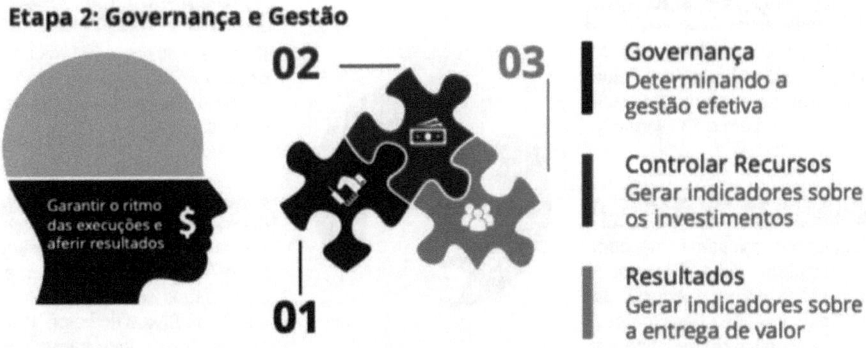

Figura 32.3. Etapa 2 - Gerenciar e controlar um planejamento de custos e investimentos dos projetos. Fonte: o autor.

32.3. A governança ágil e os indicadores de recursos e pessoas

A velocidade de entrega exige colaboração multifuncional, pois afeta todo o portfólio. A governança ágil atuará junto às áreas de projetos, de negócio e de finanças, garantindo que todos trabalhem em conjunto para que os produtos cumpram a estratégia e tragam valor ao portfólio.

Os indicadores do uso de recursos e pessoas envolvem componentes objetivos e subjetivos, os quais oferecem uma visão muito rica e necessária, já que eficácia, *turnover* e produtividade são tão importantes quanto indicadores de qualidade, lucratividade, valor do *ticket* médio e outros indicadores estratégicos (Objetivos e Resultados Chave - OKR, Indicadores-Chave de Desempenho - KPI).

32.4. Aplicando *Lean Budget* para governança ágil

Para entender melhor essa aplicação em um cenário de governança ágil, utilizamos uma visão em quatro passos do processo, sendo elas apresentadas na Figura 32.4 (PETERSON, s.d.):

Figura 32.4. Quatro passos para o *Lean Budget*.
Fonte: adaptado de Peterson (s.d.).

A governança ágil em empresas tem foco em entregar produtos e soluções, alinhando o trabalho e o financiamento às entregas, assim criando e gerenciando valor com mais eficiência.

Com a abordagem enxuta de orçamento, são alocados recursos para fluxos de valor (*value stream*), acrescentando ao processo o que podemos chamar de grades de proteção (*guardrails*) para definir políticas, diretrizes e práticas de gastos para esse portfólio (APPELBAUM, 2020):

- ✓ Flexibilidade no atendimento de mudanças, seguindo a grade de políticas, diretrizes e práticas de gastos definidas e devidamente comunicadas.
- ✓ Autonomia para os times operacionais, em nível de épico, sem precisar escalar para níveis superiores de gestão, liberando o tempo do gerenciamento para um trabalho mais estratégico.
- ✓ Velocidade para cada fluxo de valor, seguindo as priorizações e necessidades das áreas de negócios, alinhadas às estratégias definidas que mantêm a coesão por todo o portfólio de produtos e soluções.
- ✓ Adoção de equipes auto-organizadas dentro de uma estrutura de financiamento baseada no fluxo de valor, o que significa que os funcionários são organizados em equipes autossuficientes e multifuncionais que trabalham juntas para alcançar um objetivo comum e não alocadas de projeto para projeto ou de equipe para equipe, o que é ineficiente e pode ser prejudicial à moral.
- ✓ Alinhamento em torno de metas compartilhadas e definidas para seu fluxo de valor.

✓ Otimizar as alocações de financiamento e recursos para seu fluxo de valor priorizado, sempre fornecendo valor máximo em comparação aos demais itens do portfólio.

32.5. Por que utilizar governança ágil na gestão de orçamentos?

As abordagens tradicionais não conseguem acompanhar as necessidades de mudança no ritmo e na priorização para que as organizações trabalhem com mais eficiência. Na Tabela 32.1 vemos alguns pontos sobre esse aspecto:

Tabela 32.1. Governança ágil – Abordagem tradicional e abordagem ágil/enxuta. Fonte: adaptado de Planview (s.d.).

Abordagem tradicional	Abordagem ágil/enxuta
Trabalho designado de cima para baixo (*top down*) para as equipes	As equipes colaboram para a tomada de decisão
As pessoas são movidas de projeto para projeto e trabalham em muitos projetos ao mesmo tempo	O trabalho flui para equipes de longa data, os chamados *core teams*, e o valor é entregue de forma incremental
Planos de projetos detalhados e carregados de requisitos são criados antes do início do trabalho	Os casos de negócios *Lean* ou épicos do *Product Backlog* são utilizados para priorizar e financiar o trabalho que mais importa
Os planos são orientados a projetos e normalmente seguem planos anuais inflexíveis que são difíceis de mudar	Os planos são orientados para o valor e adaptáveis (em ciclos), para produzir o máximo valor a cada entrega
O trabalho é muito detalhado antes mesmo de ser iniciado	O trabalho é entregue de forma incremental e o *feedback* do cliente é coletado para definir o que será feito em seguida
O orçamento e o financiamento baseados em projetos são rigidamente controlados pelas finanças	Financiamento do fluxo de valor, com entrega de valor determinada pelos líderes e membros da equipe
Aderência ao trabalho orientado ao projeto em cascata, marco ou etapa	Aderência e foco na entrega de valor orientada por resultados

Aspectos presentes na governança ágil, que usa um modelo ágil e enxuto, refletem diretamente no engajamento dos times, os quais passam a contribuir para a tomada de decisão, trazendo colaboração e transparência.

A definição dos objetivos estratégicos pelos executivos durante o planejamento restringe os limites da grade de proteção, mas em contrapartida permite a liberdade de decisão de uso do orçamento, buscando a melhor aplicação dos recursos e por consequência rodando o planejamento de forma a gerar maior entrega de valor.

Usando como base as dimensões e os domínios do *business agility* (MUNIZ *et al.*, 2021), podemos dizer que a adoção da governança ágil para gestão de orçamentos e financiamentos inicia uma jornada para ressignificar estruturas corporativas tradicionais, de forma incremental – um passo por vez, aprendendo com erros e acertos –, dependendo fundamentalmente das pessoas.

32.6. Governança ágil: *canvas* para incremento do programa de investimento

Para consolidar esse processo e permitir melhor visibilidade, criamos um *canvas* (Figura 32.5):

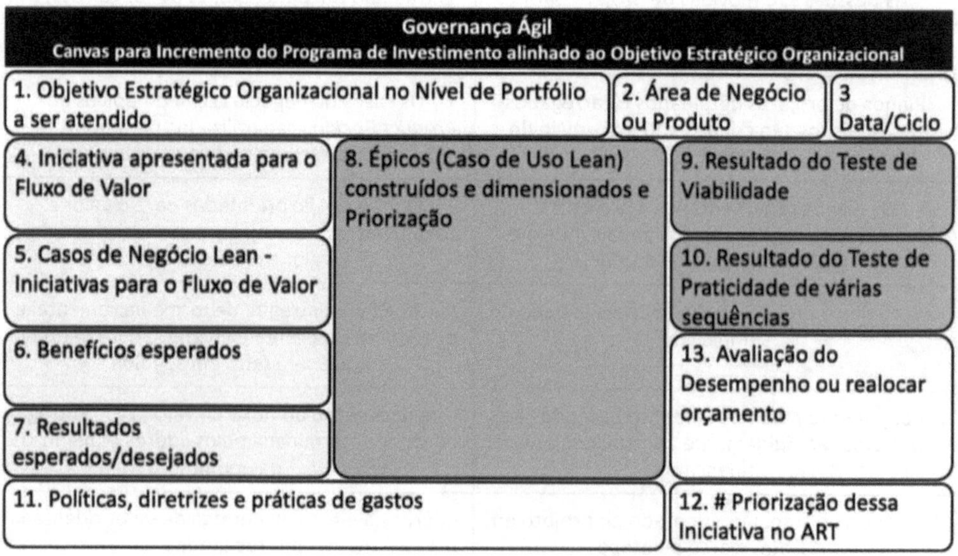

Figura 32.5. Governança ágil – *Canvas*.
Fonte: o autor.

Definimos a seguinte sequência sugerida:

1. **Objetivo estratégico organizacional no nível de portfólio a ser atendido:** listar cada objetivo em um *canvas* específico para que gere a partir desse ponto um incremento do PI (Programa de Investimento).
2. **Área de negócio ou produto:** qual a área principal a ser atendida, ou as áreas, visto que o programa pode atender a mais de uma área.
3. **Data/Ciclo:** apresentar um período para o qual esse incremento do PI está sendo proposto ou analisado.
4. **Iniciativa apresentada para o fluxo de valor:** apresentar uma ou mais iniciativas possíveis para o fluxo de valor.
5. **Casos de negócio *Lean* – Iniciativas para o fluxo de valor:** listar os casos de negócio *Lean* derivados das iniciativas.
6. **Benefícios esperados:** listar os benefícios esperados das iniciativas, em alinhamento com o portfólio.
7. **Resultados esperados/desejados:** resultados esperados ou desejados, que podem ou não estar alinhados aos benefícios, inclusive sendo complementares.
8. **Épicos (caso de uso *Lean*) construídos e dimensionados e priorização:** importante apresentar aqui os épicos derivados dos casos de uso *Lean* e uma visão de dimensionamento, podendo adotar técnicas como *t-shirt sizing*, *story points*, estimativa por analogia, entre outras, e a priorização inicial para cada épico, permitindo revisões dos participantes durante todo o processo.
9. **Resultado do teste de viabilidade:** esse item apresenta dependências ou pode ser entregue de forma independente? Essa questão é muito importante para o processo de priorização, já que pode gerar impacto na priorização inicial, retroalimentando o item anterior do *canvas*.
10. **Resultado do teste de praticidade de várias sequências:** importante para validar as sequências possíveis de execução dos épicos, evitando quebras de dependências ou mitigando riscos.
11. **Políticas, diretrizes e práticas de gastos:** nesse ponto avaliamos se os épicos priorizados e dimensionados são compatíveis com as restrições já predefinidas para aplicação do orçamento.
12. **# priorização dessa iniciativa no ART (*Agile Release Train* – equipe de lançamentos ágeis):** número ou sequência da iniciativa no ART.
13. **Avaliação do desempenho ou realocar orçamento:** definir a cadência das avaliações de desempenho da iniciativa e como se dará o processo de realocação dos recursos do orçamento conforme essa avaliação.

A sequência apresentada do *canvas* é apenas uma sugestão. Customizar e melhorar o processo não só é permitido como altamente recomendado para que a técnica de fato esteja sendo aplicada de forma adequada para o seu cenário atual, progredindo conforme sua capacidade, necessidade ou evolução natural.

Como complemento ao planejamento, o *canvas* para criação ou incremento do programa de investimento pode ser utilizado para apresentar cenários possíveis de estratégias para os objetivos organizacionais, principalmente quando as iniciativas de fluxo de valor, seus casos de negócios, benefícios e resultados convergem para mais de um cenário possível. Sugere-se que cada fluxo seja derivado para um novo desenho, cada qual apresentando seu resultado para o teste de viabilidade logística e de praticidade de várias sequências.

Outro ponto importante envolve o item 11 do nosso *canvas*, o qual apresenta políticas, diretrizes e práticas de gastos: estas determinam as barreiras, mas não travam o processo nem limitam as escolhas, pelo contrário – permitem a aplicação de cenários e a avaliação de resultados.

As informações geradas no processo, motivadas direta ou indiretamente pelo *canvas*, permitirão a tomada de decisão.

No item 13 da aplicação do *canvas*, é permitido o redirecionamento dos recursos tanto para ampliar como para reduzir o financiamento da iniciativa, ou até mesmo cessar a aplicação de recursos financeiros, dando flexibilidade e dinamismo ao processo de orçamentação da governança ágil.

32.7. Considerações finais

Conforme os experimentos apresentados neste capítulo, vimos o quanto a governança ágil difere dos modelos tradicionais e pode engajar os times, trazendo colaboração e transparência, assim como a visão de pertencimento, não mais considerando executivos e gestores no planejamento.

Ela permite que os envolvidos na operação opinem, deem ideias e trabalhem cenários e hipóteses que claramente possam trazer resultados alinhados aos objetivos e à estratégia corporativa.

Utilizar um processo enxuto pode prover resultados e melhorar também o acompanhamento de resultados e planejamentos (já que a recorrência maior dessas análises traz mais segurança, transparência e confiabilidade), ampliando e acelerando o processo de tomada de decisão, já não mais centralizado.

Finalizando, nossa sugestão para a aplicação da gestão de *budget* com uma governança ágil remete a centrar nas pessoas, a planejar com mais frequência, a realizar análises de resultados com intervalos menores, a envolver e engajar os times, e a buscar sempre responder a uma pergunta importante: estamos fornecendo valor ao máximo com as iniciativas priorizadas?

Comece pequeno e evolua. Experimente a aplicação e use de forma a integrá-la à sua necessidade.

33. O próximo passo na transformação ágil e digital

Fabio de Moraes Rocha
Alan Carvalho Arantes
João Emmanuel Anacleto Pessoa

Como veremos no Capítulo 34 ("Visões futuras sobre a governança ágil"), é fundamental monitorar e analisar fatores de oportunidade (socioeconômicos, tecnológicos e até mesmo pandemias) que impactem na continuidade da empresa.

Esses mesmos fatores também impulsionam as empresas a iniciar ou acelerar sua transformação digital com os desafios organizacionais decorrentes do processo: a mudança e a transição.

Ambos estão relacionados a como transformar a estrutura e a cultura da organização para negócios digitais, onde as empresas precisam de flexibilidade para adaptação e agilidade na tomada de decisão.

A transformação ágil e digital deve considerar meios que potencializem a entrega de valor – com visão focada nos clientes (*customer centricity*) e decisões baseadas em dados (*data-driven*), além de promover o empoderamento das pessoas, a colaboração, a autonomia, o *feedback,* a transparência etc.

33.1. Fatores para o sucesso da transformação digital

Na prática, as transformações são conduzidas separadamente nas empresas: a área de estratégia define planos de negócio acompanhando a tendência digital e requisitando uso de tecnologia para direcionamento da organização.

Geralmente, a transformação digital é confundida com transformação de tecnologia, como aponta o estudo de 2021 da BCG (*Boston Consulting Group*): apenas três em cada dez empresas conseguem realizar a transformação de forma eficiente, com mudanças a longo prazo, e quase metade gera algum valor, mas por pouco tempo (FORTH *et al.*, 2021).

A mesma pesquisa apresenta a governança ágil entre os seis fatores de sucesso da transformação digital, que elevam a chance de sucesso de 30% a 80%. Ela teve um aumento de investimento de 14% de 2020 para 2021 (Figura 33.1), na média dos outros fatores.

O crescimento da governança ágil é a linha mestre para impulsionar o crescimento geral.

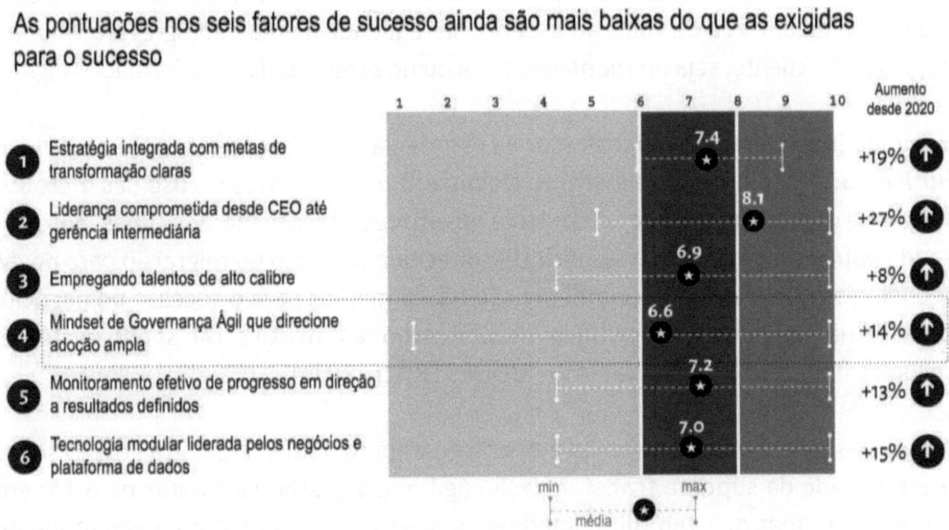

Figura 33.1. Notas dos fatores de sucesso da transformação digital em 2021.
Fonte: adaptado de Forth *et al.* (2021).

Observa-se no mercado que geralmente as empresas não estão prontas para o processo: não possuem estratégias claras sobre o uso da tecnologia e geralmente não monitoram os resultados ou não sabem como avaliá-los.

Temos verificado exemplos onde o investimento em *big data* e *machine learning* para análise e estimativas têm sua efetividade questionada após um período. Nesses casos, seu uso não é visto como meio de se adaptar rapidamente para atingir o objetivo de negócio, ou seja, a tecnologia é erroneamente vista como fim, como objetivo da transformação digital, sendo que na maioria dos casos ela deve ser o meio para se conseguir isso.

33.2. Alinhamento da transformação ágil e digital com governança ágil

A área de operações, por outro lado, procura aplicar metodologias ágeis relacionando o uso de *boards* com cartões, de plataformas ou realização de cerimônias com o sentimento de que estão sendo ágeis e se empenhando em projetos inovadores.

Todavia, se não estiver efetivamente alinhada com o direcionamento estratégico e a garantia de entrega de valor ao usuário, na realidade a área não agregará valor ao negócio e ao cliente, seja no momento atual ou no processo da transformação digital.

Segundo Julian Birkinshaw, professor de estratégia e empreendedorismo na *London Business School* e diretor do Instituto Deloitte, o principal risco no uso das metodologias é a organização perder o controle do empreendedorismo dos times, aproveitando pouco suas ideias, muitas inclusive direcionadas a uso ou migração para novas tecnologias que não necessariamente são fundamentais para o sucesso do negócio, além de não identificar ou justificar onde e como realmente estão sendo gastos os recursos financeiros (BIRKINSHAW; RIDDESTRÅLE, 2017).

Nessa desconexão entre negócio e operação impera a dúvida da alta gestão sobre a efetividade da suposta transformação ágil que a gestão tática afirma estar em andamento, mas que tem dificuldade de apresentar, mesmo com a variedade de métricas existentes.

Observa-se que a ideia de entregas constantes é bem aceita pelo nível estratégico, mas o entendimento equivocado sobre "somos ágeis sem perder tempo com documentação" ofusca seus benefícios. Na verdade, o conceito é valorizar mais o produto do que uma documentação abrangente, sem excesso e garantindo que as informações importantes sejam levadas aos seus destinatários.

Ainda durante o desenvolvimento das transformações, a tentativa de solução desse impasse continua sendo implementação ou troca de metodologias ágeis e de tecnologias para maior levantamento de dados. Infelizmente, isso é feito com o objetivo de justificar a produtividade da transformação ágil e não para avaliar os resultados da empresa junto a mudanças externas como ameaças ou oportunidades.

Ademais, quando estão próximas ao limite dos seus esforços, as empresas enxergam especialistas ou consultores em agilidade como os "salvadores da pátria". Quase sempre essas situações impedem a organização de continuar sua evolução para se tornar efetivamente ágil, *Lean* e digital.

A governança ágil é a conexão que manterá o alinhamento entre os níveis de gestão, garantindo a liberdade das equipes enquanto traduz para o nível tático quais informações são importantes e quando devem ser levadas a seus destinatários, que poderão decidir o direcionamento estratégico e gerenciar os projetos certos para alcançar seus objetivos (dentro dos limites estabelecidos).

33.3. Novas oportunidades

O papel das ferramentas de IA será fundamental para as corporações otimizarem suas operações e processos. Combinada a uma moderna estratégia de governança, poderá verdadeiramente influenciar práticas colaborativas e permitir às empresas maior agilidade, em sinergia com suas respectivas características técnicas.

Uma tendência crescente no mercado é a adoção de novos padrões de organização, muitos deles com base em *blockchain*, como visto no mundo financeiro com o uso de criptomoedas e *tokens* de criptografia. Essas tecnologias garantem a individualidade de ativos digitais e lhes atribuem valor monetário, de influência de negócio ou outro percebido em modelos de gerenciamento de aplicações (FORTH *et al.*, 2021; LIU; WANG, 2019).

Nesse aspecto, surgem oportunidades para a governança ágil garantir a conformidade do uso da tecnologia com fatores regulatórios, principalmente para os casos de empresas que realizam serviços financeiros ou disruptivos.

Todavia, há de se ressaltar, conforme Brainard (2016), que o termo *blockchain* foi difundido e amplamente aceito no mercado deixando de se entender a questão pela referência em inglês *Distributed Ledger Technology* (DLT), que vai além dos aspectos distribuídos do registro contábil das operações de uma entidade ou empresa.

Para verificarmos a interdependência dos assuntos, é importante discernir sobre dois tipos principais de *blockchains*. De acordo com Jayasuriya e Sims (2020), são:

- ✓ ***Blockchain* pública**, como a do *bitcoin*, não sendo preciso permissão para usar ou visualizar seus registros e, em sua maioria, possuindo código-fonte aberto e sem autoridade ou centralização da validação de seus registros – ocorrendo normalmente pela validação em pares para garantir a integridade.

✓ ***Blockchain* permissionada**, tendo a característica de restringir a visualização, validação e criação de registros, sendo executada por consórcios de uso, com baixa descentralização, como, por exemplo, o Ethereum.

Assim, percebemos que a *blockchain* pode otimizar o trabalho realizado pela governança ágil através dos contratos inteligentes. Trata-se de um conjunto de instruções armazenadas que aproveitam os recursos de visualização, validação e criação para enriquecer os registros com termos de contrato, por exemplo, tornando-se um protocolo de informações para uso em empresas que querem tratar conteúdos digitais com precisão e de forma segura quanto a sua individualidade e unicidade (SZABO, 1994).

Outros exemplos práticos de uso na governança ágil incluem a garantia de uma replicação à filial de uma empresa, as mudanças em uma determinada estrutura de informação, a viabilização de conformidade de dados existentes no conteúdo de um contrato, a inviolabilidade de acordos registrados entre partes ou ainda modelos de serviços parciais e novas formas de aliviar custos e esforços pelo acionamento automático de transações mediante uma determinada situação (YERMACK, 2017).

Com a governança ágil sendo habilitada por essas novas tecnologias, será possível diminuir ou até mesmo extinguir a necessidade de alguns intermediários, como corretores, advogados e sistemas.

Dessa forma, as partes interessadas, como usuários e organizações, seriam beneficiadas diretamente, por estarem participando com mais poder de tomada de decisão sobre uma circunstância de trabalho e com interesse financeiro ou judicial nos negócios (JAYASURIYA; SIMS, 2020).

A governança ágil contribuirá com comunicação rápida de entregas de valores entre proprietários e acionistas, bem como entre as áreas de uma empresa que compartilham recursos e cultivam interesses que, uma vez descentralizados, permitem independência, consistência e desempenho na realização de seus distintos serviços (GOVENDA, 2018).

Nesse cenário em evolução, a IA generativa, como o modelo GPT, pode desempenhar um papel crucial na governança de aplicações, pois oferece suporte valioso para o desenvolvimento, o monitoramento e a melhoria contínua desses sistemas.

Com a capacidade de gerar documentação técnica detalhada e identificar problemas de segurança, privacidade e conformidade, o GPT acelera o processo de criação e manutenção de aplicações, ao mesmo tempo em que pode auxiliar na otimização de desempenho e análise de dados, contribuindo para a tomada de decisões informadas e a adaptação às rápidas mudanças do mercado – preocupação da governança.

Ao integrar a IA generativa às práticas de governança, vislumbramos que as organizações poderão enfrentar os desafios emergentes com maior agilidade, transparência e eficiência, potencializando o valor dos ativos digitais e impulsionando a inovação no ecossistema de aplicações. Todas essas tecnologias têm potencial de alcançar uma mudança radical no modo como as corporações realizam suas atividades de governança e vice-versa.

As mudanças radicais desse progresso tecnológico permitirão que as empresas elevem seu potencial de competitividade e sobrevivência quando integradas ao processo de transformação digital.

Neste capítulo pudemos verificar que a governança ágil é um dos principais fatores para o sucesso de uma transformação digital, ao mesmo tempo em que o uso de métodos preditivos através da aplicação de inteligência artificial será um dos otimizadores para alavancar a influência dessa nova e digital governança nos processos das corporações.

Ao longo do livro constatamos a relevância da governança nos tempos atuais, incluindo as abordagens ágeis das principais vertentes e práticas de mercado, além das estratégias para levar a manifestada governança ágil às empresas.

Esse tema assume protagonismo no cenário de constantes mudanças, não só para o futuro, mas já no presente e sendo fio condutor das transformações ágeis por conectar a estratégia à gestão tática-operacional com a adaptação necessária para atender ao contexto atual das organizações.

34. Visões futuras sobre governança ágil

Celso Malachias

34.1. Objetivo

O objetivo deste capítulo é abordar o papel da governança ágil em relação às mudanças no meio em que a empresa opera. Um assunto tão amplo torna necessário realizar alguns recortes e escolhas de temas para reflexão.

Ao eleger alguns tópicos, espera-se instigar o leitor a exercitar sua própria avaliação em relação a outros temas de sua preocupação e afinidade. Assim, uma primeira observação para o capítulo: ele não esgota o assunto, mas o inicia para que o leitor aplique o novo conhecimento onde julgar mais apropriado.

Visando preparar a empresa para um futuro com mudanças mais frequentes em seu ambiente e com potenciais consequências cada vez mais significativas, a governança ágil deveria instrumentalizar a empresa a não apenas ler os sinais do futuro, mas a ajudá-la a criar seu futuro considerando tais mudanças.

34.2. Governança ágil e o futuro

A governança ágil, no aspecto de criar o futuro e gerenciar as mudanças esperadas e inesperadas, deve, ao máximo possível, se antecipar ao debate sobre o que é uma ameaça e o que é uma oportunidade.

E dadas essas categorias, ela deve discutir com os decisores da empresa e demais partes interessadas qual caminho seguir, quais recursos investir e quais futuros ela imagina para si, seus colaboradores e seu ambiente.

Entendemos que a governança ágil deve analisar o mercado, antecipar e criar o seu futuro baseando-se em elementos muito mais amplos que apenas um planejamento estratégico frequentemente revisado e reescrito face aos novos eventos do mercado.

A consultoria McKinsey (BROSSEAU *et al.*, 2019) propõe que as transformações ágeis sejam abrangentes e iterativas: "abrangente porque envolve estratégia, estrutura, pessoas, processos e tecnologias. E iterativa porque nem tudo pode ser planejado de antemão".

Considerando que o principal ativo para criar esse futuro são as pessoas, os recursos humanos, não apenas um grupo designado para tal, mas considerando toda a empresa, todos os colaboradores podem sugerir e participar da criação de novos produtos, serviços ou modelos de negócios.

34.3. Ameaças ou oportunidades?

Vários são os temas possíveis de ser monitorados e analisados para o futuro. Autores como Hiltunen (2010) chamam esses temas de eventos ou sinais do ambiente de negócios. A definição de temas a serem monitorados é subjetiva, e por conseguinte seu contorno também é subjetivo.

Quais critérios devemos utilizar para realizar a escolha do que monitorar? A empresa pode, por exemplo, optar por acompanhar elementos "próximos" ao seu mercado de consumo ou em relação à sua tecnologia utilizada ou produtos atuais.

Ou ela pode optar por analisar aspectos mais amplos, como mudanças sociais, tecnológicas, políticas etc. A lista de onde podem ocorrer mudanças pode ser longa, como a apresentada na Tabela 34.1:

Tabela 34.1. Principais temas a serem monitorados com governança ágil. Fonte: o autor.

Principais temas a serem monitorados com governança ágil	
Tecnologias	Segmentos econômicos crescendo e outros reduzindo
Comportamentos	Inovações
Políticas dos países	Pessoas
Regulatórios	Longevidade
Novas empresas (*startups*)	Globalização ou nacionalismo
Geografias (países, blocos)	Cadeia de suprimentos e dependências
As *big techs*	*Skills* para as vagas atuais ou para as vagas futuras?
Tendências tecnológicas	Empregabilidade
Sustentabilidade, ESG.	Mudanças climáticas
Pandemias: a última ou a próxima?	Pobreza
Cadeia reversa	Desigualdades
Trabalho remoto, presencial ou híbrido	Inclusões

34.4. Qual a importância de monitorar o mercado?

Uma governança ágil e moderna deveria, dentre outras atribuições e responsabilidades, monitorar o mercado com o objetivo de se planejar para reduzir impactos, quando um sinal for interpretado como uma ameaça, ou de aproveitar nichos de crescimento, quando o sinal detectado for traduzido como uma oportunidade.

Usando como exemplo as revoluções industriais ao longo da história (PERASSO, 2016; SCHWAB, 2016), percebe-se que elas proporcionaram grandes impactos tecnológicos e afetaram o mercado de trabalho.

Ao longo de seus aproximados 250 anos, desde os motores a vapor na Inglaterra até os dias de hoje, com o advento da inteligência artificial, percebe-se que a cada introdução de uma nova tecnologia, ou novo conhecimento, há o deslocamento de mão de obra, com decorrentes desempregos.

Na nomenclatura do Fórum Econômico Mundial (em inglês, *World Economic Forum* – WEF), ou em estudo da empresa de consultoria PriceWaterhouseCoopers (PWC, 2021), esses profissionais foram "deslocados". O termo pode ser interpretado como "demitidos", "realocados" para outras funções ou "subaproveitados".

Por outro lado, como normalmente ocorre quando surge uma nova tecnologia ou um novo conhecimento (*know-how*), surgem novas vagas. Para tal, há a necessidade de novo conhecimento – por exemplo, em linguagens de programação de computadores, habilidade bem diferente do que se demandava até o advento da nova tecnologia.

Assim, resumindo o impacto da mudança tecnológica nos empregos, há uma perda de empregos manuais e um ganho em empregos que demandam mais conhecimento, principalmente tecnológico.

A vaga sai da base da pirâmide e vai para o alto, em busca de um profissional especializado. Estudos mais recentes sobre o impacto da inteligência artificial nos empregos (WORLD ECONOMIC FORUM, 2020; PWC, 2021) mostram que há um saldo positivo, isto é, ocorrem mais contratações que demissões. Demite um perfil profissional (com as competências antigas) e emprega-se outro (com as novas competências).

Portanto, a importância de monitorar o mercado é as empresas poderem se antecipar, treinando e requalificando os *skills* de seus colaboradores, minimizando desempregos e preenchendo mais rapidamente as novas vagas que demandam um conhecimento mais atualizado.

Assim, além das empresas se manterem competitivas, endereçam também o aspecto social, com a manutenção da receita de seus colaboradores.

34.5. Como perceber as mudanças na sociedade?

A empresa deve definir o que monitorar, o que é de seu interesse e o que pode passar a sê-lo. Simplificando e categorizando em dois grupos, a empresa pode monitorar eventos próximos ao que ela produz hoje ou monitorar sinais distantes do seu portfólio atual.

Analisando a primeira possibilidade (a empresa vai monitorar algo próximo ao que ela produz hoje): ela vai olhar seus clientes e principalmente seus concorrentes diretos. Nesse caso, ela poderá implementar melhorias em processos e produtos atuais tendo como alvo o que existe hoje ou que seria referência em seu mercado (muitas vezes chamado de *benchmark*).

No limite, teoricamente, todos estariam muito parecidos, pois estão copiando as melhores práticas daquele mercado. Outro aspecto também é que é mais fácil para a empresa monitorar com base em seu repertório atual, em sua base de conhecimento e no que ela conhece. Mas a potencial inovação será menor, será incremental.

Analisando agora a segunda possibilidade (a empresa monitorar eventos distantes de seu portfólio atual): nesse caso, ela olhará sinais distantes de sua base de conhecimentos. Um aspecto positivo é que ela poderá ter ideias diferentes e desenvolver produtos distintos dos seus atuais.

Porém, terá dificuldade em capturar tais eventos e convertê-los em algum produto diferente de seu portfólio atual, pois ela não conhece aquilo e tem dificuldade de internalizar tal ideia e transformar em produto. Ainda, a gestão desse novo produto terá um risco grande de não sucesso, além de ser difícil aprovar um orçamento para algo não usual.

A essa capacidade de olhar para fora, de usar sua base de conhecimento para observar o mercado e possivelmente gerar um novo produto ou serviço, os pesquisadores Cohen e Levinthal (1990) deram o nome de **capacidade absortiva**.

Como perceber as mudanças na sociedade? Por meio de uma visão e missão sobre o que a empresa quer ser. Por meio de uma liderança participativa, que dê condições aos colaboradores de se envolverem nos processos.

Além dos recursos físicos, são necessários processos ágeis endereçando o ciclo de monitoramento dos sinais do mercado, até sua conversão em inovações. Os recursos humanos devem ser adequados em quantidade e devem estar capacitados e motivados.

34.6. Como se beneficiar ou beneficiar a sociedade com essas oportunidades?

Conforme visto na lista de alguns temas possíveis a serem monitorados com a aplicação de uma governança ágil, além dos benefícios que a própria empresa pode obter pela análise de temas emergentes, há um anseio cada vez maior pela sociedade de que os benefícios obtidos pela empresa sejam compartilhados, visando a obtenção de uma sociedade melhor e mais justa.

O conceito ESG (sigla em inglês para *Environmental, Social and Governance*) (KELL, 2018) reflete a preocupação que as empresas deveriam ter com o meio ambiente, os aspectos sociais e a governança.

Como exemplos de pautas relacionadas ao tema ESG podem ser citados: cuidados com a natureza, o meio ambiente, grupos minoritários, povos indígenas, entre outras preocupações que podem ser ampliadas e discutidas por meio dos objetivos de desenvolvimento social da ONU (UNITED NATIONS, s.d.).

A sociedade cada vez mais considera aspectos sociais e de impacto ao meio ambiente. Temas como cadeias reversas e o impacto que os produtos consumidos têm na natureza são levados em conta quando um consumidor observa e analisa a embalagem de um produto na gôndola do supermercado.

Assim, para se beneficiar e beneficiar a sociedade com essas oportunidades, a empresa deve endereçar as dimensões sociais e ambientais mencionadas anteriormente.

Em tempo, Klaus Schwab e David Nicholas, no livro "Aplicando a Quarta Revolução Industrial" (2019), discutem os impactos de um novo produto ou serviço utilizando novas tecnologias (inteligência artificial, impressora 3D, *blockchain*, biotecnologias, entre outras) desde sua concepção até a etapa de colocação do produto ou serviço no mercado, o pós-vendas, a coleta dos resíduos e a reciclagem dos materiais.

34.7. Conclusões

Cada vez mais percebemos um mundo em constante transformação. Como uma empresa pode se manter viva e competitiva nesse ambiente? As "melhores práticas" bem-sucedidas do passado não garantem o sucesso no futuro.

Quais serão os próximos grandes desafios? Como responder a questões que ainda não foram feitas?

Além de governos e indivíduos, cabe também às empresas criar respostas adequadas a essas e outras perguntas. Para tal, é proposta a governança ágil, permeando toda a organização e não sendo atribuição de apenas um grupo funcional ou nível hierárquico.

A governança ágil deve proporcionar uma estrutura flexível, que escute os sinais internos e externos da organização, proponha projetos que enderecem esses sinais, evitando as ameaças ou transformando-as em oportunidades, em novos produtos ou serviços (inovações). Para tal, o principal recurso é o humano, capacitado, motivado, imerso em uma cultura organizacional permissível ao erro e com rápido aprendizado.

A governança ágil é transformadora, transforma e é transformada!

PARTE VI.
CASES DE GOVERNANÇA ÁGIL

35. *Case* – Gamificação no processo de gestão de mudanças em TI

Patrícia Mouco

Neste capítulo, a autora compartilha a sua experiência em um momento em que sua empresa (do segmento da educação) passava por uma transformação digital e adoção de agilidade nos times de tecnologia, além de adaptações para estabelecer uma governança mais colaborativa e com maior capacidade de adaptação.

Para que fosse possível potencializar os valores que estavam sendo gerados com a transformação digital, sem sofrer impactos na entrega de valor, foi desenvolvido um modelo de gamificação como ferramenta para estimular maior colaboração e engajamento das pessoas no cumprimento dos processos e *targets* de indicadores de desempenho. Acesse o *QR Code* e confira o *podcast*.

Entrevistador: Diego Pirolla

Figura 35.1. <https://open.spotify.com/episode/5fZOpb09APjmctEMwAWyHD>.

36. *Case* – Implementação de governança através de um modelo ágil

Ana Clara Gonzaga
Leandro Palomo

Neste capítulo, as autoras retratam a experiência de implementar processos de governança em uma empresa do segmento de mobilidade que não dispunha de qualquer modelo nesse sentido. Através de um modelo ágil, realizaram as entregas incrementais de forma colaborativa e adotaram a descentralização nas tomadas de decisão.

O *case* aborda uma visão interessante sobre como estruturar um *backlog* composto por processos que foram organizados por entrega de valor. Mostra também como foi possível estabelecer maior participação e engajamento das pessoas em todo o ciclo de construção do modelo de governança. Acesse o *QR Code* e confira o *podcast*.

Entrevistador: Diego Pirolla

Figura 36.1. <https://open.spotify.com/episode/5rMpOXKa6YgFB0qc1dg5Os>.

37. *Case* – Impressões de uma governança ágil na área da educação

Ana Clara Gonzaga
Leandro Palomo

Neste capítulo, vamos conhecer a história de uma *startup* do segmento da educação digital que, em decorrência dos efeitos da pandemia do COVID-19, obteve um crescimento exponencial devido à alta demanda apresentada em relação ao ensino a distância.

Com o crescimento exponencial, veio também a necessidade de estabelecer modelos de governança que fossem modernos, colaborativos e com capacidade de adaptação a todas as frequentes mudanças que estavam acontecendo naquele momento ímpar da história. Acesse o *QR Code* e confira o *podcast*.

Entrevistador: Diego Pirolla

Figura 37.1. <https://open.spotify.com/episode/4ibrasJK1KHq5LsE2yA26t>.

38. *Case* – Norteadores culturais para uma governança ágil e digital

Jean Raphael Beribos

Este capítulo conta como uma das maiores empresas do segmento da comunicação passou por um momento de reconstrução da sua cultura e, através disso, fomentou o aumento na colaboração entre as pessoas, gerando estímulos para delegação de responsabilidades e se beneficiando da inteligência coletiva.

Através de uma verdadeira jornada, o autor conta como foi possível definir os novos norteadores culturais e como isso ajudou a estabelecer um ambiente digital e colaborativo, pontos estes que contribuíram para estabelecer uma governança ágil na empresa. Acesse o *QR Code* e confira o *podcast*.

Entrevistador: Diego Pirolla

Figura 38.1. <https://open.spotify.com/episode/0XiBKoW7NYnGNYymgkJfQr>.

39. *Case* – Governança de dados ágil

Leonardo Lima

Neste capítulo, o autor aborda um *case* sobre a formação de um time responsável pela implementação de práticas de governança de dados em uma empresa de inteligência de negócios.

No conteúdo é possível entender como o *squad* utilizou a agilidade como modelo de entrega e como isso ajudou a fomentar melhorias nas práticas de governança que contribuíram para garantir a qualidade e a disponibilidade dos dados aos clientes da companhia. Acesse o *QR Code* e confira o *podcast*.

Entrevistador: Diego Pirolla

Figura 39.1. <https://open.spotify.com/episode/23a1yXncdiYWQhrXgFpOuF>.

40. *Case* – Excelência na gestão ágil de mudanças através de modelo automatizado de avaliação de riscos

Vanderlei Guimarães

Neste capítulo, o autor aborda a sua experiência na otimização do modelo de gestão de mudanças em uma das maiores instituições financeiras do país. Atuando em um ambiente extremamente crítico no que tange a riscos na realização de mudanças nos produtos, foi idealizado um modelo que reduzisse de forma drástica o índice de falhas em momentos de atualização. Com isso, foi possível estabelecer aumento da eficiência em todo o processo.

Através de inteligência na interpretação de dados, a exemplo do uso de *machine learning*, foi possível construir um sistema de classificação das soluções de software e definir qual seria a abordagem para cada uma mediante a necessidade de liberação de alguma atualização. Além da solução como um todo, o autor aborda em quais pontos a agilidade foi fator essencial para alcançar os resultados obtidos. Acesse o *QR Code* e confira o *podcast*.

Entrevistador: Diego Pirolla

Figura 40.1. <https://open.spotify.com/episode/0C3PlFAMIJGQILmUNOTqEk>.

41. *Case* – Como integrar diferentes modelos de governança de forma ágil em uma fusão de *fintechs*

Aline Gomes

Neste capítulo, a autora fala sobre os desafios encontrados em uma fusão de empresas *fintechs*. Com modelos de governança distintos, essas companhias precisavam de uma normalização de seus processos, gerando mais sinergia entre elas. O *case* aborda como foi explorar o que havia de melhor em cada empresa e como a agilidade pôde contribuir na construção de um novo modelo que pudesse atender às necessidades atuais. Acesse o *QR Code* e confira o *podcast*.

Entrevistador: Diego Pirolla

Figura 41.1. <https://open.spotify.com/episode/5Khitj8516PguaUViCBScj>.

42. *Case* – Utilizando um viés ágil na implementação de gestão de serviços

Luciane Mari

Neste capítulo, a autora, que já atuou nas maiores instituições financeiras do país, conta quais são as mudanças percebidas nos mais recentes modelos de gestão de serviços e como elas agregaram novas características relacionadas às práticas ágeis.

Além de mudanças estruturais, a autora cita como a forma de gerir a implementação dos processos passou a ser mais colaborativa e flexível, valorizando a participação das pessoas e permitindo adaptações. Acesse o *QR Code* e confira o *podcast*.

Entrevistador: Diego Pirolla

Figura 42.1. <https://open.spotify.com/episode/7blLH4kvibDPBgaQ7iFgyE>.

43. *Case* – Governança e gestão ágil com *Flight Levels*

Jorge Luis Silva Marcondes

Neste capítulo, o autor descreve como ele utilizou os conceitos do *Flight Levels* para desenvolver um modelo robusto de mentoria com foco no desenvolvimento de pessoas.

Toda a iniciativa foi desenvolvida tratando as atividades como um *backlog* que, ao final, dava origem a um produto voltado para prover a evolução dos profissionais, considerando diferentes níveis ou grupos de pessoas que atuavam em estruturas diversas.

Além de abordagens especializadas, o trabalho contava com um conjunto de métricas que permitia a análise e a implementação de melhoria contínua em todos os seus processos. Acesse o *QR Code* e confira o *podcast*.

Entrevistador: Diego Pirolla

Figura 43.1. <https://open.spotify.com/episode/5tX0xnuLsBkhBbpmWWbnP5>.

44. *Case* – Governança ágil do ciclo de vida de sistemas e aplicações

Clara Érica Takayama de Castro

Neste capítulo, a autora aborda os aspectos que envolvem todo o fluxo de entrega de sistemas e aplicações. Ela cita exemplos de como podemos enriquecer essa jornada através da adoção de práticas, ferramentas e processos que, conectados a um modelo de governança ágil, ajudam a trazer mais eficiência, além de potencializar a geração de valor e satisfação dos envolvidos.

O *case* aborda uma cenário complexo, no qual foi necessário trabalhar com uma reestruturação tecnológica que envolvia sistemas legados, algo que exigiu estratégias eficientes para conectar áreas e pessoas em prol dos objetivos propostos.

Acesse o *QR Code* e confira o *podcast.*

Entrevistador: Diego Pirolla

Figura 44.1. <https://open.spotify.com/episode/6SKSzUdqvqLDFSckytjFP4>

Dedicatória e agradecimentos

Dedico mais um livro colaborativo aos amores da minha vida: meus filhos Lucas e Luisa e minha esposa Keila. Agradeço a Deus essa nova conquista e parabenizo a liderança do Júnior pela mobilização do time, os organizadores e todos os coautores pela dedicação e pela excelência que resultaram nesta obra incrível. Agradeço a meus familiares, amigos e aos milhares de alunos, leitores e participantes das minhas palestras pela grande receptividade e troca de experiências que me tornam uma pessoa melhor a cada dia.

Antonio Muniz
Idealizador da Jornada Colaborativa e organizador da Jornada Governança Ágil

Agradeço primeiramente a Deus, que me permitiu viver até aqui para realizar esse sonho de fazer parte de uma obra tão rica em seu conteúdo e pela oportunidade de conhecer pessoas incríveis durante essa jornada. Também gostaria de fazer um agradecimento especial a alguns membros da minha família, começando pela minha mãe Elisete, que foi uma grande guerreira na luta para criar seus dois filhos (Diego e Bianca) diante de muitas dificuldades. Agradeço também aos meus avós maternos Ely e Elisa, que foram verdadeiros anjos da guarda em minha vida, a quem devo praticamente todo o meu caráter e grande parte do que me tornei como ser humano. Por último, mas não menos importante, gostaria também de agradecer à minha esposa Eliete, que ao entrar em minha vida despertou uma nova visão de mundo, me ajudando a criar uma consciência política e social extremamente valorosa, além de permitir que juntos pudéssemos construir um amor que me ajuda a ser cada dia melhor.

Diego Pirolla
Host dos *podcasts* e organizador da Jornada da Governança Ágil

De alguns anos para cá, me percebi mudando cada vez mais. E, com isso, vieram grandes desafios. Por isso, dedico este livro à minha esposa, que pôde me apoiar, suportar e ajudar nessa jornada. Agradeço imensamente a este time incrível, que conseguiu, mesmo com toda a turbulência, continuar este livro e dar seu tempo e suor para que pudessem escrever o nome de dezenas de pessoas na história. Obrigado pela paciência, pelo comprometimento e pela oportunidade de conhecer vocês e ter compartilhado um livro com vocês. E vamos em frente!!

Felipe Oliveira
Líder do time, organizador e coautor da Jornada da Governança Ágil

Agradeço a todos os envolvidos neste livro, destacando o time organizador, os coautores e meus amigos, sem os quais não seria possível a concretização desta obra. Meu registro também ao professor Aragon, não somente pelo prefácio, mas novamente por toda a inspiração na área de governança. Obrigado, mestre! Particularmente, agradeço o apoio de meus pais, esposa e meu filho Emmanuel – este último a quem dedico também a minha vida.

João Emmanuel Anacleto Pessoa
Idealizador, organizador e coautor da Jornada da Governança Ágil

Quão desafiador e prazeroso foi participar deste livro, cujo tema é tão importante quanto difícil e escasso para se trabalhar. Por isso, é uma honra fazer parte da liderança desta obra que certamente será um divisor de águas no mercado. Gratidão a Deus pela oportunidade, à minha amada esposa Ana Paula pelo apoio de sempre, aos meus filhos Letícia e Bernardo e meus pais José e Beatriz.

Júnior Rodrigues
Líder do time e organizador da Jornada da Governança Ágil

Agradeço a Deus pela vida e pelas oportunidades que me são concedidas. Expresso minha gratidão ao meu filho, Enzo Oliveira Felix, cuja constante inspiração me motiva a dar o meu melhor. Também dedico às três grandes mulheres da minha vida: minha avó Nassy de Oliveira, minha mãe Maria Aparecida de Oliveira e minha irmã Larissa de Oliveira. À minha família, que fica sempre ao meu lado, apoiando-me em projetos e decisões, reitero meu amor e gratidão.

Mayla de Oliveira Lemos
Organizadora e coautora da Jornada da Governança Ágil

Autores

Alan Carvalho Arantes. <https://www.linkedin.com/in/alan-arantes-114b6857/>

Aline Gomes. <https://www.linkedin.com/in/aline-martins-gomes/>

Ana Clara Gonzaga. <https://www.linkedin.com/in/aclaragonzaga/>

Antonio Muniz. <https://www.linkedin.com/in/antoniomunizoficial/>

Bruna Ziviani. <https://br.linkedin.com/in/bruna-ziviani-b0202522>

Carlos Magno da Silva Xavier. <https://www.linkedin.com/in/magno-xavier/>

Carolina Villa. <https://www.linkedin.com/in/carolinavilla/>

Celso Malachias. <https://www.linkedin.com/in/celsomalachias>

Clara Érica Takayama Castro. <https://www.linkedin.com/in/clara-erica-castro/>

Claudia Marquesani. <https://www.linkedin.com/in/cmarquesani>

Clovis Bergamo Filho. <https://www.linkedin.com/in/clovis-bergamo-filho-9142511/>

Cristiano Hermogenio Heringer. <https://www.linkedin.com/in/chheringer/>

Daniela Toledo Santana. <https://www.linkedin.com/in/danitoledosantana>

Déborah Zavistanavicius. <https://www.linkedin.com/in/deborahzavistanavicius/>

Diego Ciarrocchi. <https://www.linkedin.com/in/diegocia/>

Diego Pirolla. <https://www.linkedin.com/in/diego-pirolla-agile-inovacao/>

Fabio de Moraes Rocha. <https://www.linkedin.com/in/fabio-mr>

Felipe Oliveira. <https://www.linkedin.com/in/felipeecoliveira>

Fernanda Thomazino Rodrigues. <https://www.linkedin.com/in/fernanda-thomazino/>

Hanna Urio Ohi. <https://www.linkedin.com/in/hanna-agilel6s/>

Hélio Costa. <https://www.linkedin.com/in/heliorcosta/>

Henrique Bosquê de Paula Reis. <https://www.linkedin.com/in/henrique-bosqu%C3%AA-de-paula-reis-0b82985b/>

Hermann Rego. <https://www.linkedin.com/in/hermannrego/>

Irene Nagase. <https://www.linkedin.com/in/irene-nagase-9aa3597/>

Israel Christof. <https://www.linkedin.com/in/israel-christof-1381a0134/>

Jean Raphael Beribos. <https://www.linkedin.com/in/jeanraphaelberibos/>

João Emmanuel Anacleto Pessoa. <https://www.linkedin.com/in/joaoemmanuel>

João Pampolha. <https://www.linkedin.com/in/joaopampolha/>

Jorge Luis Silva Marcondes. <https://www.linkedin.com/in/jorge-luis-silva-marcondes/>

Júnior Rodrigues. <https://www.linkedin.com/in/rodriguesjunior/>

Leandro Palomo. <https://www.linkedin.com/in/lepalomo/>

Leonardo Lima. <https://www.linkedin.com/in/leonardo-limaa/>

Luciane Mari. <https://www.linkedin.com/in/lucianekussuki/>

Maria Heloiza Rodrigues Magrin. <https://www.linkedin.com/in/heloizamagrin/>

Mayla de Oliveira Lemos. <https://www.linkedin.com/in/mayla-lemos888/>

Milton Dias de Freitas Jr. <https://www.linkedin.com/in/miltonfreitas/>

Nelson Rosamilha. <https://www.linkedin.com/in/rosamilha/>

Patrícia Mouco. <https://www.linkedin.com/in/patr%C3%ADcia-mouco/>

Priscila Cordts. <https://www.linkedin.com/in/priscila-cordts-3223698b/>

Priscilla Sobreira dos Santos. <https://www.linkedin.com/in/sspriscilla>

Renata M. N. de Oliveira. <https://www.linkedin.com/in/renatanogueira1/>

Renê Chiari. <https://www.linkedin.com/in/renechiari/>

Roberto Kazuo Suetu Júnior. <https://www.linkedin.com/in/roberto-kazuo-4960a532>

Ronaldo Guedes Junior. <https://www.linkedin.com/in/ronaldoguedes>

Rosangela Riccotta. <https://www.linkedin.com/in/rosangelariccotta/>

Tatiana Alvisi. <https://www.linkedin.com/in/tatianaalvisi/>

Thais Bittencourt de Almeida.
<https://www.linkedin.com/in/thais-almeida-bb4b6821>

Vanderlei Guimarães. <https://www.linkedin.com/in/vanderguima2910/>

Vanessa Genaro. <https://www.linkedin.com/in/vanessa-genaro/>

Vanêssa Santana. <https://www.linkedin.com/in/vanessa-patricia/>

Vinicius Rodrigues de Siqueira.
<https://www.linkedin.com/in/vinicius-rodrigues-de-siqueira-4a928428/>

Werther Krause. <https://www.linkedin.com/in/wertherkrause/>

Referências bibliográficas

ABNT. NBR ISO 21505 – Gestão de projetos, programas e portfólios — Orientação sobre governança. 2018.

ABNT. **O panorama do treinamento no Brasil.** 15.ed. São Paulo: Integração Escola de Negócios, 2020/2021.

ABPMP. **BPM CBOK® Version 3.0:** Guide to the Business Process Management Common Body of Knowledge. 3.ed. Association of Business Process Management Professionals, 2013.

ACI INSTITUTE BRASIL; KPMG. **Conselhos de Administração:** prioridades para a agenda de 2022. KPMG, 2022. Disponível em: <https://assets.kpmg.com/content/dam/kpmg/br/pdf/2022/2/AGENDA_CONSELHO_ADM_22.pdf>. Acesso em: 18 set. 2023.

AGARWAL, G. **Modern DevOps Practices:** implement and secure DevOps in the public cloud with cutting-edge tools, tips, tricks, and techniques. Birmingham; Mumbai: Packt Publishing, 2021.

AGHINA, W.; DE SMET, A.; WEERDA, K. Agility: It rhymes with stability. **McKinsey Quarterly**, Dec. 1st, 2015. Disponível em: <https://www.mckinsey.com/capabilities/people-and-organizational-performance/our-insights/agility-it-rhymes-with-stability>. Acesso em: 17 out. 2023.

AGILE BUSINESS CONSORTIUM. **DSDM Project Framework:** The DSDM Agile Project Framework (2014 Onwards). Jan. 2014. Chapter 19: Appendix B Project Approach Questionnaire. Disponível em: <https://www.agilebusiness.org/page/ProjectFramework_19_AppendixBProjectApproachQuestionnaire>. Acesso em: 23 out. 2023.

AGILE FLUENCY PROJECT. Site. Disponível em: <https://www.agilefluency.org>. Acesso em: 23 out. 2023.

AGILE GOVERNANCE. **Agile Governance Research Lab.** Disponível em: <http://www.agilegovernance.org>. Acessado em 15 de Dezembro de 2021.

AGILITY HEALTH. Site. Disponível em: <https://agilityhealthradar.com>. Acesso em: 23 out. 2023.

ANDRADE, A.; ROSSETTI, J. P. **Governança corporativa:** fundamentos, desenvolvimento e tendências. 3.ed. São Paulo: Atlas, 2007.

ANOCHIE, C. DevGovOps – Key factors for IT governance for enterprises in a DevOps world. **LinkedIn**, 08 out. 2019. Disponível em: <https://www.linkedin.com/pulse/devgovops-key-factors-governance-enterprises-devops-anochie-m-b-a>. Acesso em: 31 out. 2023.

APPELBAUM, B. Lean Budgeting, Part 2: The Lean-Agile Approach to Funding and Delivery. **Planview Blog**, Feb. 05, 2020. Disponível em: <https://blog.planview.com/lean-budgeting-part-2-the-lean-agile-approach-to-funding-and-delivery/>. Acesso em: 31 out. 2023.

APPELO, J. **Como Mudar o Mundo:** gestão de mudanças 3.0. São Paulo: [s.n.], 2012.

APPELO, J. **Management 3.0:** leading agile developers, developing agile leaders. Upper Saddle River, NJ: Addison-Wesley Professional, 2011.

ATKEARNEY. **Agile Governance:** making the right decisions at the right time. 2015.

ATKINS, B. Why Startups Are Increasingly Prioritizing Corporate Governance As Their Businesses Scale. **Forbes**, Apr. 12, 2021. Disponível em: <https://www.forbes.com/sites/betsyatkins/2021/04/12/why-startups-are-increasingly-prioritizing-corporate-governance-as-their-businesses-scale/?sh=738d0ff5900a>. Acesso em: 18 out. 2023.

AUDY, J. K. **Governança ágil não é uma opção, é uma necessidade.** 12 maio 2015. Disponível em: <https://jorgeaudy.com/2015/05/12/governanca-agil-nao-e-uma-opcao-e-uma-necessidade>. Acesso em: 19 out. 2023.

AXELOS. **ITIL Foundation.** 4th.ed. London: Stationery Office, 2019.

BAGHAI, M.; COLEY, S.; WHITE, D. **The Alchemy of Growth:** practical insights for building the enduring enterprise. New York, NY: Basic Books, 2000.

BARAN, P. **On distributed communications:** I. Introduction to distributed communications networks. Memorandum RM-3420-PR. Santa Monica, CA: The RAND Corporation, 1984. Disponível em: <https://www.rand.org/content/dam/rand/pubs/research_memoranda/2006/RM3420.pdf>. Acesso em: 23 out. 2023.

BARBOSA, M. Fintechs deverão adotar políticas de relacionamentos similares às dos bancos. **Poder 360**, 14 out. 2021. Disponível em: <https://www.poder360.com.br/economia/fintechs-deverao-adotar-politicas-de-relacionamento-similares-as-dos-bancos/>. Acesso em: 18 out. 2023.

BECK, K. *et al.* **Manifesto for Agile Software Development.** 2001. Disponível em: <https://agilemanifesto.org/>. Acesso em: 18 set. 2023.

BELLING, S. **Succeeding with Agile Hybrids:** project delivery using hybrid methodologies. Fitchburg, WI: 2020.

BEYER, B. *et al.* (eds.). **Engenharia de Confiabilidade do Google:** como o Google administra seus sistemas de produção. São Paulo: Novatec, 2016.

BHARDWAJ, R. Difference between Agile and Devops – Agile vs Devops. **Network Interview**, s.d. Disponível em: <https://networkinterview.com/difference-between-agile-and-devops>. Acesso em: 31 out. 2023.

BIRKINSHAW, J. RIDDESTRÅLE, J. **Fast/Forward:** make your company fit for the future. Palo Alto, CA: Stanford Business Books, 2017.

BIRNFELD, K. Por que a agilidade importa? **Medium**, Aug. 16, 2018. Disponível em: <https://medium.com/@birnfeld.karine/por-que-a-agilidade-importa-f4ab7bab961d>. Acesso em: 31 out. 2023.

BLANCHARD, K.; MUCHNICK, M. **A pílula da liderança.** [s.l]: A Girafa, 2003.

BLOKDYK, G. **Design Sprint:** a complete guide – 2021 edition. S.l.: 5StarCooks, 2021.

BOSSERT, O.; IP, C.; LAARTZ, J. A two-speed IT architecture for the digital enterprise. **McKinsey Digital**, Dec. 1, 2014. Disponível em: <https://www.mckinsey.com/capabilities/mckinsey-digital/our-insights/a-two-speed-it-architecture-for-the-digital-enterprise>. Acesso em: 17 out. 2023.

BRAINARD, L. Distributed Ledger Technology: Implications for Payments, Clearing, and Settlement. *In*: **Institute of International Finance Annual Meeting on Blockchain**, Washington, DC, Oct. 7, 2016. Disponível em: <https://www.federalreserve.gov/newsevents/speech/brainard20161007a.pdf>. Acesso em: 03 nov. 2023.

BRASIL. **Constituição da República Federativa do Brasil de 1988.** Disponível em: <http://www.planalto.gov.br/ccivil_03/constituicao/constituicao.htm>. Acesso em: 03 nov. 2023.

BRASIL. **Lei nº 13.709, de 14 de agosto de 2018.** Lei Geral de Proteção de Dados (LGPD). Disponível em: <http://www.planalto.gov.br/ccivil_03/_ato2015-2018/2018/lei/l13709.htm>. Acesso em: 03 nov. 2023.

BRAVO RESEARCH. **Guia Rápido ESG.** 2021. Disponível em: <https://solutions.bravogrc.com/esg>. Acesso em: 07 fev. 2024.

BRECHT, B. **A Vida de Galileu.** 1938. Cena 12, p. 115

BRESSAN, M. O G do ESG: a relação entre a governança corporativa e o desenvolvimento sustentável. **Saúde Business**, 26 ago. 2022. Disponível em: <https://www.saudebusiness.com/colunas/o-g-do-esg-relacao-entre-governanca-corporativa-e-o-desenvolvimento-sustentavel>. Acesso em: 18 set. 2023.

BRINKER, S. Martec's Law: the greatest management challenge of the 21st century. **Chiefmartec**, Nov. 2016. Disponível em: <https://chiefmartec.com/2016/11/martecs-law-great-management-challenge-21st-century/>. Acesso em: 07 fev. 2024.

BROSSEAU, D. *et al.* A jornada para se tornar uma organização ágil. **McKinsey & Company**, 10 maio 2019. Disponível em: <https://www.mckinsey.com/business-functions/people-and-organizational-performance/our-insights/the-journey-to-an-agile-organization/pt-BR#>. Acesso em: 18 out. 2023.

BROWN, B. **A coragem de ser imperfeito.** Trad. Joel Macedo. Rio de Janeiro: Sextante, 2013.

BROWN, B. **A coragem para liderar.** Rio de Janeiro: Best Seller, 2019.

CAMPOS, K. Josh Bersin: conheça um dos maiores ícones do RH global (e o que ele tem a ensinar). **Poder da escuta corporativa**, 08 jan. 2020. Disponível em: <https://www.poderdaescuta.com/josh-bersin-conheca-um-dos-maiores-icones-do-rh-global/>. Acesso em: 07 fev. 2024.

CAPPELLI, P.; TAVIS, A. HR Goes Agile. **Harvard Business Review Magazine**, Mar.-Apr. 2018. Disponível em: <https://hbr.org/2018/03/hr-goes-agile>. Acesso em: 18 out. 2023.

CARNEGIE, D. **Como fazer amigos e influenciar pessoas.** Trad. Livia de Almeida. Rio de Janeiro: Sextante, 2019.

CARNEGIE, D. **Liderança:** como superar-se e desafiar outros a fazer o mesmo. 2.ed. Rio de Janeiro: Companhia Editora Nacional, 2012.

CHESBROUGH, H. **Open Innovation:** the new imperative for creating and profiting from technology. Boston, MA: Harvard Business School Press, 2003.

COCKERELL, L. **Criando magia:** 10 estratégias de liderança desenvolvidas ao longo de uma vida na Disney. Trad. Carolina Alfaro. São Paulo: Benvirá, 2017.

COHEN, W. M.; LEVINTHAL, D. A. Absorptive Capacity. **Administrative Science Quarterly**, vol. 35, 1990, p. 128-152.

COMISSÃO SOBRE GOVERNANÇA GLOBAL. **Nossa Comunidade Global:** o relatório da Comissão sobre Governança Global. Rio de Janeiro: FGV, 1996.

COMPARATIVE AGILITY. Site. Disponível em: <https://www.comparativeagility.com>. Acesso em: 23 out. 2023.

COSTA, H. Risk Canvas. **Project and Design Management**, n. 88, ago./set. 2019.

COVEY, S. R. **Os 7 hábitos das pessoas altamente eficazes.** Rio de Janeiro: Best Seller, 2015.

CPRIME. **Solutions for Agile Governance in the Enterprise (SAGE):** the enterprise web. Disponível em: <https://www.cprime.com/wp-content/uploads/2013/07/CMKS-766-SAGE-Cprime-Paper.pdf>. Acesso em: 07 fev. 2024.

CSIKSZENTMIHALYI, M. **Flow:** a psicologia do alto desempenho e da felicidade. Rio de Janeiro: Objetiva, 2020.

DE O'LUNA, A. J. H.; KRUCHTEN, P.; DE MOURA, H. P. GAME: Governance for Agile management of enterprises a management model for agile governance. *In*: 2013 IEEE 8th International Conference on Global Software Engineering Workshops, ICGSEW, **Proceedings...** 2013, p. 88–90.

DE SOUZA JUNIOR, A. P.; BERGAMO FILHO, C.; OLIVEIRA, L. C. A. **Modelo híbrido:** evolução na gestão empresarial para eficiência e inovação ágil. Rio de Janeiro: Brasport, 2021.

DELOITTE INSIGHTS. **Thriving in the Era of Pervasive AI.** Deloitte's State of AI in the Enterprise. 3rd. ed. Deloitte Development, 2020.

DELOITTE. **PMO meets agile:** Project Management Offices in the context of agile transformation. Deloitte, 2019. Disponível em: <https://www2.deloitte.com/content/dam/Deloitte/de/Documents/technology/pmo-excellence.pdf>. Acesso em: 03 nov. 2023.

DEMING, W. Edwards. **Out of the Crisis.** Cambridge, MA: MIT Press, 2018.

DEMOURES, T. McKinsey's Strategic Three Horizons Model Framework Template. **YouTube**, 23 ago. 2021. Disponível em: <https://www.youtube.com/watch?v=_cGO3v_OaMg&t=71s>. Acesso em: 17 out. 2023.

DEWA. Agile Governance Global Summit. Emirados Árabes Unidos, 01 fev. 2021.

DIGITAL HOUSE. **Como análise de dados pode te ajudar a gerir uma crise.** Disponível em: <https://www.digitalhouse.com/br/landing/analise-de-dados>. Acesso em: 08 fev. 2024.

DIGITAL.AI. **15th State of Agile Report**: agile adoption accelerates across the enterprise. Disponível em: <https://info.digital.ai/rs/981-LQX-968/images/SOA15.pdf>. Acesso em: 18 out. 2023.

DOERR, J. **Measure What Matters**: how Google, Bono, and the Gates Foundation rock the world with OKRs. New York, NY: Portfolio, 2018.

DRUCKER, P. F. **Management Challenges for the 21st Century.** New York, NY: Harperbusiness, 1999.

DRUCKER, P. F. **O Gestor Eficaz.** Trad. William Heinemann. Rio de Janeiro: LTC, 1990.

DRUCKER, P. F. **Prática de administração de empresas.** Rio de Janeiro: Fundo de Cultura, 1970.

DRUCKER, P. F. **The effective executive.** [S.l.]: Routledge, 2018.

DWECK, C. **Mindset:** a nova psicologia de sucesso. Rio de Janeiro: Objetiva, 2016.

EBY, K. Everything You Need to Know about Agile Project Governance. **Smartsheet**, Feb. 18, 2020. (updated Aug. 1st, 2021). Disponível em: <https://www.smartsheet.com/content/agile-governance#guiding-principles-for-agile-program-governance>. Acesso em: 18 out. 2023.

ECKERT, A. *et al.* Comparativo entre práticas de governança corporativa brasileiras e norte-americanas. **RGC – Revista de Governança Corporativa**, vol. 9, n. 1, 2022.

EDMONDSON, A. C. **The Fearless Organization**: creating psychological safety in the workplace for learning, innovation, and growth. Hoboken, NJ: John Wiley & Sons, 2018.

EISNER, M. D. **O Jeito Disney de Encantar os Clientes.** São Paulo: Saraiva, 2011.

ELABOR8. **The last mile of agile**: how to give agile teams real autonomy without losing visibility and control. Disponível em: <https://elabor8.com.au/agile-governance-framework>. Acesso em: 17 out. 2023.

ENTENDA o escândalo de uso político de dados que derrubou valor do Facebook e o colocou na mira de autoridades. **G1 Economia**, 20 mar. 2018. Disponível em: <https://g1.globo.com/economia/tecnologia/noticia/entenda-o-escandalo-de-uso-politico-de-dados-que-derrubou-valor-do-facebook-e-o-colocou-na-mira-de-autoridades.ghtml>. Acesso em: 03 nov. 2023.

EQUINIX. **Equinix 2020-21 Global Tech Trends Survey Databook.** Disponível em: <https://www.equinix.com/resources/data-sheets/2021-tech-trends-survey-results-data-book>. Acesso em: 19 out. 2023.

EQUINIX. **Pesquisa Global Tech Trends 2022 da Equinix**: a evolução acelerada do digital – um momento crítico para a transformação. Disponível em: <https://www.equinix.com.br/resources/infopapers/equinix-tech-trends-survey>. Acesso em: 19 out. 2023.

ERIKSSON, T.; BIGI, A.; BONERA, M. Think with me, or think for me? On the future role of artificial intelligence in marketing strategy formulation. **The TQM Journal**, 2020.

ESTADÃO; BROADCAST. **Empresas Mais:** o ranking das 1500 maiores companhias do Brasil. 2018. Disponível em: <https://publicacoes.estadao.com.br/empresasmais2018/wp-content/themes/empresasmais2018/assets/download/pdf-revista.pdf>. Acesso em: 03 nov. 2023.

FALCONI, V. **Gerenciamento pelas diretrizes.** Nova Lima, MG: INDG, 1996.

FALCONI, V. **TQC:** gerenciamento da rotina do trabalho do dia a dia. Rio de Janeiro: Block, 1994.

FAYOL, H. **Administração industrial e geral.** 5.ed. São Paulo: Atlas, 1964.

FERNANDES, A. A.; DINIZ, J. L.; DE ABREU, V. F. (coords.). **Governança Digital 4.0.** Rio de Janeiro: Brasport, 2019.

FERRARI, H. Maiores bancos digitais têm 82 milhões de contas em 2021. **Poder 360**, 11 jun. 2021. Disponível em: <https://www.poder360.com.br/economia/maiores-bancos-digitais-tem-82-milhoes-de-contas-em-2021/>. Acesso em: 18 out. 2023.

FIA. Machine Learning: como funciona, benefícios, tipos e exemplos. **FIA Business School**, 12 nov. 2021. Disponível em: <https://fia.com.br/blog/machine-learning/>. Acesso em: 31 out. 2023.

FILHO, A. F. G. Water-Scrum-Fall: a armadilha de viver a agilidade ilusória. **K21**, 26 nov. 2019. Disponível em: <https://k21.global/blog/water-scrum-fall-agilidade-ilusoria>. Acesso em: 17 out. 2023.

FORTH, P. *et al.* Performance and Innovation Are the Rewards of Digital Transformation. **BCG**, Dec. 07, 2021. Disponível em: <https://www.bcg.com/publications/2021/performance-and-innovation-are-the-rewards-of-digital-transformation-programs>. Acesso em: 03 nov. 2023.

GAMMA, E. *et al.* **Design Patterns:** elements of reusable object-oriented software. (Addison-Wesley Professional Computing Series). Upper Saddle River, NJ: Addison-Wesley, 1994.

GAO. **Agile Assessment Guide:** best practices for agile adoption and implementation. U.S. Government Accountability Office, 2020.

GAO. Agile Assessment Guide: best practices for agile adoption and implementation. **U.S. Government Accountability Office**, Sep. 28, 2020. Disponível em: <https://www.gao.gov/products/GAO-20-590G>. Acesso em: 06 nov. 2023.

GARDNER, H. **Inteligências Múltiplas:** a teoria na prática. Porto Alegre: Artmed, 2012.

GARDNER, H. The theory of multiple intelligences. *In*: **Handbook of Educational Ideas and Practices** (Routledge Revivals). Routledge, 2015. p. 930-938.

GARTNER. **Application Development Life Cycle Management (ADLM) Reviews and Ratings.** Disponível em: <https://www.gartner.com/reviews/market/application-development-life-cycle-management>. Acesso em: 19 out. 2023.

GARTNER. **As 10 Principais Tendências que Terão Impacto na Infraestrutura e nas Operações em 2020.** Disponível em: <https://emtemp.gcom.cloud/ngw/eventassets/pt-br/conferences/bdcl10/documents/gartner-la-iocs-top-10-trends-io-2020.pdf>. Acesso em: 03 nov. 2023.

GARTNER. **Platforms and tools to scale the delivery of high quality software.** 2022. disponível em: <https://www.gartner.com/en/insights/platforms-tools-to-scale-the-delivery>. Acesso em: 19 out. 2023.

GARTNER. **Top Strategic Technology Trends for 2022.** Gartner Report, 18 out. 2021.

GENARO, V. A Governança de TI pode ser Ágil? **Compasso UOL**, Mar. 2021. Disponível em: <https://go.compass.uol/weshare-mar-governanca-agil>. Acesso em: 20 out. 2023.

GILLIES, D. Agile bodies: A new imperative in neoliberal governance. **Journal of Education Policy**, vol. 26, n. 2, 2011, p. 207–223.

GOPUFF. **About Us.** Disponível em: <https://gopuff.com/go/about-us>. Acesso em: 03 nov. 2023.

GOVENDA. **The Radical Future of Corporate Governance and Blockchain.** May 29, 2018. Disponível em: <https://www.govenda.com/blog/the-radical-future-of-corporate-governance-and-blockchain>. Acesso em: 03 nov. 2023.

GRANDO, N. O que são startups e o que as organizações podem aprender com elas? **Blog do Nei**, 19 jul. 2018. Disponível em: <https://neigrando.com/2018/07/19/o-que-sao-startups-e-o-que-as-organizacoes-podem-aprender-com-elas/>. Acesso em: 18 out. 2023.

GRANOVETTER, M. S. The strength of weak ties. **American journal of sociology**, vol. 78, n. 6, p. 1360-1380, 1973.

GRIPP, A. **Cultura DevOps... Transcende a Tecnologia!** 23 set. 2019. Disponível em: <https://annelisegripp.com.br/cultura-devops-transcede-a-tecnologia>. Acesso em: 31 out. 2023.

GROLL, J. **The Agile Service Management® Guide.** DevOps Institute, s.d.

GROVE, A. S. **High Output Management.** New York, NY: Random House, 1983.

GULZAR, R.; KOPCHO, J. Succeed with digital business through adaptive governance. **Gartner**, Nov. 26, 2019.

HAZRATI, V.; TEDESCHI, A. Governança ágil: A ponte entre Gerenciamento e TI. Site. **InfoQ**, 13 abr. 2009. Disponível em: <https://www.infoq.com/br/news/2009/04/agile-governance/>. Acesso em: 20 out. 2023.

HEIDEMEYER, C. Agility Health Radar: 13 most popular models measuring agile. **Echometer**, May 25, 2021. Disponível em: <https://echometerapp.com/en/agility-health-radar>. Acessado em: 23 out. 2023.

HERNANDES, A.; VARGAS, C. Para ter governança de TI é preciso ter governança corporativa, ou não. **IT Forum**, 10 mar. 2016. Disponível em: <https://itforum.com.br/noticias/para-ter-governanca-de-ti-e-preciso-ter-governanca-corporativa-ou-nao/>. Acesso em: 18 out. 2023.

HILTUNEN, E. **Weak Signals in Organizational Futures Learning.** Dissertation Thesis – (Department of Management Studies) Aalto University School of Economics, A-365, 2010.

HOFRIMANN, S. Silos Organizacionais – o que são e como acabar com esse problema na sua empresa? **Holmes**, 06 fev. 2020. Disponível em: <https://holmesdoc.com.br/blog/silos-organizacionais-o-que-sao>. Acesso em: 17 out. 2023.

HUNTER, J. C. **O Monge e o Executivo**: uma história sobre a essência da liderança. Rio de Janeiro: Sextante, 2004.

IBGC. **Agenda Positiva de Governança.** Disponível em: <https://www.agendapositivadegovernanca.com>. Acesso em: 18 out. 2023.

IBGC. **Código das melhores práticas de governança corporativa.** 5.ed. São Paulo: Instituto Brasileiro de Governança Corporativa, 2015. Disponível em: <https://

conhecimento.ibgc.org.br/Lists/Publicacoes/Attachments/21138/Publicacao-IBGCCodigo-CodigodasMelhoresPraticasdeGC-5aEdicao.pdf>. Acesso em: 18 out. 2023.

IBGC. **Governança Corporativa para Startups & Scale-Ups.** São Paulo: Instituto Brasileiro de Governança Corporativa, 2019. Disponível em: <https://conhecimento.ibgc.org.br/Lists/Publicacoes/Attachments/24050/IBGC%20Segmentos%20-%20%20Governan%c3%a7a%20Corporativa%20para%20Startups%20&%20Scale-ups.pdf>. Acesso em: 03 nov. 2023.

IBGC. **Governança Corporativa.** Disponível em: <https://www.ibgc.org.br/conhecimento/governanca-corporativa>. Acesso em: 03 nov. 2023.

IBM. **O que é machine learning?** Disponível em: <https://www.ibm.com/br-pt/topics/machine-learning>. Acesso em: 08 fev. 2024.

IFC. **Who Cares Wins 2005 Conference Report:** investing for long-term value. International Finance Corporation, Sep. 30, 2005. Disponível em: <https://www.ifc.org/en/insights-reports/2000/publications-report-whocareswins2005--wci--1319576590784>. Acesso em: 18 set. 2023.

INTERNATIONAL BUREAU OF EDUCATION. Concept of Governance. **Unesco**, s.d. Disponível em: <http://www.ibe.unesco.org/en/geqaf/technical-notes/concept-governance>. Acesso em: 18 set. 2023.

ISAACS, K.; NEALE, A. The Flywheel Philosophy. **Strategy + Business**, Sep. 20, 2018. Disponível em <https://www.strategy-business.com/article/The-Flywheel-Philosophy>. Acesso em: 17 out. 2023.

ISACA. **COBIT 2019 Framework:** governance and management objectives. Rolling Meadows: Information Systems Audit and Control Association, 2019.

ISO. **Friendship Among Equals:** recollections from ISO's first fifty years. Genebra, Suíça: International Organization for Standardization, 1997. Disponível em: <https://www.iso.org/files/live/sites/isoorg/files/about%20ISO/docs/en/Friendship_among_equals.pdf>. Acesso em: 03 nov. 2023.

ISO. **ISO 31000:2018(en) Risk management — Guidelines.** Disponível em: <https://www.iso.org/obp/ui/#iso:std:iso:31000:ed-2:v1:en>. Acesso em: 03 nov. 2023.

ISO. **ISO 37000 – the first ever international benchmark for good governance.** 2021. Disponível em:<https://committee.iso.org/ISO_37000_Governance>. Acesso em: 19 out. 2023.

ISO. **Quality management principles.** Geneva, Switzerland: International Organization for Standardization, 2015. Disponível em: <https://www.iso.org/files/live/sites/isoorg/files/store/en/PUB100080.pdf>. Acesso em: 03 nov. 2023.

JADOUL, Q.; MAHADEVAN, D.; RISCH, P. Como a metodologia ágil pode impulsionar a excelência na linha de frente. **McKinsey & Company**, 26 abr. 2021. Disponível em: <https://www.mckinsey.com/business-functions/people-and-organizational-performance/our-insights/how-agile-can-power-frontline-excellence/pt-BR>. Acesso em: 18 out. 2023.

JANSSEN, M.; VAN DER VOORT, H. Agile and adaptive governance in crisis response: lessons from the COVID-19 pandemic. **International Journal of Information Management**, vol. 55, June 2020, p. 102180.

JAYASURIYA D.; SIMS, A. Blockchain-Enabled Corporate Governance and Regulation. **International Journal of Financial Studies**, vol. 8, n. 2, 2020.

JONES, L. B. **Jesus, o maior líder que já existiu.** Rio de Janeiro: Sextante, 2006.

JUDAH, M. *et al.* Strategic Planning That Produces Real Strategy. **Bain & Company**, Feb. 10, 2016. Disponível em: <https://www.bain.com/insights/strategic-planning-that-produces-real-strategy/>. Acesso em: 23 out. 2023.

JURAN, J. M.; DE FEO, J. A. **Juran's quality handbook:** the complete guide to performance excellence. New York, NY: McGraw-Hill Education, 2010.

K., P. What are Agile and DevOps? **scmGalaxy**, Nov. 22, 2021. Disponível em: <https://www.scmgalaxy.com/tutorials/what-are-agile-and-devops>. Acesso em: 31 out. 2023.

KAHNEMAN, D. **Rápido e devagar:** duas formas de pensar. Rio de Janeiro: Objetiva, 2012.

KANBAN UNIVERSITY. **O guia oficial do método Kanban.** V. 1, fev. 2021. Disponível em: <https://resources.kanban.university/wp-content/uploads/2021/04/The-Official-Kanban-Guide_Portuguese_A4.pdf>. Acesso em: 20 out. 2023.

KAPLAN, R. S.; NORTON, D. P. **Alignment:** using the balanced scorecard to create corporate synergies. Boston, MA: Harvard Business Press, 2006.

KAPLAN, R. S.; NORTON, D. P. The Balanced Scorecard: Measures That Drive Performance. **Harvard Business Review**, Jan.-Feb. 1992.

KAPLAN, R. S.; NORTON, D. P. **The Balanced Scorecard:** translating strategy into action. Boston, MA: Harvard Business Press, 1996.

KAPLAN, R. S.; NORTON, D. P. **The execution premium:** linking strategy to operations for competitive advantage. Boston, MA: Harvard Business Press, 2008.

KAPLAN, R. S.; NORTON, D. P. The strategy map: guide to aligning intangible assets. **Strategy & leadership**, vol. 32, n. 5, 2004, p. 10-17.

KAPLAN, R. S.; NORTON, D. P. **The Strategy-Focused Organization:** how Balanced Scorecard companies thrive in the new business environment. Boston, MA: Harvard Business Press, 2000.

KELL, G. The Remarkable Rise of ESG. **Forbes**, July 11, 2018. Disponível em: <https://www.forbes.com/sites/georgkell/2018/07/11/the-remarkable-rise-of-esg/?sh=100f9f721695>. Acesso em: 19 out. 2023.

KHOR, C. Four Ways to Realign IT Governance for Flexibility and Agility without Compromising Security. **ITKnowledge Zone**, Apr. 07, 2022. Disponível em: <https://itknowledgezone.com/four-ways-to-realign-it-governance-for-flexibility-and-agility-without-compromising-security/>. Acesso em: 17 out. 2023.

KIM, G. *et al.* **Manual de DevOps:** como obter agilidade, confiabilidade e segurança em organizações tecnológicas. Rio de Janeiro: Alta Books, 2020.

KNIBERG, H. Squad Health Check model – visualizing what to improve. **Spotify R&D Engineering**, Sep. 16, 2014. Disponível em: <https://engineering.atspotify.com/2014/09/squad-health-check-model>. Acesso em: 23 out. 2023.

KNIBERG, H.; SKARIN, M. **Kanban and Scrum:** making the most of both. [S.l.]: **InfoQ**, 2009.

KOPCHO, J. How Digital Disruption Is Evolving PPM and PMO, **Gartner**, 2018.

KOPCHO, J.; COELHO, M. How PMO and PPM Disciplines Will Change in the Digital Business. **Gartner**, 16 July 2018.

LALOUX, F. **Reinventing Organizations:** a guide to creating organizations inspired by the next stage of human consciousness. Brussels: Nelson Parker, 2014.

LAPPI, T. *et al.* Toward an Improved Understanding of Agile Project Governance: a systematic literature review. **Project Management Journal**, vol. 49, n. 6, 2018, p. 39–63.

LASCO, T. Os riscos e oportunidades do Open Banking: quem ganha com a regulamentação. **Estadão**, 14 jul. 2020. Disponível em: <https://einvestidor.estadao.com.br/mercado/entenda-open-banking>. Acesso em: 18 out. 2023.

LEAN AGILE INTELLIGENCE. **Available Assessment Templates.** Disponível em: <https://www.leanagileintelligence.com/trial/Home/AssessmentTemplates>. Acesso em: 23 out. 2023.

LEHN, K. Corporate Governance and Corporate Agility. **Harvard Law School Forum on Corporate Governance**, Dec. 11, 2019. Disponível em: <https://corpgov.law.harvard.edu/2019/12/11/corporate-governance-and-corporate-agility/>. Acesso em: 17 out. 2023.

LEIGHTON, A. **Sobre Liderança:** lições dos mais influentes líderes da atualidade. Rio de Janeiro: Best Seller, 2009.

LENCIONI, P. M. **Os 5 desafios das equipes:** uma fábula sobre liderança. Rio de Janeiro: Elsevier, 2009.

LÉVY, P. **A inteligência coletiva:** por uma antropologia do ciberespaço. 10. ed. São Paulo: Loyola, 1998.

LIPPERT, D. 2021 quebra recorde e se torna o ano das startups brasileiras. **InfoMoney**, 09 dez. 2021. Disponível em: <https://www.infomoney.com.br/negocios/2021-quebra-recorde-e-se-torna-o-ano-das-startups-brasileiras/>. Acesso em: 18 out. 2023.

LIU, C.; WANG, H. Crypto Tokens and Token Offerings: An Introduction. *In*: KRÜCKEBERG, S.; SCHOLZ, P. **Cryptofinance and Mechanism of Exchange:** the making of virtual currency. [S.l.]: Springer International, 2019.

LUNA, A. J. H. de O. *et al.* State of the art of agile governance: a systematic review. **International Journal of Computer Science & Information Technology (IJCSIT)**, vol. 6, n. 5, Oct. 2014.

LUNA, A. **MAnGve:** Implantando Governança Ágil – uma visão crítica, uma abordagem prática. Rio de Janeiro: Brasport, 2011.

MAKHLOUF, M.; ALLAL-CHÉRIF, O. IS governance, agility and strategic flexibility in multi-approaches based management companies. **Lecture Notes in Information Systems and Organisation**, vol. 13, 2016, p. 131–143.

MANNIOUI, A. Le "Water Scrum Fall" où lorsque le "Scrum" est enfermé dans um cycle em "V". **LinkedIn**, 20 dez. 2019. Disponível em: <https://www.linkedin.com/pulse/le-water-scrum-fall-o%C3%B9-lorsque-est-enferm%C3%A9-dans-un-cycle-mannioui/?originalSubdomain=fr>. Acesso em: 07 fev. 2024.

MANSUR, R. **Governança de TI depois da pandemia.** Publicação independente, 2020.

MARQUESONE, R. **Big Data:** técnicas e tecnologias para extração de valor dos dados. São Paulo: Casa do Código, 2016.

MARQUET, L. D. **Turn the Ship Around:** a true story of turning followers into leaders. London: Portfolio Penguin, 2015.

MARTINS, D. Métodos ágeis avançam nas empresas. **Valor**, 26 nov. 2019. Disponível em: <https://valor.globo.com/carreira/noticia/2019/11/26/metodos-ageis-avancam-nas-empresas.ghtml>. Acesso em: 18 out. 2023.

MASSARI, V. L; VIDAL A. **Gestão ágil de produtos com Agile Think® Business Framework:** guia para certificação EXIN Agile Scrum Product Owner. Rio de Janeiro: Brasport, 2018.

MCCALL, T. Why Digital Business Needs Bimodal IT. **Gartner**, Feb. 18, 2015. Disponível em: <https://www.gartner.com/smarterwithgartner/why-digital-business-needs-bimodal-it>. Acesso em: 17 out. 2023.

MCCHESNEY, C.; COVEY, S.; HULING, J. **The 4 disciplines of execution:** achieving your wildly important goals. New York, NY: Simon and Schuster, 2012.

MCCHRYSTAL, G. S.; SILVERMAN, D. **Team of Teams:** new rules of engagement for a complex world. New York, NY: Portfolio, 2015.

MCKEOWN, G. **Essencialismo:** a disciplinada busca por menos. Rio de Janeiro: Sextante, 2015.

MCMENAMIN, J.; PONTON, T. Using Remote Agile Governance to Create the Culture Organisations Need. **InfoQ**, Oct. 27, 2022. Disponível em: <https://www.infoq.com/articles/remote-agile-governance/>. Acesso em: 17 out. 2023.

METI. **Governance Innovation Ver. 2:** a guide to designing and implementing agile governance. Ver. 2.1. Ministry of Economy, Trade and Industry, 2021.

MOHA, N. *et al.* Detecting antipatterns in Android apps. *In*: **ACM International Conference on Mobile Software Engineering and Systems**, 2., May 2015, p. 148-149.

MONKS, R.; MINOW, N. **Corporate Governance.** 5th.ed. Hoboken, NJ: Wiley, 2011.

MULTIWEB DIGITAL. **Você sabe o que é a metodologia Flywheel?** Disponível em: <https://www.multiwebdigital.com.br/voce-sabe-o-que-e-a-metodologia-flywheel/>. Acesso em: 03 nov. 2023.

MUNIZ, A. *et al.* **Jornada Ágil do Produto.** Rio de Janeiro: Brasport, 2020.

MUNIZ, A. *et al.* **Jornada Business Agility:** entenda como a agilidade nos negócios colabora para adaptabilidade contínua e resultados de valor aos clientes. Rio de Janeiro: Brasport, 2021.

MYERS, P: Is It time to reconstruct Porter's Five Forces? **Medium**, Apr. 14, 2020. Disponível em: <https://medium.com/swlh/is-it-time-to-reconstruct-porters-five-forces-f4c0cb7b47a>. Acesso em: 31 out. 2023.

NETO, J. S.; MACEDO, L. P. **Cartilha COBIT 2019.** ISACA Brasília Chapter, 2021.

NONAKA, I.; TAKEUCHI, H. **Criação de conhecimento na empresa:** como as empresas japonesas geram a dinâmica da inovação. Rio de Janeiro: Campus, 2008.

NONAKA, I.; TAKEUCHI, H. Strategy as a Way of Life: businesses must root strategy in moral purpose to thrive in a complex, rapidly changing world. **MIT Sloan Management Review**, vol. 63, 2021.

OBJECTIVE. **Kanban Maturity Model:** objetivos, níveis de maturidade e benefícios. 26 mar. 2021. Disponível em: <https://www.objective.com.br/insights/kanban-maturity-model/>. Acesso em: 03 nov. 2023.

OHNO, T. **Toyota Production System:** beyond large-scale production. Boca Raton, FL: CRC Press, Kindle Edition, 2019.

OLIVEIRA, F. **Agile Governance Framework.** Nov. 30, 2019. Disponível em: <https://medium.com/mindset-%C3%A1gil/agile-governance-framework-490e9c7f010>. Acesso em: 19 out. 2023.

PACTO GLOBAL REDE BRASIL. **ESG:** entenda o significado da sigla ESG (Ambiental, Social e Governança) e saiba como inserir esses princípios no dia a dia de sua empresa. Disponível em: <https://www.pactoglobal.org.br/pg/esg>. Acesso em: 03 nov. 2023.

PARKER, G. G.; ALSTYNE M. W. V.; CHOUDARY, S. P. **Plataforma:** a revolução da estratégia. Rio de Janeiro: Alta Books, 2018.

PASSARELLA, W. **Conselheiro de empresas:** o que você precisa saber para uma carreira promissora. Rio de Janeiro: Alta Books, 2022.

PERASSO, V. O que é a 4ª revolução industrial – e como ela deve afetar nossas vidas. **BBC**, 22 out. 2016. Disponível em: <https://www.bbc.com/portuguese/geral-37658309>. Acesso em: 19 out. 2023.

PESSOA, J. E. A. **Avaliação da Maturidade da Governança de Projetos de Software.** 2009. 163f. Trabalho de Conclusão de Curso (Lato Sensu) – Instituto Tecnológico de Aeronáutica, São José dos Campos, 2009.

PESSOA, J. E. A. **Governança e gestão de TI:** protocolo de estudo de caso para a validação de um modelo em médias empresas. 2012. 173p. Dissertação (Mestrado em Engenharia de Computação) – Instituto de Pesquisas Tecnológicas do Estado de São Paulo, São Paulo, 2012.

PETERSON, E. Lean Budgeting: Incremental funding to support continuous planning. **Planview**, s.d. Disponível em: <https://www.planview.com/resources/articles/lean-budgeting-incremental-funding/>. Acesso em: 03 nov. 2023.

PLANVIEW. **Plan, fund, and deliver the value that matters most.** Disponível em: <https://www.planview.com/products-solutions/solutions/enterprise-agile-planning/lean-portfolio-management/>. Acesso em: 31 out. 2023.

PMI DISCIPLINED AGILE. **Leading Lean Governance.** Disponível em: <https://www.pmi.org/disciplined-agile/process/governance/leading-lean-governance>. Acesso em: 03 nov. 2023.

PMI. **Guia de Conhecimento em Gerenciamento de Projetos:** guia PMBOK®. 7.ed. Newtown Square: Project Management Institute, 2021.

PODER CONTEÚDO PATROCINADO. Atração de investidores depende do desenvolvimento bem-sucedido dos pilares ESG nas empresas. **Poder 360**, 09 dez. 2021. Disponível em: <https://www.poder360.com.br/conteudo-patrocinado/atracao-de-investidores-depende-do-desenvolvimento-bem-sucedido-dos-pilares-esg-nas-empresas/>. Acesso em: 03 nov. 2023.

PORTER, M. E. **Estratégia competitiva.** Rio de Janeiro: Elsevier, 2004.

PORTER, M. E. **The Competitive Advantage:** creating and sustaining superior performance. New York, NY: Free Press, 1998.

PORTER, M. E. **Vantagem competitiva:** criando e sustentando um desempenho superior. Rio de Janeiro: Campus, 1992.

PWC. **The Potential Impact of Artificial Intelligence on UK Employment and the Demand for Skills:** a report by PwC for the Department for Business, Energy and Industrial Strategy. BEIS Research Report Number: 2021/042. Aug. 2021. Disponível em: <https://assets.publishing.service.gov.uk/government/uploads/system/uploads/attachment_data/file/1023590/impact-of-ai-on-jobs.pdf>. Acesso em: 19 out. 2023.

RAD, N. K. The Agilometer. **PRINCE2 Agile wiki**, s.d. Disponível em: <https://prince2agile.wiki/extra-concepts/focus-areas/the-agilometer>. Acesso em: 23 out. 2023.

REDAÇÃO LEC. Governança Corporativa e Compliance: entenda as diferenças! **LEC**, 11 jul. 2019. Disponível em: <https://lec.com.br/governanca-corporativa-e-compliance-entenda-as-diferencas>. Acesso em: 18 set. 2023.

REDAÇÃO VIVO MEU NEGÓCIO. Metodologias ágeis: o que são e como aplicá-las com tecnologia. **Vivo meu negócio,** 27 out. 2021. Disponível em: <https://vivomeunegocio.com.br/escritorios/inovar/metodologias-ageis/>. Acesso em: 03 nov. 2023.

REDAÇÃO. 93% dos trabalhadores brasileiros enfrentam dificuldade em lidar com a rotina digital. **TIInside,** 01 dez. 2021. Disponível em: <https://tiinside.com.br/01/12/2021/93-dos-trabalhadores-brasileiros-enfrentam-dificuldade-em-lidar-com-a-rotina-digital/>. Acesso em: 06 nov. 2023.

REDAÇÃO. Conheça as tecnologias que habilitam o metaverso. **Próximo Nível**, 23 mar. 2022. Disponível em: <https://proximonivel.embratel.com.br/conheca-as-tecnologias-que-habilitam-o-metaverso/>. 2022. Acesso em: 03/abril 2022

REDAÇÃO. OAB pede investigação do vazamento de dados de 220 milhões de pessoas. **Veja**, 28 jan. 2021. Disponível em: <https://veja.abril.com.br/brasil/oab-pede-investigacao-do-vazamento-de-dados-de-220-milhoes-de-pessoas/>. Acesso em: 06 nov. 2023.

REDHAT. **O que é a automação de TI?** 29 jan. 2018. Disponível em: <https://www.redhat.com/pt-br/topics/automation/whats-it-automation>. Acesso em: 03 nov. 2023.

REDHAT. **What is application lifecycle management (ALM)?** June 18, 2020. Disponível em: <https://www.redhat.com/en/topics/devops/what-is-application-lifecycle-management-alm>. Acesso em: 31 out. 2023.

REIS, M. Agilidade x governança: como conciliar? **Meliva**, 12 jan. 2021. Disponível em: <https://www.meliva.com.br/estrategia/como-conciliar-agilidade-com-governanca/>. Acesso em: 18 set. 2023.

RIES, E. **A startup enxuta.** Rio de Janeiro: Sextante, 2019.

RIGBY, D.; ELK, S.; BEREZ, S. **Ágil do Jeito Certo:** transformação sem caos. São Paulo: Benvirá, 2020.

RIGBY, D.; SUTHERLAND, J.; TAKEUCHI, H. Embracing Agile. **Harvard Business Review Magazine**, May 2016. Disponível em: <https://hbr.org/2016/05/embracing-agile>. Acesso em: 18 out. 2023.

RODRIGUES, J. Governança Ágil: adaptando-se às rápidas mudanças do mercado. **Administradores.com**, 18 dez. 2011. Disponível em: <https://administradores.com.br/artigos/governanca-agil-adaptando-se-as-rapidas-mudancas-do-mercado>. Acesso em: 17 out. 2023.

RODRIGUES, J. Workshop Agile PMO. 2018.

ROGERS, D. L. **Transformação digital:** repensando o seu negócio para a era digital. São Paulo: Autêntica Business, 2019.

ROSENBERG, M. B. **Comunicação não-violenta:** técnicas para aprimorar relacionamentos pessoais e profissionais. São Paulo: Ágora, 2006.

SAFE. **Adapting Governance Practices to Support Agility and Lean Flow of Value.** Last update: 15 nov. 2022. Disponível em: <https://www.scaledagileframework.com/government-adapting-governance-practices-to-support-agility-and-lean-flow-of-value/>. Acesso em: 17 out. 2023.

SAFE. **Development Value Streams.** Last update: 26 Sep. 2023. Disponível em: <https://www.scaledagileframework.com/value-streams/>. Acesso em: 17 out. 2023.

SAFE. **Lean Budget Guardrails.** Last update: 13 Oct. 2023. Disponível em: <https://www.scaledagileframework.com/guardrails/>. Acesso em: 03 nov. 2023.

SAFE. **Lean Budgets.** Last update: 13 Oct. 2023. Disponível em: <https://www.scaledagileframework.com/lean-budgets/>. Acesso em: 23 out. 2023.

SAFE. **SAFe for Government.** Last update: 12 Oct. 2023. Disponível em: <https://scaledagileframework.com/government/>. Acesso em: 18 out. 2023.

SAFE. Site. Disponível em: <https://www.scaledagileframework.com/>. Acesso em: 06 nov. 2023.

SAS. **Inteligência artificial:** o que é e qual sua importância? Disponível em: <https://www.sas.com/pt_br/insights/analytics/inteligencia-artificial.html>. Acesso em: 31 out. 2023.

SCHWAB, K. **A Quarta Revolução Industrial.** Trad. Daniel Moreira Miranda. São Paulo: Edipro, 2016.

SCHWAB, K. Davos Manifesto 2020: The Universal Purpose of a Company in the Fourth Industrial Revolution. **World Economic Forum**, Dec. 02, 2019. Disponível em: <https://www.weforum.

org/agenda/2019/12/davos-manifesto-2020-the-universal-purpose-of-a-company-in-the-fourth-industrial-revolution/>. Acesso em: 06 nov. 2023.

SCHWAB, K.; NICHOLAS, D. **Aplicando a Quarta Revolução Industrial.** Trad. Daniel Moreira Miranda. São Paulo: Edipro, 2019.

SEBRAE. **Fluxo de caixa:** veja como manter a saúde financeira durante a crise. 23 abr. 2020. Atualizado em 07 abr. 2021. Disponível em: <https://www.sebrae.com.br/sites/PortalSebrae/artigos/fluxo-de-caixa-veja-como-manter-a-saude-financeira-durante-a-crise,63d9615ab49a1710VgnVCM1000004c00210aRCRD->. Acesso em: 06 nov. 2023.

SEBRAE. **Lições do Vale do Silício:** como criar empresas de alto crescimento. 11 jul. 2016. Atualizado em 22 jul. 2022. Disponível em: <https://www.sebrae.com.br/sites/PortalSebrae/artigos/licoes-do-vale-do-silicio-como-criar-empresas-de-alto-crescimento,0ba7addc87ec5510VgnVCM1000004c00210aRCRD>. Acesso em: 23 out. 2023.

SEBRAE-SC. **Tecnologia da Informação – Tecnologia e Startups – Boletim de Tendências.** Santa Catarina, 2021.

SESI/RS. **Indústria 4.0 chegou no Brasil?** 19 mar. 2019. Disponível em: <https://www.sesirs.org.br/industria-inteligente/industria-40-chegou-no-brasil>. Acesso em: 18 set. 2023.

SINEK, S. **Comece pelo porquê.** Trad. Paulo Geiger. Rio de Janeiro: Sextante, 2018.

SINGH, N. K. What is Agile Governance: 4 Guiding Principles for Good Governance in Agile. **Agilemania**, Feb. 12, 2022. Disponível em: <https://agilemania.com/what-is-agile-governance>. Acessado em: 06 nov. 2023.

SKELTON, M.; PAIS, M. **Team Topologies:** organizing business and technology teams for fast flow. Portland, OR: IT Revolution, 2019.

SLADECEK, J.-S. What is the purpose of Agile diagnostics? **Agile Know how**, Feb. 02, 2017. Disponível em: <https://agileknowhow.com/2017/02/02/what-is-the-purpose-of-agile-diagnostics>. Acesso em: 23 out. 2023.

SMITH, H.; FINGAR, P. **Business Process Management:** the third wave. Florida: Meghan-Kiffer Press, 2002.

SOARES, A. A.; OKUMURA, L. R. 2023 é o ano da governança corporativa no Brasil. **Exame**, 25 jan. 2023. Disponível em: <https://exame.com/bussola/2023-e-o-ano-da-governanca-corporativa-no-brasil/>. Acesso em: 18 set. 2023.

SULL, D.; HOMKES, R.; SULL, C. Why Strategy Execution Unravels – and What to Do About It. **Harvard Business Review Magazine**, Mar. 2015. Disponível em: <https://hbr.org/2015/03/why-strategy-execution-unravelsand-what-to-do-about-it>. Acesso em: 23 out. 2023.

SUTHERLAND, J. **Scrum:** the art of doing twice the work in half the time. New York, NY: Crown Business, 2014.

SZABO, N. **Smart Contracts.** Disponível em: <https://www.fon.hum.uva.nl/rob/Courses/InformationInSpeech/CDROM/Literature/LOTwinterschool2006/szabo.best.vwh.net/smart.contracts.html>. Acesso em: 03 nov. 2023.

TABRIZI, B. *et al.* Digital Transformation Is Not About Technology. **Harvard Business Review**, Mar. 13, 2019. Disponível em: <https://hbr.org/2019/03/digital-transformation-is-not-about-technology>. Acesso em: 17 out. 2023.

TAKEUCHI, H.; NONAKA, I. **Gestão do Conhecimento.** Trad. Ana Thorell. Porto Alegre: Bookman, 2008.

TAKEUCHI, H.; NONAKA, I. The New New Product Development Game. **Harvard Business Review**, Jan. 1986.

TAYLOR, F. W. **Princípios de administração científica.** 8.ed. São Paulo: Atlas, 1990.

TCU. **Dez passos para a boa governança.** 2.ed. Brasília: Tribunal de Contas da União, 2021.

TCU. **Referencial básico de governança aplicável a organizações públicas e outros entes jurisdicionados ao TCU.** 3.ed. Brasília: Tribunal de Contas da União, 2020.

TCU. **Referencial básico de governança aplicável a órgãos e entidades da administração pública.** Versão 2. Brasília: Tribunal de Contas da União, 2014. Disponível em: <https://portal.tcu.gov.br/data/files/FA/B6/EA/85/1CD4671023455957E18818A8/Referencial_basico_governanca_2_edicao.PDF>. Acesso em: 23 out. 2023.

TEOH, S. Y.; CHEN, X. Towards a strategic process model of governance for agile IT implementation: a healthcare information technology study in China. **Journal of Global Information Management**, vol. 21, n. 4, 2013, p. 17–37.

TIMMS, H.; HEIMANS, J. **O novo poder:** como disseminar ideias, engajar pessoas e estar sempre um passo à frente em um mundo hiperconectado. Rio de Janeiro: Intrínseca, 2018.

TOWNSEND, M. **Cascading Goals.** Mar. 31, 2010. Disponível em: <https://ist.mit.edu/sites/default/files/about/org/CascadingGoals.pdf>. Acesso em: 19 out. 2023.

UNEP-FI. **Fiduciary responsibility:** legal and practical aspects of integrating environmental, social and governance issues into institutional investment. Sumário executivo. United Nations Environment Programme, July 2009. Disponível em: <https://www.unepfi.org/fileadmin/publications/investment/Executive%20summary%20-%20Fiduciary%20responsibility%20-%20Portuguese.pdf>. Acesso em: 06 nov. 2023.

UNGARETTI, M. ESG de A a Z: tudo o que você precisa saber sobre o tema. **XP Expert, 08 set.** 2020. Atualizado em 14 set. 2022. Disponível em: <https://conteudos.xpi.com.br/esg/esg-de-a-a-z-tudo-o-que-voce-precisa-saber-sobre-o-tema/>. Acesso em: 18 set. 2023.

UNITED NATIONS. **#Envision2030:** 17 goals to transform the world for persons with disabilities. Disponível em: <https://www.un.org/development/desa/disabilities/envision2030.html>. Acesso em: 19 out. 2023.

VALE, A. Governança Ágil: como se posicionar estrategicamente para uma transformação ágil mais eficaz. **Software Zen**, s.d. Disponível em: <https://softwarezen.me/vem-ai-o-governanca-agil/>. Acesso em: 06 nov. 2023.

WAHYONO, N. D. A conceptual framework of strategy, action and performance dimensions of organizational agility development. **Industrial and Commercial Training**, vol. 50, n. 6, 2018, p. 326–341.

WEF. **Agile Governance.** World Economic Forum, 2021. Disponível em: <https://intelligence.weforum.org/topics/a1Gb0000000pTDaEAM>. Acesso em: 17 out. 2023.

WEF. **Agile Governance:** reimagining policy-making in the fourth industrial revolution. White paper. Jan. 2018. Disponível em: <http://www3.weforum.org/docs/WEF_Agile_Governance_Reimagining_Policy-making_4IR_report.pdf>. Acesso em: 06 nov. 2023.

WEF. **Global Future Council on the Future of Technology Policy.** Disponível em: <https://www.weforum.org/communities/gfc-on-agile-governance>. Acesso em: 17 out. 2023.

WEILL, P. **MIT Sloan CISR Research Briefing:** Agile enterprises details drawn from Nancy B. Ducan/Synergistic enterprises details drawn from Jeanne Ross. MIT Sloan Center for Information Systems Research. Boston: Harvard Business School Press, 2003.

WEILL, P.; WOERNER, S. L. Update on the four pathways to future ready. **MIT Sloan Center for Information Systems Research**, n. XXI-2, Feb. 18, 2021.

WORLD ECONOMIC FORUM FUTURE COUNCIL ON AGILE GOVERNANCE. **Get personalized Agile Governance Tool suggestions to solve your governance issues.** Disponível em: <https://widgets.weforum.org/agilegovnavigator/>. Acesso em: 23 out. 2023.

WORLD ECONOMIC FORUM. Don't fear AI. It will lead to long-term job growth. **Forbes**, Oct. 26, 2020. Disponível em: <https://www.forbes.com/sites/worldeconomicforum/2020/10/26/dont-fear-ai-it-will-lead-to-long-term-job-growth/?sh=2df87895b77b>. Acesso em: 19 out. 2023.

YERMACK, D. Corporate Governance and Blockchains. **Review of Finance**, vol. 21, n. 1, Mar. 2017.

ZABIEGALSKI, E. **The rise of the Ambidextrous Organization:** the secret revolution happening right under your nose. USA: Business Research Consulting, 2019.

+ de 300 Títulos
e Book
BRASPORT
MANIA DE QUALIDADE
eBook
Confira nosso catálogo!
À venda nos sites das melhores livrarias!